中国共产党建党100周年优秀学术成果丛书

数字经济
技术驱动与产业发展

毛丰付　娄朝晖　著

浙江工商大学出版社
ZHEJIANG GONGSHANG UNIVERSITY PRESS
·杭州·

图书在版编目(CIP)数据

数字经济：技术驱动与产业发展 / 毛丰付，娄朝晖著. —杭州：浙江工商大学出版社，2021.4
ISBN 978-7-5178-4366-5

Ⅰ. ①数… Ⅱ. ①毛… ②娄… Ⅲ. ①信息经济－研究 Ⅳ. ①F49

中国版本图书馆 CIP 数据核字(2021)第 032640 号

数字经济：技术驱动与产业发展
SHUZI JINGJI：JISHU QUDONG YU CHANYE FAZHAN

毛丰付　娄朝晖　著

策划编辑	郑　建
责任编辑	郑　建
封面设计	沈　婷
责任印制	包建辉
出版发行	浙江工商大学出版社
	（杭州市教工路 198 号　邮政编码 310012）
	（E-mail：zjgsupress@163.com）
	（网址：http://www.zjgsupress.com）
	电话：0571－88904980,88831806（传真）
排　　版	杭州朝曦图文设计有限公司
印　　刷	杭州高腾印务有限公司
开　　本	710mm×1000mm　1/16
印　　张	15.5
字　　数	245 千
版 印 次	2021 年 4 月第 1 版　2021 年 4 月第 1 次印刷
书　　号	ISBN 978-7-5178-4366-5
定　　价	59.00 元

前　言

随着新一轮科技革命和产业革命的加速发展，数字经济迎来新一轮爆发式增长。要加快发展数字经济，推动数字产业化，依靠信息技术创新推动，不断催生新产业、新业态、新模式，有力地推动中国经济高质量发展。

在与数字经济相关的研究中，多数学者从基本内涵、本质特征、社会再生产化过程、促进发展的理论框架等方面进行论述，而有关数字经济的测度对经济增长率、产业结构升级推动作用的研究还较少。目前，学术界关于数字经济的研究，主要基于 1996 年著名数字经济学家 Don Tapscott 提出的概念。随后，Nicholas Negroponte 在《数字化生存》一书中讲解了信息技术的未来发展趋势及巨大应用价值。从那时起，各国政府便采取措施将数字经济作为推动经济增长的新动能。自 Don Tapscott 提出数字经济概念以来，许多机构和学者从数字经济范围、数字经济活动、产出和结构等角度定义数字经济，虽然侧重点不同，但是都认为数字经济是一种基于数字技术的经济。数字经济目前处于发展的初始阶段且是一个开放体系，学术界无法完整定义它，也无法指出数据作为生产要素的限制条件及可能边界等。再加上数字经济要素较难量化，因此目前还没有统一的针对数字生产力的评价标准，对数字经济的界定与定量测度仍需深入研究。总之，数字经济对产业升级、经济发展有重要影响，但缺乏定量研究。

正因为如此，本书从梳理和解析数字经济的发展演进脉络入手，同时结合主要国家、社会组织以及企业推动数字经济发展的相关政策、做法及观点，来探求数字经济的概念、内涵与范围，把握数字经济发展的方向和趋势，在充分理解数字经济和互联网、云计算、物联网、大数据、区块链、人工智能等新技术之间内在关系的基础上，构建了能够客观反映区域数字经济发展水平的评价指标体系。基于此指标体系对各省数字经济发展水平进行测度。从数字产业化到产业数字化，本书着力于刻画我国数字产业的时空变迁，客观认识中国数字产业发展的空间格局和时间演化特征，明确产业发展现状，剖析数字经济给产业发展带来的机遇与挑战。此外，本书还进一步讨论了数字经济发展的关键要素，包括技术标准这一数字经济的隐形基础设施，数字经济投融资焦点，互联网企业的估值方法，电商的前沿模式以及社交电商的网络扩张模式等。

最后，我们以浙江省数字经济发展为案例进行分析。作为数字经济发展的先行区，从最初的信息化发展探索到数字经济"一号工程"的深入推进，浙江省推动数字经济发展的战略路径愈来愈清晰，取得的成果也日益引人瞩目。本书的案例部分正是基于浙江省数字经济发展的经验和成效，对浙江省数字经济发展过程中的一些创新路径和遇到的难题进行剖析和研究，致力于找寻正确的解决路径和方法。主要涉及的内容包括：从浙江制造到浙江智造的区域数字化发展路径，杭州数字第一城的建设，浙江跨境电商的发展，等等。通过对浙江省发展数字经济多项案例的分析，总结数字经济发展的应用、布局及模式，以期对其他地区数字经济的发展提供理论观照和经验借鉴。

C目　录
ontents

1

第一章　数字经济的演进脉络

第一节　数字经济研究的背景及意义

一、数字经济的发展背景

人类社会正在经历新一轮的社会变革——科学技术革命。以大数据、互联网、人工智能、云计算等为代表的新一代信息技术迅速发展,信息化与经济社会的各个方面紧密融合,数字经济已成为引领技术革命、赋能产业转型升级和影响国际竞争格局的核心力量,为全球经济复苏和社会进步注入了新的活力。《中国数字经济发展白皮书(2020年)》显示,中国数字经济增加值规模已由 2005 年的 2.6 万亿元扩张到 2019 年的 35.8 万亿元,占 GDP 的比重也由 2005 年的 14.2% 提升到 2019 年的 36.2%,并且在 2019 年依然稳居世界第二,数字经济已经成为国民经济中核心的增长极之一。[①] 2018 年,发达国家的数字经济规模为 22.5 万亿美元,在 GDP 中的占比达到了 50%;而发展中国家的数字规模为 7.7 万亿美元,在 GDP 中的占比为 25.7%。但是,发

---

① https://3g.163.com/dy/article/FGRKBHEQ051481OF.html。

展中国家数字经济的发展增速为 12.9%，这大于发达国家 8.0% 的增速。[①]
据估计，2021 年全球数字经济规模将达 45 万亿美元，占全球经济总量的
50%，数字技术将全面渗透各个行业，并实现跨界融合和倍增创新。[②]

　　20 世纪 90 年代，随着互联网的普及和信息技术的重大突破，全球范围内
网络连接生成的海量数据已大大超过了传统分散终端的处理能力。基于这个
背景，大数据、人工智能等数字技术迅猛发展。美国经济学家唐·泰普斯科
特（Don Tapscott）于 1996 年出版《数据时代的经济学：对网络智能时代机
遇和风险的再思考》一书，其中首次提出了数字经济的概念。[③] 紧接着，麻
省理工学院教授尼古拉·尼葛洛庞帝（Nicholas Negroponte）出版的《数字化
生存》一书进一步加深了全世界对数字经济的认识。[④] 自此，各国政府便将
数字经济作为引领经济增长的新动能。美国、日本以及欧盟等国家和地区纷
纷制定了一系列数字经济战略。党的十八大以来，党中央、国务院高度重视
数字经济的发展。2015 年 12 月 16 日，习近平总书记在第二届世界互联网大
会开幕式上发表讲话，即"中国正在实施'互联网＋'行动计划，推进'数字
中国'建设，发展分享经济，支持基于互联网的各类创新，提高发展质量和效
益"。2016 年 10 月 9 日，习近平总书记在中共中央政治局第三十六次集体
学习时强调"要加大投入，加强信息基础设施建设，推动互联网和实体经济深
度融合，加快传统产业数字化、智能化，做大做强数字经济，拓展经济发展新
空间"。2017 年 10 月，"数字经济"被写入党的十九大报告。2019 年 11
月，国家在河北省（雄安新区）、浙江省、福建省、广东省、重庆市、四川省
等地启动国家数字经济创新发展试验区建设。

　　数字经济发展快速，辐射范围广泛，已经渗透到经济的各个方面，为经济

　　① https://www.sohu.com/a/406385303_445326?_trans_=000014_bdss_
dklzxbpcgP3p:CP=。
　　② http://www.cecc.org.cnnews201810/531307.html。
　　③ ［美］唐·泰普斯科特著、毕崇毅译：《数据时代的经济学：对网络智能时代机遇和风
险的再思考》，机械工业出版社 2016 年版。
　　④ ［美］尼古拉·尼葛洛庞帝著，胡泳、范海燕译：《数字化生存》，电子工业出版社 2017
年版。

的高质量发展提供了新动能。数据资源爆炸性的指数增长以及分析和应用水平的不断提高，促进了大数据的快速发展。数字技术的飞速发展以及与实体经济各个行业和领域的深入融合，越来越成为促进全球经济快速增长、包容性增长和可持续增长的强大动力。美国、欧盟、澳大利亚、日本等国家和地区，经济合作与发展组织（OECD）、二十国集团（G20）和其他国际组织，埃森哲、麦肯锡、Gartner、赛迪顾问等国外知名咨询机构都在密切跟踪，深入研究和倡导数字经济的发展。

二、国外数字经济发展趋势

美国是最早发展数字经济的国家。作为硅谷和许多变革性技术公司包括苹果、Facebook、谷歌、微软和优步等的诞生地，美国也是数字经济领域无可争议的领导者和开拓者。据中国信息通信研究院发布的数据，2018 年，美国数字经济规模达到 12.34 万亿美元，蝉联全球第一；其驱动能力位列世界第一，数字经济发展指数排名全球第一，数字科研和数字产业生态分指数排名第一，信息技术领域基础性研究、应用型专利、技术的商业化能力均全球领先。[①] 自 20 世纪 90 年代以来，美国最先开始全球主要的技术、商业创新，数字技术进一步打破了距离、空间以及时间的限制，美国公司的全球化能力被放大到极致。在全球十大互联网科技公司中，美国有 7 家。作为全球最发达的经济体之一，美国的产业发展成熟，基础设施配套完善，数字技术带来全社会有序、渐进的改良。此外，美国数字经济发展是互联网巨头和传统行业巨头双轮驱动的。传统行业巨头经过几十年持续的信息管理系统投资，积累了很强的数字能力，在消费者洞察等特定领域甚至领先互联网公司。

日本数字信息产业的发展孕育了数字经济。首先，日本基础设施建设处于世界领先水平，为数字经济的高速发展奠定了良好基础。2018 年，日本数字经济规模达到 2.29 万亿美元，对 GDP 的贡献率为 46%，已成为日本经济的主导力量。其次，日本的整体信息化水平较高。2017 年，其互联网普及

---

① https://tech.sina.com.cnroll2019-10-14/doc-iicezzrr2077760.shtml。

率高达 90.87％。[①] 最后，日本注重数字信息技术在其他领域的应用。一方面，将数字信息技术应用到其他产业中，推动其在不同领域的结构性改革；另一方面，注重信息技术在不同领域间的联系，利用信息技术促进实体经济的转型升级，并且创造新的产业。利用数字信息产业基础设施，日本不仅提升了信息产业的发展速度，还促进了其他产业的数字化，为数字经济的发展打下了坚实基础。

2008 年，全球金融危机爆发，发达国家都在努力调整产业结构，只有英国决定发展数字经济，打造世界的"数字之都"。2009 年，英国政府发布了《数字英国》。自此，英国的数字改革正式开启。到 2015 年，数字经济已经成为英国经济增长的重要驱动力，英国在数字经济领域的业务收入为英国的 GAV（Gross Annual Vaule）总值贡献了 7.4 个百分点；就业岗位数量占英国就业岗位总数的 3％，就业岗位增长率也比其他部门高 3 倍。[②] 此外，英国在信息通信服务领域、数字内容领域、电子政务发展领域都居于全球领先地位。2017 年，英国的数字技术部门经济价值达到 1840 亿英镑，数字技术部门已成为英国经济中表现最好的产业之一。[③] 与此同时，英国数字经济产业的聚集效应也在迸发，形成了一批诸如雷丁和布拉克内尔、布里斯托尔和巴斯、曼彻斯特和伯明翰等数字产业集群。

三、中美贸易摩擦——数字经济之争

美国总统特朗普宣布对从中国进口的 600 亿美元商品加征关税，并限制中国企业对美投资并购。而事实上美国发起的中美贸易战不是关于公平贸易的市场竞争，而是两国在新产业革命上的战略竞争。改革开放以来，中国经济高速增长，已由数量驱动的高速增长阶段转化为由创新驱动的高质量发展阶段。近些年，中国努力推进产业升级，提出"中国制造 2025"的概念，大力发展高科技产业。然而，美国担心中国产业升级后会影响美国的技术领先

---

① http://www.qianjia.comhtml2019-10/14_352385.html。

② 郭信言：《英国数字经济发展现状》，《服务外包》2015 年第 10 期，第 1 页。

③ https://www.sohu.com/a/287172620_100226463。

优势，从而影响美国的全球霸主地位。因此，此次美国挑起的中美贸易战涉及的领域，主要集中在中国正在进行产业升级的中高端产品上。由于中国的电子产业发展迅速，美国的 337 调查经常针对中国电子产业方面的企业。2018 年，华为副总裁孟晚舟在加拿大被非法拘押，意味着美国已经把抵制中国科技进步作为维护美国 21 世纪霸权的核心战略。

如今，国家的财富获取已经实现从现实世界获取转为从网络世界获取，人类创造的数据正成为资源，运用数据的技术成为财富的来源。在数字经济时代，各国已减少对自然资源的竞争，从而转向对数字资源的竞争。当数字经济成为国家财富的主要来源，非数字经济因素的重要性就下降了。面向未来，中国与美国的竞争主战场在数字经济领域，在于构建网络命运共同体。根据美国 2019 年无线通信和互联网协会发布的《5G 全球竞争》报告的评分，中、美同时获得了 19 分，并列世界第一；韩国获得了 18 分，排第三。中国的 5G 技术目前已经至少与美国处于相同水平或略有优势。因此，网络领域的中、美两极化趋势将进一步加强，中美竞争也将更加激烈。

美国时任总统特朗普曾就 5G 问题发表专门讲话。他说："5G 网络将与 21 世纪美国的繁荣和安全紧密相连，美国不允许其他国家在未来重要的工业领域超过美国。"而中国推广的"数字丝绸之路"建设已经成为发展的一大亮点，并且极大地促进了中国的数字经济发展，美国担心中国数字经济的发展对其构成威胁。首先，美国担心中国企业通过参与"数字丝绸之路"建设损害美国企业的经济利益。其次，美国担心中国企业有能力控制相关国家的数字基础设施，增强中国在这些国家的情报获取能力和安全影响力。近年越南、坦桑尼亚、尼日利亚等国在数字基础设施建设方面得到了中国方面的支持，同时这些国家也希望借鉴中国在社交网络管理、跨境数据流动控制等方面的法律法规和做法。美国认为，通过这样的方式，中国可将本国的治理模式与 5G 网络建设等项目向"一带一路"沿线国家"打包"推广。如此一来，中国在数字经济时代的全球影响力将得到显著增强。①

---

① http://net. blogchina. comblogarticle/821781135。

第二节　数字经济的历史演进及脉络

数字经济是人类进入信息社会后必然要占据主导地位的基本信息形态。对数字经济的历史演进以及发展数字经济的自觉和理性，我们可以借助刘亭研究员的分析，从一组概念进行把握，即认知—科学—技术—产业—经济[①]。作为万物之灵，人类在感知外部世界的基础上还可以认知，正是人类对信息的认知促进了科学技术的发展。纯粹的科学只有经过工具化，转化为特定的产品和服务，才能满足人类的需求。生产出来的产品只有经过批量的生产和商业化运作，才能叫作产业。产业数字化也就是通过现代信息技术的市场化应用，将数字化的知识和信息转化为生产要素，推动数字产业的形成和发展。运用互联网技术对传统产业进行连接与重组，对传统模式进行解构和再创，带来的产出增加与效率提升，就是产业数字化，与概念中的传统经济相对应。

一、数字经济的认知

人类对信息的认识促进了科学技术的发展。信息的概念最早出现于通信领域，即对收信者来说是事先不知道的消息。信息是物质的一种属性，事物之间的相互联系和相互作用就是交换物质流、能量流和信息流的过程。人类认识的第一次飞跃便是对物质的认识，第二次飞跃是对能量的认识，第三次飞跃是对信息的认识。[②]信息在社会物质生产和人类的日常生活中发挥了越来越大的作用。如今社会进入信息时代，进行的是信息革命，如用计算机代替人的大脑处理信息，实现人的部分脑力劳动机械化和自动化。

任何一个时代都有其特有的观念和方法论。农耕时代之后的工业时代保持的科学观念，是牛顿的机械思维。工业时代之后的信息时代保持的科学观

[①]　https://mp.weixin.qq.com/s/sU1uYp53s94vG9bErV7LfQ。
[②]　傅平：《信息论、控制论、系统论在认识论上提出的一些问题》，《哲学研究》1981年第7期，第75—78页。

念是互联网思维。 现代社会变化速度极快，并且极其复杂，同时充满了不确定性。 因此，在信息化时代，有必要对三论——"控制论、系统论和信息论"加以了解并掌握。① 控制论认为，任何系统在外界环境的刺激下必然会做出反应，这个反应反过来又影响系统本身。 为了维持这个系统的稳定，就要把系统对刺激的反应反馈到系统里，让系统产生一个自我调节机制。 系统论要求把事物当成一个整体来研究，从系统整体考虑内外部关系，规定其结构，并用数学模型定性和定量地确定系统的结构与行为。 信息论把研究对象作为信息系统看待，是运用概率论和数理统计方法，从量的方面来研究如何获取、加工、处理、传输和控制系统信息的一门科学。

"三论"的出现不仅具有重大的理论意义和现实意义，而且为社会经济管理发展提供了新的方法，其中包括人工智能方法。 计算机和人工智能科学在一定程度上延伸了人类大脑的功能，现在已成为人类争取自由的有力武器。一方面，人类的计算、信息储存和处理的能力远不如机器；另一方面，机器可以使人类的智能和知识物化，直接促进生产劳动逐步转化为科学劳动，加速社会劳动的智能化，从而快速提高劳动生产率。

二、数据密集型科学

什么是科学？ 这是一个古老而又年轻的课题。 从词源上来说，科学意为知识和学问。 科学是运用范畴、定理和定律等思维形式反映现实世界中各种现象的本质和运动规律的知识体系。 传统的科学手段有理论研究和实验研究，但是现在由于计算科学的快速发展，计算业已上升为科学的另一种手段，它能够直接并有效地为科学服务，这已为大量的事实所证实。 理论科学、实验科学和计算科学已经成为推动人类文明进步和科技发展的重要途径。 不仅如此，随着大数据技术的日益成熟，数据密集型科学还成为科学发现的第四大支柱。

20 世纪 90 年代以来，随着计算机与互联网的迅猛发展，人们获取信息资

---

① 沈小峰：《系统论、控制论、信息论》，《中学政治课教学》1982 年第 1 期，第 35—36 页。

源越来越便捷，促使人们进入网络信息时代，人类的生活发生了巨大的变化，复杂网络也在信息时代的生活中发挥着主导作用。 同时，科学家利用科学知识和高科技成果，积极开展对复杂网络的研究。 网络科学就是专门定性或定量研究复杂网络系统的一门崭新的交叉学科。 网络科学的研究内容十分广泛，且具有巨大的应用潜力，对全球的经济发展有长远的战略意义。 当然，任务也十分艰巨。 在 21 世纪的互联网和信息时代，互联网的发展带动了计算机、通信和软件等信息产业的发展，成为经济发展的重要推动力。

20 世纪 60 年代，脑科学作为一门独立的综合性学科诞生了。 近年来，脑科学、脑机接口和融合智能等前沿科学已成为多国未来发展的重点，人工智能是引领下一代战略性技术和产业变革的核心驱动力。 据统计，2018 年全球脑机接口规模约为 1.25 亿美元，到 2025 年有望增长到 2.83 亿美元，在这期间的复合年均增长率为 12％。① 斯坦福大学发布的报告《2030 年的人工智能与生活》认为，人机智能协同是未来主要趋势之一。 中国"十三五"规划纲要，也把脑科学和类脑研究列入国家重大科技项目。 对人的意识、人脑工作模式的解析，将促进人工智能质的飞跃。 此外，未来人工智能与云计算、大数据各领域之间的界限也会模糊化，三者将形成更加紧密的合力发展。

三、数字经济的技术发展

从最初的信息传输技术到如今的信息社会，经历了大约 260 年的发展历程。 信息技术革命推动了人类信息传输技术的应用，将整个世界连成了一个地球村。 在现在这个信息社会，支撑其运行的基础技术分为通信技术、计算机技术、计算机网络技术以及应用平台技术。

(一)通信技术

通信技术是伴随科技的发展和社会的进步而逐步发展起来的。 1837 年，莫尔斯成功研制出世界上第一台电磁式电报机，并且在 1844 年成功用莫尔斯电码发出了人类历史上第一份电报，实现了长途电报通信。 1876 年，贝尔发

---

① https://zhuanlan.zhihu.com/p/202777044。

明了电话,成功将声信号转变为电信号沿导线传送。 1901 年,马可尼实现了横跨大西洋的无线电通信。 从此,传输电信号的通信方式得到广泛应用和迅速发展。① 到了 20 世纪 20 年代,通信建设和应用得到快速发展。 20 世纪 80 年代,各种信息业务应用增多,通信网络开始向数字网络发展。

(二)计算机技术

虽然科学技术与社会工业的发展使人类的通信方式得到根本性的转变,但这更多的只是解决了信息的传递问题,而真正实现信息技术革命的是电子计算机的发明。 1946 年 2 月 14 日,第一台电子计算机(ENIAC)诞生于美国宾夕法尼亚大学,目的是用来计算炮弹弹道。 它的诞生为人类开辟了一个崭新的信息时代,使人类社会发生了巨大的变化。 但是当时由于有限的科技水平以及前期较大的投入成本,计算机主要以与军事有关的计算工作为主,并不被大众所使用。 直到 20 世纪 60 年代,特别是到了 80 年代,随着计算机成本的降低,一些政府机构、科研单位才开始采用计算机分析、管理数据。 Inter 14 位中央处理器的出现进一步推动了计算机的普及和发展。② 1982 年首台个人计算机的问世更是使计算机走进了一般的公司和家庭。 20 世纪末 21 世纪初,计算机的应用在欧美发达国家和地区的家庭基本得到普及。 据中国互联网络信息中心(CNNIC)报告,截止到 2020 年 3 月,我国网民规模为 9.04 亿,互联网普及率达 64.5%,较 2008 年提高了大约 45 个百分点。③

(三)计算机网络技术

计算机网络技术系通信技术和计算机技术融合的产物。 随着计算机技术和通信技术的进步,网络技术也得到了飞速发展。 1969 年,美国国防部高级研究计划署建成的世界上第一个实际运营的封包交换网络——阿帕网,是全球

---

① 丁波涛、王世伟:《信息学理论前沿:信息社会引论》,上海社会科学院出版社 2016 年版。

② 王朝岗、蔡发书:《计算机及计算机技术的发展趋势分析》,《无线互联科技》2014 年第 11 期,第 85 页。

③ http://it.people.com.cn/n1/2020/0428/c1009-31691314.html。

互联网的始祖。[1] 其通过通信电路将不同领域的分布式计算机主机连接到一起,使不同计算机之间的信息和数据交换得以实现,并且每台电脑也可以独自处理自己的工作。 此后,计算机网络技术发展的速度越来越快。 为了进一步推动互联网的发展,美国国会于 1992 年通过了一项关于网络的修正案,即原来只能访问自己网络的公司可以访问更多的互联网,同时也使互联网的普通用户访问世界其他地区的网络变得更加便利。 1993 年,美国又推出了"信息基础设施建设规划"。 1994 年,美国时任副总统阿尔·戈尔首次提出"信息高速公路"的概念。[2] 自此,全球爆发了一股创建信息高速公路的狂潮,进而有效促进了计算机网络技术的前进。

(四)应用平台技术

随着计算机网络技术的进步以及互联网的普遍应用,一大批互联网企业得到了较快的发展。 国际电信联盟更新的数据显示,2019 年全球网民总数达 43.88 亿人,全球互联网普及率达 53.6%;中国网民的规模更是达到 18.54 亿人,互联网普及率达到 61.2%[3],已经超过全球的平均水平,互联网行业迎来了强劲的发展动能。 产生这一结果的原因是云计算、大数据、物联网等技术的应用。

云计算是一种分布式计算,是指通过网络"云"将庞大的数据计算处理程序分解为无数个小程序,然后通过多部服务器组成的系统对这些小程序进行处理和分析,并将得到的结果返回给用户。 2006 年 8 月 9 日,Google 首席执行官埃里克·施密特在搜索引擎大会上首次提出"云计算"的概念。 2007 年以来,云计算成为大型企业的重要研究方向,互联网技术和 IT 服务也出现了新的模式。 2008 年,微软发布的公共云计算平台让很多大型公司加入云计算的行列。 2009 年,阿里软件在江苏南京建立首个"电子商务云计算中心"[4]。 目前,云计算已经进入成熟发展阶段。

---

[1] http://m.zwbk.org/lemma/70536。
[2] https://wiki.mbalib.com/zh-tw/信息高速公路。
[3] https://www.sohu.com/a/327650150_120209653。
[4] https://baike.baidu.comitem 云计算/9969353? fr=aladdin。

互联网和信息行业的发展，使得人们越来越关注随之产生的数据。数据已经渗透到每一个行业和业务领域。例如，我们每天使用的电脑，一次点击输入就能产生相应的数据；成千上万的人点击，就会产生海量数据，也就是所谓的大数据。大数据技术就是对这些数据进行处理、存储和分析的。大数据需要云计算，而云计算也需要大数据。

物联网技术是指可以将任何物品与互联网相连接，进行信息交换和通信，以实现智能化识别、定位、追踪、监控和管理的一种网络技术。2009年，时任国务院温家宝提出"感知中国"，而后物联网被正式列为五大战略性新兴产业之一。自此，物联网在中国受到了全社会极大的关注。物联网技术在感知、控制和协同的过程中，一方面创造了众多的物联网细分行业，另一方面提升了传统产业的效能，使数字经济成为带动我国经济社会发展的核心力量。

四、产业——数字产业化

数字产业化是指通过大数据、云计算、人工智能等以市场为导向的现代信息技术应用，将数字知识和信息转化为生产要素，以促进数字产业的形成和发展，最终形成数字产业链和数字产业集群的过程。习近平总书记强调："要发展数字经济，加快推动数字产业化，依靠信息技术创新驱动，不断催生新产业新业态新模式，用新动能推动新发展。"由此可见，数字产业化是发展数字经济的重要内容，是推动经济高质量发展的重要驱动力。

从传统意义上来讲，数字产业等同于信息通信产业，是数字经济发展的前导产业，具体包括电子信息制造业、信息通信业、软件和信息技术服务业、互联网与人工智能行业等。电子信息制造业主要从事计算机、集成电路、电子设备、可穿戴设备和传感器的研究、开发与生产，包括相关机械和设备的硬件制造以及计算机软件的开发与设计。信息通信业通过互联网、物联网、无线通信、移动互联网等现代数据传输中介将信息及时、准确和完整地传递到需求方。软件和信息技术服务业涉及计算机软件、大数据技术、电子商务、人工智能、区块链等软件技术，主要是对信息资源进行收集、整理、筛选和处理，并且基于电子信息技术为相关组织部门提供决策依据。互联网与人工智能行业包括互联网、大数据、云计算等基础技术的研发，人机交互、计算机视觉、深度学习等人工智能技术的发展和智能语音、人脸识别、智能机器人、无人驾驶等领域的人工智能技术的应用。覃洁贞等（2020）将数字基础性产业分为数据资源开发产业、数字商务产业以及数字民生产业，如图 1-1 所示。

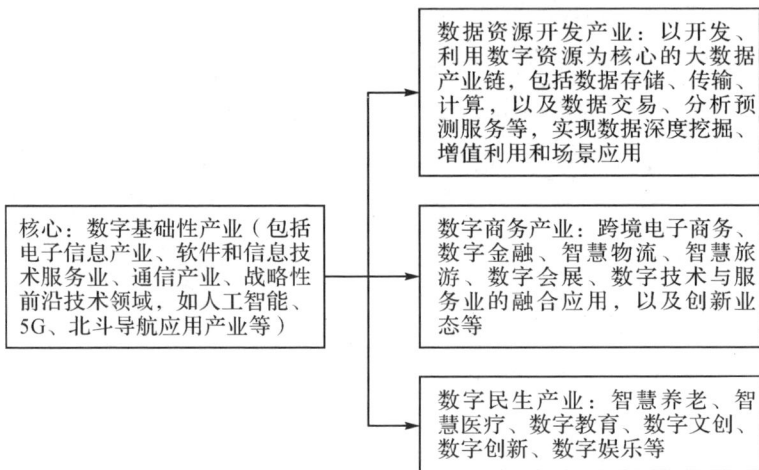

图 1-1　数字基础性产业

资料来源：覃洁贞等（2020）。

近年来，我国数字产业化总体实现稳步增长，如图 1-2 所示。2019 年，数字产业化增加值规模达 7.1 万亿元，占 GDP 的比重为 7.2%，同比增长 11.1%。从结构上看，2019 年，规模以上电子信息制造业增加值同比增长 9.3%，营业收入同比增长 4.5%，利润总额同比增长 3.1%；电信业务收入累计完成 1.31 万亿元，比上年增长 0.8%；移动网络全年净增 1.17 亿户，占移动电话用户总数的 80.1%；全国软件和信息技术服务业规模以上企业超过 4 万家，累计完成软件业务收入 7.2 万亿元；规模以上互联网和相关服务企业完成业务收入 12 061 亿元，同比增长 21.4%。[①]

目前，以互联网、大数据、人工智能、云计算、区块链等为代表的新一代技术日新月异，数字产业化新业态、新模式层出不穷。在新一轮产业革命中

——————

① 中商情报网（http://www.askci.com/）。

要集中力量推进数字产业化：一要培育壮大核心引领产业——大数据和物联网产业；二要推进布局前沿新兴产业——新一代人工智能产业；三要加快发展关键基础产业——新一代信息技术制造业；四要积极培育应用服务产业——高端软件与信息技术服务业。

增加值/万亿元

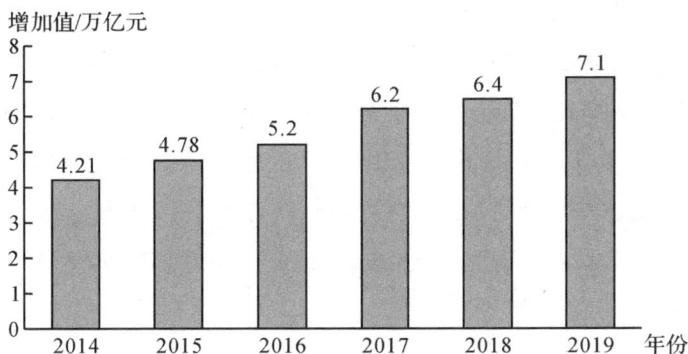

图 1-2　2014—2019 年中国数字产业化增加值规模

数据来源：中商情报网（http://www.askci.com/）。

五、经济——产业数字化

在新一轮全球化浪潮中，世界各国都开始受到产业数字化的影响。据中国信息通信研究院测算，2018 年，美国产业数字化规模达到 10.8 万亿美元，独占鳌头；中国为 3.8 万亿美元，位列第二；日本、英国、德国产业数字化规模也超过 1 万亿美元。[①] 与此同时，产业数字化率的提高也将增强一国在全球化中的产业竞争力。《中国产业数字化报告 2020》首次对"产业数字化"概念进行了阐释，即产业数字化是指在新一代数字科技支撑和引领下，以数据为关键要素，以价值释放为核心，以数据赋能为主线，对产业链上下游的全要素进行数字化升级、转型和再造的过程。[②] 习近平总书记在全国网络安全和信息化工作会议上指出："要推动产业数字化，利用互联网新技术新应用对传统产业进行全方位、全角度、全链条的改造，提高全要素生产率，释放数字

① http://www.docin.com/p-2266645036.html。
② http://finance.people.com.cn/n1/2020/0630/c1004-31765263.html。

对经济发展的放大、叠加、倍增作用。"由此可见，产业数字化发展对我国经济转向高质量发展具有重要意义。

据中国信息通信研究院发布的数据，我国的产业数字化规模已从 2014 年的 11.9 万亿元上升到 2019 年的 28.75 万亿元[1]。 产业数字化加速增长，已成为国民经济发展的重要支撑力量。 在三种产业方面，数字经济发展呈现出不平衡的特点。 服务业是产业数字化发展最快的领域，2019 年，服务业数字经济增加值占行业增加值的比重为 37.8%，同比提升了 1.9 个百分点；工业方面，数字经济也在加速发展，2019 年，工业数字经济增加值占行业增加值比重为 19.5%，同比增长 1.2 个百分点；农业由于行业的自然属性，数字化转型需求较弱，2019 年，数字经济增加值占行业增加值比重为 8.2%，同比提高 0.9 个百分点。[2]

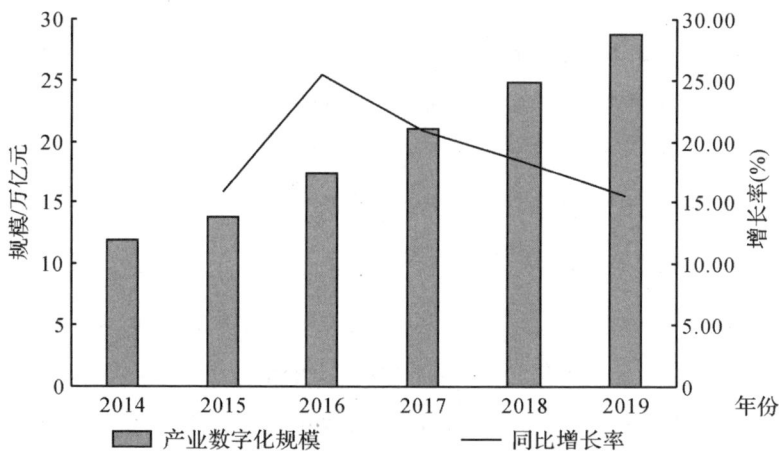

图 1-3　2014—2019 年中国产业数字化规模情况

数据来源：中商情报网（http://www.askci.com/）。

产业数字化发展对我国经济转向高质量发展的影响，可从三个层面进行阐释：微观层面，产业数字化助力传统企业转型，提高企业的质量效率；中观层面，产业数字化助力产业提质增效，重塑产业分工新格局；宏观层面，产业

---

[1]　中商情报网（http://www.askci.com/）。

[2]　https://www.askci.comnewschanye/20200707/1412491163256.shtml。

数字化加速新旧动能转换，助力国家经济发展。

随着全球化进程的放缓以及我国人口红利的消失，传统企业的发展面临越来越多的问题，迫切需要转型升级。 与此同时，数字科技的发展日新月异，从金融科技、数字乡村、数字农牧、数字营销到智能城市，数字科技实现了技术上的进阶及与实体产业的快速融合，数字化为传统企业的转型升级带来了希望。 另外，数字科技还可以提升产品的智能化水平，强化企业数字化技术改造，应用人工智能、物联网、云计算等技术对传统企业及其设备和生产流程进行优化更新，使企业的生产从单机化向连续化转变，降低企业的生产成本，提高企业的生产效率。

如今，大数据、人工智能、物联网、云计算、区块链等数字科技的应用越来越广泛，线上购物、线上办公、网络课堂等彻底改变了我们的生活。 2020年的新冠肺炎疫情更是加快了数字科技的进一步应用，同时催生了共享经济、平台经济等新业态、新模式；促进了新一代信息技术、机器人等新兴产业的兴起，实现了数字产业化，逐步形成了大中小企业各具优势、梯次发展的数字化产业格局。 另外，产业数字化孕育了整个产业新的业态、模式、机制，打造新旧动能转换，提升国家数字生产力，助推国家实现经济高质量发展，已成为推动经济增长的关键核心动力。

第三节　数字经济的概念、内涵及外延

一、相关概念内涵比较

发展数字经济已成为国家与各级政府的重要战略与规划，也是各种机构与学者的研究重点之一。 除了数字经济这一概念外，还存在信息经济、知识经济、网络经济等概念。 因此，有必要对这些相关概念的内涵进行梳理与分析。

1.信息经济的内涵。 信息经济，又称 IT 经济、资讯经济，是以现代信息技术等高科技为物质基础，信息产业起主导作用的，基于信息、知识、智力的

一种新型经济。 其概念可以追溯到美国学者马克卢普在 1962 年出版的论著
《美国的知识生产与分配》中对"知识产业"的研究，其奠定了研究"信息经
济"概念的基础。[①] 1977 年，马克·波拉特在《信息经济：定义与测量》一
书中定义了一系列与信息经济有关的概念，即信息、信息资源、信息劳动和信
息活动。[②] 20 世纪 80 年代，保尔·霍肯在《未来的经济》一书提出了"信息
经济"的概念，并认为与物质经济相比，信息经济将占主导成分。[③] 自 20 世
纪 90 年代以来，全球开始对"信息经济"进行广泛的研究和讨论。 这是自农
业经济和工业经济之后最现代化的经济形态。 在信息经济时代，社会经济的
变化速度加快，这主要是基于信息产业和信息服务业的快速发展。

2.知识经济的内涵。 知识经济是以现代科学技术为基础，建立在知识和
信息的生产、存储、使用和消费之上的经济，最早由联合国机构在 1990 年提
出。 1996 年，经济合作与发展组织首次正式使用了"以知识为基础的经济"
这个概念，认为知识经济直接依赖于知识和信息的生产、传播与应用。 传统
经济理论中认为生产要素包括劳动力、资本和土地，现代经济理论已将知识
列为重要的生产要素。 这是因为知识要素对经济增长的贡献高于劳动力、资
本和土地，因而知识经济是一种以知识为基本要素和增长动力的经济模式。
尤其是随着现代信息通信技术的发展，知识和信息的传播与应用已经达到了
前所未有的规模。 知识将成为最重要的经济因素，由此引发的经济革命将重
塑全球经济格局，并将引起政治、社会的全面变革。

3.网络经济的内涵。 网络经济，又称为互联网经济，是知识经济的一种
具体形态，是基于互联网进行的以资源的生产、分配、交换和消费为主的新形
式的经济活动。 狭义上讲，网络经济是指通过互联网技术的应用进行的投资
以及通过互联网销售产品和服务所产生的收入。 广义上讲，网络经济是指生
产者和消费者通过互联网进行的经济活动。 其概念可以追溯到 20 世纪 90 年
代全球互联网兴起时。 人们可以利用互联网传播信息，并从事各种社会经济

---

① ［美］马克卢普著、孙耀军译：《美国的知识生产与分配》，中国人民大学出版社 2007
年版。

② ［美］马克·波拉特：《信息经济：定义与测量》，1977 年版。

③ ［美］保尔·霍肯：《未来的经济》，科学技术文献出版社 1985 年版。

活动。　网络化极大地加快了经济的市场化和全球化进程，其特征是在经济全球化和信息技术革命的背景下，以信息产业为主导，以教育为背景，以创新为要求，为社会营造一个新的经济社会形态，为全体社会成员提供一个新的平台，实现整个社会经济的飞速发展。

4.数字经济的内涵。　2016 年，中国在《G20 数字经济发展与合作倡议》中指出："数字经济是指以使用数字化的知识和信息作为关键生产要素、以现代信息网络作为重要载体、以信息通信技术的有效使用作为效率提升和经济结构优化的重要推动力的一系列经济活动。"1996 年，唐·泰普斯科特在《数据时代的经济学：对网络智能时代机遇和风险的再思考》中提出了"数字经济"的概念，并详细论述了互联网对社会经济的影响。[①]　此后，西方国家开始广泛研究数字经济，并在 2008 年金融危机之后，纷纷制定了数字经济发展战略。　我国也高度重视数字经济发展，并认为数字经济在引领经济增长、产业结构升级方面具有较大的作用。

5.概念的比较与总结。　在对以上概念进行分析后，我们发现信息经济、知识经济、网络经济与数字经济之间存在着差异。　信息经济主要强调信息技术产业对经济增长的影响；知识经济主要强调将知识作为一种生产要素，分析其在经济发展中所发挥的作用；网络经济主要是通过互联网进行资源生产、分配、交换和消费的经济活动；而数字经济更多是强调数字化的经济活动。　四种经济之间既有区别，又存在着一定的联系。　人类在发展过程中对知识的广泛积累，催生了知识经济的出现，并且最终孕育了信息技术和互联网的诞生。　同时，人们对信息技术和互联网的广泛应用，进一步促进了在知识方面的积累，并加速了人类向数字经济时代的过渡。　知识经济、信息（产业）经济和网络（互联网）经济的概念在同一时代并非相互矛盾或重复，而是从不同方面描述了当今不断变化的世界。　何枭吟（2011）认为，以上四种经济概念之间是基础内容—催化中介—结果形式的关系，即知识的不断积累是当今世界变化的基础，信息产业和网络经济的蓬勃发展是当代社会发生根本变

---

① ［美］唐·泰普斯科特著、毕崇毅译：《数据时代的经济学：对网络智能时代机遇和风险的再思考》，机械工业出版社 2016 年版。

化的催化剂，数字经济是社会发展的必然结果和表现形式。 因此，这几个概念之间相辅相成。

二、数字经济的定义及特征

(一)数字经济的定义

随着基础设施的完善和信息通信技术的发展，数字经济已开始进入人们的视野，并逐渐成为全球经济发展和社会进步的重要推动力。 有学者将数字经济视为一种经济活动，如逄健、朱欣民（2013）认为，数字经济是以信息和通信技术为基础，通过互联网、移动通信网络、物联网等，实现交易、交流、合作的数字化，推动经济社会的发展与进步。 2016 年，中国在《G20 数字经济发展与合作倡议》中指出："数字经济是指以使用数字化的知识和信息作为关键生产要素、以现代信息网络作为重要载体、以信息通信技术的有效使用作为效率提升和经济结构优化的重要推动力的一系列经济活动。" 赵星（2016）认为，数字经济是发生在虚拟而又严谨的数字空间中，与应用数字技术、交易数字产品等相关的经济活动。 赛迪顾问（2017）认为，数字经济是以数字为基础的一系列经济活动的总和。 英国研究委员会认为，数字经济基于数字网络和通信技术平台，是通过人和组织的通信合作并与技术发生复杂关系而创造效益的经济形态。

有学者认为数字经济是一种经济形态，如裴长洪等（2018）基于政治经济学理论，从生产手段出发，认为数字经济是一种继农业经济和工业经济之后更高级的经济形态，可以促进全要素生产率的提高，推动产业结构调整，实现经济可持续发展。 易宪容等（2019）认为，数字经济是以新的数据分析技术为基础，以数据为关键的生产要素，通过数字化和智能化方式实现用户对新价值的永恒追求而形成的一种新的经济形态。 童锋、张革（2020）认为，数字经济是以数据为生产要素、以网络信息技术为核心的驱动力，是现代信息网络的重要载体，是通过农业、工业、服务业所形成的数字化新型经济形态。中国信息通信研究院（2020）认为，数字经济是以数字化的知识和信息为关键生产要素，以数字技术为核心驱动力量，以现代信息网络为重要载体，通过数字技术与实体经济深度融合，不断提高经济社会的数字化、网络化、智能化水平，从而加速重构经济发展与治理模式的新型经济形态。

也有学者将数字经济进行了分类，如 Mesenbourg（2001）认为，数字经济可以分为电子商务基础设施、电子商务流程和电子商务三个部分。Knickrehm et al（2016）认为，数字经济指各类数字化投入带来的全部经济产出，其中数字化投入包括数字技能、数字设备以及用于生产环节的数字化中间产品和服务。

从数字经济的结构角度看，澳大利亚政府（2013）认为，数字经济是通过互联网、移动电话和传感器网络等通信技术，实现经济社会的全球性网络化。张鹏（2019）基于马克思主义认识论，认为数字经济是经济体系中的组织、制度及其技术相互作用的宏观体现，是新型生产组织形式的演化。

（二）数字经济的特征

1.大数据是数字经济的关键生产要素。 经济形态每经过一次转变，就会有新的生产要素产生。 如，农业经济时代的生产要素为劳动力和土地；工业经济时代的生产要素为资本和技术；而数字经济时代的生产要素为大数据，其在数字经济中发挥的作用日渐凸显。 习近平总书记指出："数据是新的生产要素，是基础性资源和战略性资源，也是重要生产力。"这意味着数据可以提高劳动生产率。 首先，数据作为生产要素是使用价值的重要生产源泉，特别是在数字经济时代，它可以在同等时间内使劳动者创造出更多的使用价值。 其次，数据作为生产要素可以提高劳动生产率的乘数作用。 最后，数据作为生产要素还可以降低生产成本、流通成本，进而促进生产力的发展，最终推动整个国家的经济发展。

2.数字经济可以促进规模经济、范围经济以及长尾效应的产生。 在工业经济时代，企业实现规模经济是通过调整最优规模到平均成本处，然而因为其他因素的限制，企业的平均成本有可能会先下降后上升，最后导致规模不经济。 而在数字经济时代，企业基于网络外部性的特征实现规模经济。 这是因为在网络正外部性的作用下，网络的价值取决于其所连接客户的数量，随着网络用户的增多，网络的价值越来越大，甚至呈现爆发式增长，进而为企业带来更多的收益，实现规模经济。 在数字经济时代，企业不仅产量增加，而且提供的产品越来越多样化，能满足消费者的不同需求。 传统的范围经济是指厂商在生产和销售提供两种及以上的产品时，能降低分别提供一种产品时的成本，而数字经济时代企业实现范围经济是因为用户数量的增多，从而开展多样化的业务，获得更多的收益来源。 由此可见，数字经济时代的规模经济是网络用户规模的扩大，导致企业利润提高，进而实现收益最大化；范围经济是为了满足消费者的不同需求而提供各种多样的产品。 由此，又形成了消费端的长尾效应。

3.产业融合成为数字经济发展的主要推动力。 数字经济融合部分主要包括传统产业由于应用数字技术所带来的生产数量和生产效率的提升。 比如，数字技术与农林牧渔业的融合，可以规范农业生产过程，提高农业生产效率，保障农产品质量。 数字技术与制造业的融合，可以加速制造系统内信息和创新的流转速度，提升和优化区域交易效率和分工结构，实现制造业的转型升级和高质量发展。 数字技术与服务业的融合，可以打造无人餐厅、线上教育、线上医疗等各种 "零接触" 式生活服务业态，提升服务品质，从而提升居民的幸福感。 数字技术与农业、制造业、服务业全产业链的深度融合，有助于国民经济的深度融合。 传统产业利用数字经济带来的产出增长，构成了数字经济的主要部分，并成为驱动数字经济发展的主要引擎。

三、本书的研究内容与研究意义

(一)研究内容

数字经济是继农业经济、工业经济之后的一种新的经济社会发展形态。不同学者从不同的角度与范围定义了数字经济概念，但都不外乎数字经济是一种基于数字技术的经济。 事实上，随着数字经济的深入发展，其内涵和外延在不断演化。 计算机制造业、电子通信设备制造业、电信业、广播电视和卫星传输服务业等都是数字经济的基础产业，互联网零售业、互联网服务业也都属于数字经济的范畴。 因而数字经济是难以准确界定的。 本书基于认知、科学、技术、产业、经济五个维度对数字经济的演进脉络进行详细梳理，认为数字经济是通过网络基础设施和通信、计算机网络、云计算、区块链、物联网等信息技术，衍生出电子信息制造业、通信业、软件和信息技术服务业、规模以上互联网和相关服务业等产业，推动工业化经济向信息经济—知识经济—智慧经济形态转化，降低交易成本，提高产品、企业、产业的附加值，推动社会生产力的高速发展。

在对地区数字经济产业测算部分，本书根据浙江省统计局、浙江省经济和信息化委员会在 2018 年发布的《浙江省数字经济核心产业统计分类目录》，将数字经济核心产业划分为：01——计算机、通信和其他电子设备制造业；02——电子信息机电制造业；03——专用电子设备制造业；04——电信、广播电视和卫星传输服务业；05——互联网及其相关服务业；06——软件和信息技术服务业；07——文化数字内容及其服务业。 此外，利用数字经济相关关键词对全国的企业名单进行筛选，将相关的企业汇入以上七个大类的产业。 基于上述七个大类的产业，刻画数字产业的时空变迁，研究助力传统产业实现数字化转型的路径。

浙江省将数据作为重要生产要素，深入实施数字经济"一号工程"，抢占数字经济竞争制高点，不断触发高质量发展新动能，为中国产业升级、经济高质量发展添砖加瓦。 本书深入分析了浙江省数字经济发展的相关案例，包括杭州"数字第一城"建设经验以及数字经济在浙江的产业布局与场景应用、从浙江制造到浙江智造、城乡电商和跨境电商。

(二)研究意义

第一，客观反映数字经济现状，明确规划数字经济发展。 基于政治经济学理论，充分理解数字经济的概念、内涵和本质特征，结合我国经济发展实际，评价和测算数字经济指数，并分析各地区数字经济指数的差异，引导各省份积极重视数字经济发展。 将浙江与其他省份进行纵向和横向比较分析，客观认识浙江数字经济发展现状及未来规划，为提升数字经济发展提供依据。以数字经济新型生产关系为基础，落实数字经济五年倍增计划，协同推进一批政策试点、设施试点、应用试点、专项工程试点，加快建设国家数字经济创新发展试验区，为建设"重要窗口"增添动力。

第二，降低企业成本，促进企业创新发展。 作为经济活动的主体，企业的发展对经济发展起着至关重要的作用。 通过对数字经济的研究，可以发现数字经济的特征不仅可以促使企业降低平均成本实现规模经济，而且可以增加产品服务种类实现范围经济，进一步为中小企业的创新提供生存空间。 互联网等技术具有为经济主体增加有效信息、完善价格机制等正面作用，有利于微观经济高效运行，从而有助于为整个产业提供充足的创新力量。

第三，助力传统产业升级，推动经济高质量发展。 在全球信息化进入全面渗透、跨界融合、加速创新的时代背景下，数字经济是真正面向未来的经济形态。 因此我们迫切需要继续推动数字经济自身的纵向发展，要充分发挥数字经济与传统产业的"化学反应"，增长中国经济活力。 通过对数字经济的研究，把握数字经济与经济发展的内在联系，探究数字经济对经济发展的影响。 重视产业数字化、数字产业化、新型基础设施投资、分享经济等，促进经济转型升级。

第四，有助于国家更好地实施大数据战略。 在信息化引发的世界经济版图重构过程中，数字经济的发展将起到至关重要的作用。 我国已先后出台《关于积极推进"互联网＋"行动的指导意见》《促进大数据发展行动纲要》等重大政策文件，持续推动数字经济新业态、新模式健康发展。 对数字经济相关的研究，有助于明晰中国数字经济的发展态势，以及在全球数字经济产业竞争格局中的位置，从而更好地实施国家大数据战略，为加快推进中国数字产业发展提供科学的决策依据。

2

第二章 数字经济政策的演变

第一节 国外数字经济政策的演变

历史告诉我们,每一次的技术进步都势不可挡,每一次的发展契机又都转瞬即逝。放眼全球的数字经济浪潮,能不能抓住机遇,加速向以网络信息技术产业为重要内容的经济活动转变,成为各国经济社会发展的关键之举。为此,各个国家都先后开始用战略眼光发展数字经济,纷纷出台各种鼓励数字经济发展的政策和法规,全力抢占这一经济增长的新巅峰。从整体来看,国外主要经济体出台的数字经济政策和法规,可以大致归纳为兴起(20 世纪90 年代—21 世纪初)、发展(2009—2016 年)、裂变(2017 年至今)三个阶段。

一、20 世纪 90 年代—21 世纪初,数字经济政策兴起阶段

进入 20 世纪 90 年代,世界经济面临着严重的挑战:由于 1991 年伊拉克战争爆发,石油价格在 3 个月内从每桶 14 美元暴涨至 40 美元,石油危机让本就处于较高层面的世界经济通货膨胀进一步加剧。与此同时,持续的政策性干扰,导致日元对美元的汇率从 1985 年的 1 美元兑 240 日元上升到 1995 年的

1 美元兑 79 日元,①曾经号称"卖了东京,买下美国"的日本遭受重创,陷入"失去的十年"。 随后的亚洲金融危机更是让它雪上加霜。 这一时期的欧洲经济也同样陷入了长期的滞胀"泥潭",社会形势在统一货币的长期谈判中动荡不安。

面对严峻的经济形势,各国政府急需为本国经济寻找新的增长点,其中美国政府最早给出答案——"信息高速公路"战略。 20 世纪 90 年代以来,美国政府高度重视并大力推动信息基础设施建设和数字技术发展。 1993 年 9 月,美国政府宣布实施一项高科技计划——"国家信息基础设施(NII)",计划用 20 年时间,耗资 2000 亿—4000 亿美元,建立一个能覆盖全国的"以光纤通信网络为主,辅以微波和卫星通信的数字化大容量、高速率的"通信网,使所有的美国人方便地共享海量的信息资源。 "信息高速公路"战略为美国数字经济的腾飞奠定了基础。 1998 年 1 月,美国时任副总统阿尔·戈尔提出"数字地球"的概念,美国政府正式揭开了数字经济的大幕。 在这一阶段,美国商务部作为美国信息高速公路建设的主要负责方和数字经济的主要推动者,发布了多个重磅报告。 其在 1998 年 7 月发布的报告《浮现中的数字经济》中,开始把发展数字经济作为驱动新发展的手段;1999 年 6 月发布的报告《浮现中的数字经济(二)》中,则深入探索了互联网和电子商务对经济发展的潜在影响。 随着数字经济在美国多方面的渗透,"浮现"的数字经济在美国已经不再准确。 之后,美国商务部在 2000 年 6 月发布的第三份数字经济发展报告——《数字经济 2000》的标题中去掉了"浮现"二字,并肯定了发展数字经济对于经济增长的稳定可靠性。 而其在 2002 年和 2003 年连续发布的报告《数字经济 2002》和《数字经济 2003》则对早期数字经济理念在世界范围内的普及起到非常大的推动作用。 此后,无论是 2009 年颁布的《美国复苏与再投资法案》,还是同年出台的《联邦云计算计划》,都进一步推动了美国信息技术基础设施转向网络 IT 服务的升级发展。

由于数字经济所提出的信息产业和通信产业在互联网中的融合发展是传统产业变革的强大驱动力,符合当时传统经济对新型增长点的迫切需求。 因

---

① https://www.ofweek.com/ai/2019-02/ART-201721-8130-30304931.html。

而，在这一阶段还有很多其他国家也都积极出台相应的发展数字经济的早期规划和政策。

日本数字信息产业的发展孕育了日本的数字经济。1997年，日本通产省开始使用"数字经济"一词，大力推动以电子商务为基础的数字经济的发展。2000年，日本为促进数字信息产业的发展，特别成立"IT战略总部"。2001年1月，日本颁布了推进宽带基础设施建设的《e日本战略》，为日本数字经济的发展铺好信息高速公路。2003年7月，日本又制定《e日本战略Ⅱ》，目标是将数字信息技术应用于经济社会的食品、医疗、中小企业金融、行政等产业的发展。2004年5月，日本启动了基于物联网的国家信息化战略《u日本战略》，从网络、终端、平台和应用这四个层面构建数字信息技术与日本经济社会的广泛联系。伴随着2006年《IT改革政策》的出台，对于IT产业结构的深化改革使得数字经济的发展开始向日本社会的各领域渗透，也推动着日本数字经济政策进入下一个阶段。

欧洲作为第一次工业革命的发源地，早早就感受到传统工业所带来的负面效应。为应对信息时代的挑战，推动产业结构调整和优化升级，欧洲各大国也纷纷在21世纪初开始部署自己国家数字经济发展的蓝图，逐步推出与数字经济相关的政策。1993年，欧盟执委会发表的《成长、竞争力与就业白皮书》突出强调了加快信息社会的网络基础建设的重要性。1994年6月，《迈向欧洲的信息社会》这一旨在加速电信服务产业的自由化，以及整合欧盟有关信息社会方面相关政策的欧洲信息社会行动计划被提出。1999年，欧盟提出的以建立欧洲网络与信息安全机构、协调欧盟成员国致力于打击网络犯罪为目的的《E-Europe计划》则为欧盟各国的数字经济发展保驾护航。2000年3月，欧盟发布了《里斯本战略》，推动欧洲信息社会向前发展；同年，英国政府也出台了多项旨在促进电子商务发展的有关议案，并设立数字经济特使来统筹数字经济战略整体实施；而德国政府也在2000年出台《"联邦在线2005"计划》，以推动电子政务的建设。2002年，德国政府为实现网络扫盲，强化应用互联网的基础群体，还提出了《"全体上网"的10点赶超计划》。随着2005年6月欧盟《建设欧盟信息社会2006—2010年5年战略计划》的提出，欧洲的数字经济进入新的发展阶段。

需要指出的是,20 世纪 90 年代至 21 世纪初,各国出台的数字经济政策主要集中在互联网的基础建设、电子商务的发展、信息化的推广和应用,以及国家数字经济发展战略的初步探索等方面。 尽管数字经济的浪潮在世界开始掀起,但数字经济政策在很多国家并未上升到国家战略层面。 很多国家对数字经济的理解,仍然局限在信息经济和互联网经济等数字经济发展的初始阶段。

二、2009—2016 年,数字经济政策发展阶段

在这一时期,随着物联网、云计算、大数据、人工智能、虚拟现实等数字经济新兴领域的不断涌现,数字经济的发展为其他产业和整个社会经济的发展不断注入强大的动力。 数字经济成为促进经济发展、增强国家竞争力和提高社会福利的重要手段,发展数字经济成为世界各国的共识。

2010 年,美国商务部提出"数字国家"的概念,并开始构建发展数字经济的完备政策体系。 在接下来的 5 年内,美国的国家电信和信息管理局连续发布了《数字国家:21 世纪美国通用互联网宽带接入进展》《探索数字国家:美国家庭宽带互联网应用》《数字国家:扩大互联网使用》《探索数字国家:计算机和互联网的家庭应用》《探索数字国家:美国新兴在线体验》和《探索数字国家:拥抱移动互联网》等 6 份"数字国家"的报告,主要围绕美国数字经济的基础设施、互联网、移动互联网等方面进行统计和分析。 为了保证美国在新一轮产业革命中的发端地位,推动美国大数据、人工智能、5G应用等领域的发展,2012 年 2 月,美国国家科学技术委员会公布了《先进制造业发展计划》;同年 5 月,奥巴马政府宣布实行《数字政府战略》,开启了美国数字政府的建设;2013 年 3 月,还发布了《大数据研究和发展倡议》,加快美国大数据的发展和应用;2016 年 10 月 18 日发布的《国家人工智能研发与发展策略规划》规定了一个高水平的人工智能发展框架。 美国商务部在2015 年和 2016 年连续发布的《数字经济议程》中,则提出把发展数字经济作为实现美国繁荣和保持竞争力的关键。

此外,美国政府开始关注数字贸易的规则制定以及数字经济的网络安全问题。 2014 年,美国商务部发布了有关数字贸易政策制定规则的《数字经济与跨境贸易:数字化交付服务的价值》的报告。 2016 年 7 月,还成立数字贸

易工作组，以快速识别数字贸易壁垒，制定相应的政策规则。 对于网络安全问题，美国也从未放松，2016 年底，美国国家网络安全委员会向白宫递交了《关于保护和发展数字经济的报告》，其中对当时美国的网络安全形势进行了分析和研判。 在这一阶段，世界数字经济的领头羊——美国在经济和社会生活的方方面面都开启了自己的数字化。 日本通过多年对数字信息产业的政策支持、法律法规规范，为进一步推动数字经济的发展创造了有利环境。 2009年，日本政府提出了面向数字经济新时代的战略政策，先后颁布了《i 日本战略 2015》和《ICT 维新愿景》计划，以期实现数字信息产业在经济社会的普惠性。 从"e 日本战略"到"u 日本战略"再到"i 日本战略"，这不仅仅是一个字母的变化，更是日本信息化战略的理念、目标与路径的全方位改变。 2011 年，日本政府为了打造更强大的数字信息经济，又推出了《推进 ICT 维新愿景 2.0 版》；而 2013 年 6 月 13 日提出的《日本复兴战略》则充分展现了日本政府力图通过数字经济实现经济复兴的决心。

尽管欧洲各国在 21 世纪初便有意识地为数字经济的发展铺平道路，但直到 2008 年经济危机发生后才纷纷拉开发展数字经济战略的序幕。 2008 年 10 月，法国政府颁布了《数字法国 2012 计划》，希望能在 2008—2012 年的 5 年中帮助法国跻身全世界最主要数字国家的行列。 此后，在 2011 年底，法国进一步推出了围绕发展固定和移动宽带、推广数字化应用和服务（特别是电子政务）及扶持电子信息企业的发展三大主题的《数字法国 2020》战略。

另外，在这一阶段的英国政府同样积极应对数字经济浪潮。 2009 年 6 月16 日，伴随着主题为通过改善基础设施、推广全民数字应用、提供更好的数字保护，从而将英国打造成世界"数字之都"的《数字英国》计划的推出，英国拉开了数字经济战略发展的序幕。 无论是 2010 年 4 月 8 日颁布的《数字经济法案》，还是 2013 年 6 月发布的《信息经济战略》，抑或是 2015 年 2 月出台的《数字经济战略（2015—2018）》，都反映了英国政府在打造数字经济时代背景下国家竞争新优势、促进产业结构升级上的战略意图和决心。 此外，英国政府积极开展数字政府建设，在 2012 年 11 月启动了《政府数字战略》，并在 2013 年 12 月和 2014 年 4 月分别发布《政府助力数字化路径》和《政府数字包容战略》，作为详细规划英国数字政府建设的指南。

欧洲大陆另一个传统工业强国——德国，也逐渐将发展数字经济作为其政治和经济层面的首要任务。 2010 年 7 月，德国政府发布了包含互联网发展、数字化普及等多项德国未来发展的规划——《德国 2020 高技术战略》。 同年 11 月，作为指导德国信息通信技术发展的纲领性文件《德国 ICT 战略：数字德国 2015》出台了。 2012 年 10 月出台的《2020 创新伙伴计划》更是让德国数字经济的创新活动得到了大量的财政支持。 而伴随着德国数字化转型的重要组成部分《"工业 4.0"战略》在 2013 年 4 月的提出，德国"智造"快速发展。 倡导数字化创新驱动经济社会发展，为德国建设成为未来数字强国部署战略方向的《数字议程（2014—2017）》于 2014 年 8 月发布。 而同年 11 月德国联邦政府发布的《新高科技战略》中重点强调了数字经济包括工业 4.0、智能服务、智能数据项目、云计算、数据联网、数字科学、数据建设、数字化生活环境等八大核心领域的发展。 此外，德国还不断强化数据网络的安全措施。 2015 年 3 月，为保障德国和欧盟的数据主权，德国经济与能源部启动了《智能服务世界、进入数字化、专业 IT 表格项目》，并推广数据经济领域的创客竞赛。

综上可以发现，在这一阶段很多国家均出台了数字经济国家发展战略，数字经济也在各国政府政策驱动和互联网应用的普及下得到快速发展。 这一时期的数字经济政策多以国家数字经济发展整体规划和发展布局为主，并且由于以智能制造为核心的"工业 4.0"和以"互联网＋"为主要途径的产业互联网为传统产业的研发设计、生产制造、流通消费等环节的提质增效带来了巨大的空间和机遇，各国政府的数字经济政策也在这一阶段更多地将数字化发展引入传统产业的转型升级中。

三、2017 年至今，数字经济政策裂变阶段

2016 年的二十国集团（G20）峰会首次将"数字经济"列为 G20 创新增长蓝图中的一项重要议题。 而全球首个由多国领导人共同签署的数字经济政策文件《G20 数字经济发展与合作倡议》的发布，标志着各国的数字经济政策进入了裂变式的全新阶段。 越来越多的国家把数字经济政策作为经济发展的战略蓝图和纲领性文件出台，各国的数字经济政策也涉及与数字经济发展相

关的方方面面。 此外，各国数字经济政策在推动本国工业、农业、服务业与数字经济深度融合的同时，也开始为国家间数字经济合作发展助力。 美国凭借较好的信息技术基础设施、科研储备和较低的使用成本，使其数字经济的发展一直走在世界前列。 在 2016 年至今的数字经济政策裂变阶段，美国的数字经济政策不仅推动数字经济成为美国经济发展的主要引擎，还努力将自身打造成为全球数字经济发展的龙头，形成了以创新带动发展的新路径。2016 年 6 月，美国商务部发布《在数字经济中实现增长与创新》，鼓励美国的各行各业积极融入数字经济时代的发展。 2017 年 6 月，美国政府公布了《电子复兴计划》，计划在未来的 5 年投入超过 20 亿美元用于美国信息技术领域的创新发展，希望开启和引领下一次的电子革命。 2018 年 3 月，美国商务部经济分析局发布工作文件《数字经济的定义和衡量》，对新时代人们认识和度量数字经济起到重要的促进作用。 同年，美国政府先后出台了管理生物医学大量数据的《数据科学战略计划》、勾勒美国网络安全战略路线的《美国国家网络战略》以及确保美国占据先进制造业领导地位的《先进制造业美国领导力战略》等数字经济政策，积极推动数字经济的创新发展。 2019 年，美国政府还接连发布了《国家人工智能研究和发展战略计划：2019 更新版》《维护美国人工智能领导力的行政命令》以及《5G 加速发展计划》等战略计划，充分发挥政府的引导、支持作用，确保美国数字经济产业的发展拥有核心优势。 可以说，美国不断发布和更新的数字经济政策，正在为其培育充满活力和弹性的数字经济提供政府支持。 在新一代信息技术成为美国经济发展根基的同时，美国政府还不忘规范数字经济的网络安全，重视发展数字经济可能产生的国家经济安全问题。

近些年，日本政府对数字经济发展十分重视，不断推动大数据、云计算、人工智能等新技术在其他产业的生产、运营、管理等领域的全面优化，提升日本整体经济社会的效率。 2016 年 1 月 22 日，随着《第五个科学技术基本计划》在日本内阁会议上通过，建设全球领先的"超智能社会"的想法成为日本数字经济发展的目标，日本政府希望通过最大限度利用信息通信技术，将网络空间与现实空间融合，使每个人最大限度地享受高质量的服务和便捷的生活。 2018 年 6 月，日本政府出台有关网络安全与数据保护的《集成创新战略》；同年 7 月，先后发布了《日本制造业白皮书》《第 2 期战略性创新推进计划（SIP）》和《综合创新战略》等计划和战略，详细阐述了日本接下来推动数字经济发展的行动方案。 2019 年，日本政府更是决定在当年度补充预算案中列入约万亿日元，投入"数字新政"的预算中，以期在信息化、智能化和数字化基础研究等数字经济的相关领域上处于世界前列。

与此同时，2016 年后的英国、德国和法国等欧洲国家政府以及欧盟也不断出台保障和促进数字经济发展的政策，积极面对数字经济的挑战，努力抓住数字经济发展的机遇。 2016 年 4 月，欧盟通过了《通用数据保护条例》，旨在保护各国数据网络的安全，为欧洲各国数字经济的发展提供一定的保护。 此后，2018 年，欧盟又接连发布了《欧盟人工智能战略》《非个人数据在欧盟境内自由流动框架条例》《促进人工智能在欧洲发展和应用的协调行动计划》和《可信赖的人工智能道德准则草案》等一系列政策，旨在推动欧洲的人工智能、大数据、网络安全和数据保护等数字经济领域的发展。

2017 年 3 月，英国的文化、媒体和体育部发布了《英国数字战略》，为英国推进数字化转型和跻身于数字经济强国行列做出全面而周密的部署。 同年 4 月，《数字经济法案》正式成为生效法律，该法案填补了英国数字经济相关领域的法律空白，明确了发展数字经济过程中监管机构的职能等问题，构建起了英国数字经济发展的法律框架，有效地减少了英国数字经济发展的不确定性。 而 2017 年底发布的《产业战略：建设适应未来的英国》的白皮书，则强调了人工智能对于英国产业发展的重要性。 此后，无论是 2018 年 1 月发布的有关网络空间规范和准则的《数字宪章》，还是 2018 年 6 月推出的促进大数据应用发展计划——《国家计量战略实施计划》，都显示出英国政府推动数字战略再升级的意图，体现了英国政府对数字革命的巨大期待和决心。

与此同时，德国和法国也不甘错过数字经济发展的机遇。 由于数字化建设可以为德国持续的经济增长带来新的动力，2016 年以后，德国政府及相关部门出台了很多相关的支持政策。 例如，2016 年 3 月，德国政府发布了《数字战略 2025》，这是继《数字议程》之后，德国政府首次就数字化发展做出系统的安排，同时也是德国政府开启数字经济发展下一阶段政策的发端。2016 年和 2017 年连续发布的《德国数字化平台绿皮书》和《德国数字化平台白皮书》两份报告，阐释了数字经济对于德国以及欧洲经济的强大推动力，同时提出要进一步推动数字化生产和平台经济成为传统经济创新升级的驱动力。 2018 年，德国政府又接连发布了《人工智能德国制造》《高技术战略2025》《"建设数字化"战略》和《联邦政府人工智能战略要点》，明确提出推动人工智能技术的推广和应用。 接着，德国政府于 2019 年 11 月 29 日发布《国家工业战略 2030》，大力推动人工智能、数字化等数字经济创新技术领域的成长，使其成为德国工业未来的发展方向。 而 2018 年法国政府也陆续发布了《法国人工智能发展战略》《5G 发展路线图》《利用数字技术促进工业转型的方案》等一系列与数字经济相关的前沿技术政策，以期法国在人工智能、信息新基建、大数据等数字经济领域的创新发展。 随着 2019 年首届法国人工智能峰会在巴黎的顺利召开，以及法国政府推出的《数字法国 2019 战略》，法国政府希望用政策规划好法国数字经济的发展方向，从而推动数字经济成为法国经济的又一增长点。

在 2016 年至今出台的国外数字经济政策，无论是发达国家还是发展中国家，都希望能争取到更多的数字红利。 各国的数字经济政策也呈现出百花齐放的姿态，除了重视数字经济发展的顶层设计和整体规划，各国还开始趋向于因地制宜，结合自身数字经济的发展水平，推出合适的数字经济政策。如，美国作为率先提出并支持数字经济发展的数字强国，始终保持强烈的争先意识和忧患意识，在多项政策举措上精准发力，力争在全球范围内维护其领跑地位；日本则奉行实用主义，重视数字经济服务于社会的应用；欧盟坚持规则先行，重视数据治理和人工智能伦理；发展中国家利用后发优势和互联网人口红利资源，推出相应的数字经济政策。

四、国外数字经济政策演变趋势分析

处于数字化进程的不同阶段的各个国家，对于数字经济的战略部署侧重点各有不同，数字经济政策也有较大区别。 我们可以根据各个国家的数字化程度大体将其分为三类，即数字化的新兴国家、数字化转型中的国家和数字化高度进化的国家。 其中，新兴国家的数字经济发展政策重点在于加强数字基建、培育互联网基础以及解决公民网络应用的鸿沟等数字化转型准备方面。 相比之下，数字化转型中国家则更加注重引导数字产业之间的竞争，从而激发产业数字化转型的新动能。 此外，它们还希望通过数字政策来保证企业便捷地应用或推出数字技术，并培养社会数字素养以及促进公民的数字参与能力。 而作为数字化进程领先的国家，如美国、日本等，则是积极促进平台层面的行业竞争与增量数字技术的竞争，同时以期用一系列的数字经济政策来推进社会的全面数字化，以应对随时而来的新变革，并推进参与式决策，加强国际数字合作。 此外，通过对世界主要经济体数字经济政策的梳理可以发现（如表 2-1 所示），各国的数字经济政策主要围绕数字基建、数字战略与规划、数字安全以及区域数字经济合作这四个方面推进和展开。

表 2-1　世界主要经济体数字经济政策

主要内容	国家、地区	年份	政策文件名
数字基建	美国	1993	《国家信息基础设施行动计划》
		2009	《联邦云计算计划》
	加拿大	1996	《建设信息社会:加拿大迈进 21 世纪》
	德国	2010	《德国 2020 高技术战略》
	法国	2018	《5G 发展路线图》
	日本	2011	《推进 ICT 维新愿景 2.0 版》
数字战略与规划	美国	1998	《浮现中的数字经济》
		2015	《数字经济议程》
		2019	《国家人工智能研究和发展战略计划:2019 更新版》
	英国	2009	《数字英国计划》
		2017	《英国数字战略》
	德国	2010	《德国 ICT 战略:数字德国 2015》
		2016	《数字战略 2025》
		2018	《联邦政府人工智能战略要点》
	日本	2004	《U 日本战略》
		2016	《第五个科学技术基本计划》
	澳大利亚	2011	《国家数字经济战略报告》

续　表

主要内容	国家、地区	年份	政策文件名
数字安全	美国	2016	成立数字贸易工作组
		2018	《美国国家网络战略》
	英国	2017	《数字经济法案》
		2018	《数字宪章》
	欧盟	2018	《通用数据保护条例》
	日本	2018	《集成创新战略》
区域数字经济合作	美国	2012	推动并借助跨境隐私规则体系
	欧盟	2015	《数字单一市场战略》
		2018	《建立一个共同的欧盟数据空间》
	日本	2017	《全面与进步跨太平洋伙伴关系协定》

资料来源:网络公开资料,经作者整理而得。

(一)数字基建政策

每一次产业革命的兴起都伴随着配套基础设施的发展,数字经济的发展离不开数字基建的支持。作为数字经济的基石,世界上主要经济体的数字经济发展政策大多开始于数字基建政策。数字基础设施建设政策,既包括通信网络、新技术和云计算等信息基础设施的普及政策,又包含对传统基础设施数字化、智能化的转型和改造的应用政策。各国政府希望通过政策力量推动数字基础设施的广泛普及和应用,为本国数字经济的发展打下坚实的基础。

(二)数字战略与规划政策

美、欧、日等国家和地区高度重视数字经济的顶层设计和整体规划,并随着本国数字经济发展的形势、需要和阶段,不断调整各自的相关政策方向。无论是美国商务部 2015 年提出的《数字经济议程》,还是英国政府 2017 年推出的《英国数字战略》,抑或是日本政府出台的《第五个科学技术基本计划》,等等,各国政府都积极发布数字经济的战略规划,以期推动本国数字经济不断朝新的阶段发展,并通过数字经济相关领域的一个又一个具体的规划，找到适合自己并具有本国特色的数字经济发展路径。

(三)数字安全政策

在各国政府推进数字经济发展的过程中，数字经济发展的安全问题逐渐被重视起来，数字安全政策在各国出台的数字经济政策中所占的比重也越来越大。 如，美国的《美国国家网络战略》等数字的网络安全政策，欧盟的《通用数据保护条例》等数据的保护政策，美国数字贸易工作组制定的数字贸易规则，等等。 不断完善数字经济的安全政策，出台保障数字经济健康发展的政策，成为各国数字经济发展的重要保障。

(四)区域数字合作政策

推动区域数字经济合作发展，是世界主要经济体制定数字经济政策的一个重要目的。 一方面，越来越多的国家开始利用现有的国际舞台，通过制定数字经济的新型规则和重构数字产业生态来实现自身的利益诉求；另一方面，各国积极推进在数字经济领域的务实合作和规则重构，以期增强自己国家在数字经济领域的国际影响力和话语权。

第二节　国内数字经济政策的演变

在信息时代的发展进程中，数字经济已成为信息产业中最具活力的新业态。 中国在数字经济领域的发展也正从跟跑者、并跑者逐渐变为领跑者。 随着以互联网、大数据、人工智能等为代表的数字经济不断融入我国经济社会的方方面面，数字经济已然成为推动我国经济发展质量变革、效率变革、动力变革的重要驱动力。 回顾我国数字经济发展进程，与世界其他国家相比，中国的数字经济特色鲜明。 中国的数字经济拥有更加广泛的覆盖范围和基础应用市场，呈现出大、中、小企业踊跃参与的蓬勃发展景象。 这些数字经济发展的利好条件，离不开中国政府的支持和数字经济政策的推动。 随着从1994年开始的早期推动信息化建设和发展电子商务的数字经济发展政策，到如今推动数字经济发展的政策协同框架的建设等，一系列围绕数字经济的政策应运而生，我国的数字经济政策体系逐步形成，与此同时，各省也纷纷响应，发布更加贴合省情的数字经济发展政策。多领域、多层次的数字经济政策不断为我国数字经济的深入发展保驾护航。

一、我国数字经济政策体系初步形成

（一）我国数字经济政策的第一阶段（1994—2012）

1994年，随着国际互联网正式接入中国，我国开始了发展数字经济的探索。总览我国数字经济政策的发展，大致可以将其分为三个阶段。第一阶段以《2001年国务院政府工作报告》首次提出信息化为标志，在此之后连续7年，"积极推进国民经济和社会信息化"成为政府工作报告中时常出现的词。无论是"十五"规划中强调加速发展信息产业，还是"十一五"规划中对信息技术普及和应用的重视，都体现了我国积极推动信息化在各个领域的发展应用。随着2007年党的十七大报告提出的信息化与工业化融合发展的新命题，此后出台的"十二五"规划中更加强调了推进信息基础建设，强化信息化和工业化深度融合，推动经济社会各领域信息化的方针政策。2012年，在党的十八大报告中更是有多达19处表述提及信息、信息化、信息网络、信息技术与信息安全，而且报告还明确把"信息化水平大幅提升"纳入全面建成小康社会的目标之一。这些报告和规划无一不体现我们党和政府对于数字经济发展的规划和部署。正如表2-2对我国第一阶段数字经济主要政策的梳理所示：2006年，发布《2006—2020年国家信息化发展战略》，明确规范和推动信息化的发展；2007年，发布《电子商务发展"十一五"规划》，将电子商务服务业确定为国家重要的新兴产业；2012年，被列入《"十二五"国家战略性新兴产业发展规划》的重点工程。总而言之，信息化建设的广泛应用是我国数字经济发展初始阶段的主要风向标，而我国数字经济政策发布的第一阶段，也是较多关注推动信息化建设、发展电子商务以及发展和完善信息基础设施建设等方面。

表 2-2　我国 1994—2012 年主要数字经济政策

部门	时间	政策文件名
国务院	2006/5/8	《2006—2020 年国家信息化发展战略》
	2012/7/9	《"十二五"国家战略性新兴产业发展规划》
	2012/7/17	《关于大力推进信息化发展和切实保障信息安全的若干意见》
国家发展和改革委员会	2005/2/6	《关于组织实施电子商务专项的通知》
	2007/6/1	《关于印发〈电子商务发展"十一五"规划〉的通知》
	2008/2/22	《关于组织实施 2008 年新一代宽带及网络通信产业化专项的通知》
	2009/4/24	《电子信息产业调整和振兴规划》
	2012/2/17	《关于促进电子商务健康快速发展有关工作的通知》
	2012/3/29	《关于印发下一代互联网"十二五"发展建设的意见的通知》
	2012/5/18	《关于组织实施 2012 年物联网技术研发及产业化专项的通知》

资料来源:网络公开资料,经作者整理而得。

(二)我国数字经济政策的第二阶段(2013—2016)

我国在经历了互联网用户数量在 21 世纪初近 10 年的持续高增长之后,数字经济也得到了较快发展。 2012 年底,我国手机网民的规模达到 4.2亿,[①]互联网行业迎来了移动端时代,智能手机全面连接起人们的线上和线下生活。 因此,中国的数字经济发展也迈入了全新的"互联网+"阶段。 与此同时,我国数字经济政策的第二阶段也伴随着党的十八大报告的发布拉开了序幕。

梳理我国第二阶段主要数字经济政策,如表 2-3 所示,可以发现:一是关于信息基础设施的完善政策。 2013—2016 年,国务院接连出台了《关于推进物联网有序健康发展的指导意见》《"宽带中国"战略》和《关于加快高速宽带网络建设推进网络提速降费的指导意见》等与数字基建相关的政策。 与此同时,国家发展和改革委员会发布了相应的诸如《关于组织实施第四代移动

---

① 《第 31 次中国互联网络发展状况统计报告》。

通信（TD-LTE）产业化专项的通知》《关于组织实施"宽带乡村"试点工程（一期）的通知》和《关于组织实施 2017 年新一代信息基础设施建设工程和"互联网＋"重大工程的通知》等一系列推动我国互联网基础设施建设的政策文件。

二是以 2015 年国务院出台的《关于积极推进"互联网＋"行动的指导意见》和《促进大数据发展行动纲要》为标志，积极推动"互联网＋"、大数据、云计算等数字技术在社会各个领域的广泛应用。如，2015 年国家发改委发布的《关于加强和完善国家电子政务工程建设管理的意见》，鼓励在电子政务项目中采用物联网、云计算、大数据等新技术。

三是我国数字经济政策的第二阶段，还对我国数字经济的发展进行了更细致的规划，尤其是制造业的数字化和信息消费领域的规范化。例如，2013年 8 月，国务院出台了《关于促进信息消费扩大内需的若干意见》，加快推动信息消费持续增长。2015 年 5 月，国务院发布了以加快新一代信息技术与制造业深度融合为主线，以推进智能制造为主攻方向，以满足经济社会发展和国防建设对重大技术装备的需求为目标，推动数字经济和实体经济融合发展，建设中国制造强国"三步走"战略的第一个十年行动纲领——《中国制造2025》战略。2016 年 12 月，工业和信息化部发布《智能制造发展规划（2016—2020 年）》，即《智能制造"十三五"发展规划》，将提升我国信息化、数字化水平作为重要目标，以期实现传统制造业重点领域的数字化制造。

四是 2016 年在杭州成功召开的 G20 杭州峰会上，我国作为二十国集团（G20）的主席国，首次将"数字经济"列为 G20 创新增长蓝图中的一项重要议题。同年，国务院还出台了《国家信息化发展战略纲要》《"十三五"国家信息化规划》和《中华人民共和国国民经济和社会发展第十三个五年规划纲要》等数字经济未来发展战略和规划，这些既是我国对于进一步推进数字经济发展做出的详细的顶层设计，也体现了国家对发展数字经济的高度重视。正如 2015 年 12 月习近平总书记在"第二届世界互联网大会"开幕式上的讲话中所指出的，"中国正在加强信息基础设施建设，发展网络经济，促进互联网和经济社会融合创新发展，中国愿同各国加强合作，推动全球数字经济发展"。

表 2-3　我国 2013—2016 年主要数字经济政策

部门	时间	政策文件名
国务院	2013/2/17	《关于推进物联网有序健康发展的指导意见》
	2013/8/1	《"宽带中国"战略》
	2013/8/8	《国务院关于促进信息消费扩大内需的若干意见》
	2015/5/19	《中国制造 2025》
	2015/5/20	《关于加快高速宽带网络建设推进网络提速降费的指导意见》
	2015/7/4	《国务院关于积极推进"互联网+"行动的指导意见》
	2015/9/5	《促进大数据发展行动纲要》
	2016/7/27	《国家信息化发展战略纲要》
	2016/12/27	《"十三五"国家信息化规划》
国家发展和改革委员会	2013/2/16	《关于加强和完善国家电子政务工程建设管理的意见》
	2013/8/21	《关于开展国家下一代互联网示范城市建设工作的通知》
	2013/10/8	《关于组织实施第四代移动通信(TD-LTE)产业化专项的通知》
	2014/1/13	《关于加快实施信息惠民工程有关工作的通知》
	2014/6/18	《关于组织实施"宽带乡村"试点工程(一期)的通知》
	2015/5/11	《关于开展国家电子政务工程项目绩效评价工作的意见》
	2016/2/29	《关于推进"互联网+"智慧能源发展的指导意见》
	2016/8/30	《关于请组织申报大数据领域创新能力建设专项的通知》
	2016/12/22	《关于组织实施 2017 年新一代信息基础设施建设工程和"互联网+"重大工程的通知》
工业和信息化部	2016/12/8	《智能制造发展规划(2016—2020 年)》,即《智能制造"十三五"发展规划》

资料来源:网络公开资料,经作者整理而得。

(三)我国数字经济政策的第三阶段(2017 年至今)

随着我国经济由高速增长阶段转向高质量发展阶段,数字经济逐渐成为我国经济转型升级的重要引擎和强劲动力。 2017 年 3 月,李克强总理在做政府工作报告时,首次将"数字经济"写入政府工作报告,提出要促进数字经济加快成长，让企业广泛受益，让群众普遍受惠。 同年，党的十九大更是明确提出，推动互联网、大数据、人工智能和实体经济深度融合，形成新业态、培育新增长点、发展新动能；并首次将数字经济、数字中国等数字经济内容纳入重点讨论范围。 可以说，第三阶段的数字经济政策以党的十九大报告为标志，经历数年的摸索发展，初步形成了中国数字经济的政策体系。 与此同时，社会各领域对数字经济的重视程度越来越高，发展数字经济的战略思路也愈发清晰。 表 2-4 梳理了我国 2017—2020 年的主要数字经济政策。

表 2-4　我国 2017—2020 年主要数字经济政策

部门	时间	政策文件名
国务院	2017/1/15	《关于促进移动互联网健康有序发展的意见》
	2017/7/20	《新一代人工智能发展规划》
	2017/8/24	《关于进一步扩大和升级信息消费持续释放内需潜力的指导意见》
	2017/11/26	《推进互联网协议第六版(IPv 6)规模部署行动计划》
	2017/11/27	《关于深化"互联网＋先进制造业"发展工业互联网的指导意见》
	2018/4/28	《关于促进"互联网＋医疗健康"发展的意见》
	2018/9/26	《关于推动创新创业高质量发展打造"双创"升级版的意见》
	2019/5/16	《数字乡村发展战略纲要》
	2020/4/9	《关于构建更加完善的要素市场化配置体制机制的意见》
国家发展和改革委员会	2017/1/5	《促进电子商务发展三年行动实施方案(2016—2018 年)》
	2017/1/12	《信息基础设施重大工程建设三年行动方案》
	2018/9/18	《关于发展数字经济稳定并扩大就业的指导意见》
	2019/10/20	《国家数字经济创新发展试验区实施方案》
	2019/11/15	《关于推动先进制造业和现代服务业深度融合发展的实施意见》
	2019/12/12	《关于促进"互联网＋社会服务"发展的意见》
	2020/5/13	《数字化转型伙伴行动倡议》

续　表

部门	时间	政策文件名
国家发展和改革委员会	2020/6/1	《关于 2019 年国民经济和社会发展计划执行情况与 2020 年国民经济和社会发展计划草案的报告》
	2020/7/14	《关于支持新业态新模式健康发展激活消费市场带动扩大就业的意见》
工业和信息化部	2017/4/10	《云计算发展三年行动计划(2017—2019 年)》
	2017/11/9	《高端智能再制造行动计划(2018—2020 年)》
	2017/12/14	《促进新一代人工智能产业发展三年行动计划(2018—2020 年)》
	2018/6/7	《工业互联网发展行动计划(2018—2020 年)》
	2018/8/12	《推动企业上云实施指南(2018—2020 年)》
	2018/11/8	《新一代人工智能产业创新重点任务揭榜工作方案》
	2019/1/25	《工业互联网综合标准化体系建设指南》
	2019/6/28	《电信和互联网行业提升网络数据安全保护能力专项行动方案》
	2019/11/19	《关于印发"5G＋工业互联网"512 工程推进方案的通知》
	2020/3/6	《关于推动工业互联网加快发展的通知》
	2020/3/18	《中小企业数字化赋能专项行动方案》
	2020/4/28	《关于工业大数据发展的指导意见》
	2020/5/11	《关于深化信息通信领域"放管服"改革的通告》
文化和旅游部	2017/4/11	《关于推动数字文化产业创新发展的指导意见》
教育部	2018/4/13	《教育信息化 2.0 行动计划》
国家网信办	2019/7/2	《云计算服务安全评估办法》
农业农村部	2019/12/25	《数字农业农村发展规划(2019—2025 年)》

资料来源:网络公开资料,经作者整理而得。

　　首先,伴随着以互联网、大数据、人工智能为代表的新一代信息技术日新月异的发展,我国第三阶段的数字基建政策也更进一步了。 一方面,继续加大对人工智能、云计算、5G 网络、物联网等数字经济技术领域的研发投入;另一方面,努力降低大数据收集和处理、互联网和移动互联网信息通信等发展数字经济的成本,构建更加方便、快捷的信息高速公路。 如,国务院于

2017 年 7 月 20 日为抢抓人工智能发展的重大战略机遇发布的《新一代人工智能发展规划》，以期构筑我国人工智能发展的先发优势，加快建设创新型国家和世界科技强国；国家发改委于 2017 年 1 月 12 日出台了《信息基础设施重大工程建设三年行动方案》，深入实施"宽带中国"战略，加快推进我国信息基础设施建设；此外，工业和信息化部更是分别在 2017 年 4 月和 12 月发布了《云计算发展三年行动计划（2017—2019 年）》和《促进新一代人工智能产业发展三年行动计划（2018—2020 年）》，并在 2018 年推出《新一代人工智能产业创新重点任务揭榜工作方案》，在 2019 年发布《关于印发"5G＋工业互联网"512 工程推进方案的通知》，等等。

其次，我国数字经济政策的第三阶段另一侧重点便是数字经济的两大方面，即数字产业化和产业数字化。国务院在 2017 年率先出台了《关于深化"互联网＋先进制造业"发展工业互联网的指导意见》；而国家发改委在 2019 年和 2020 年分别出台了《关于推动先进制造业和现代服务业深度融合发展的实施意见》和《数字化转型伙伴行动倡议》，以期推动产业数字化的深入发展。相比之下，工信部则是出台了《高端智能再制造行动计划（2018—2020 年）》《工业互联网发展行动计划（2018—2020 年）》《推动企业上云实施指南（2018—2020 年）》《工业互联网综合标准化体系建设指南》《关于推动工业互联网加快发展的通知》《中小企业数字化赋能专项行动方案》和《关于工业大数据发展的指导意见》等多个文件。

除此之外，包括数字发展的网络安全、信息安全、数据安全等数字安全的问题随着数字经济的发展规模的扩大被越来越重视。2017 年 1 月，国务院出台了《关于促进移动互联网健康有序发展的意见》，加强对日益壮大的移动互联网进行有序的引导和规范的管理。此后，无论是 2019 年工信部出台的《电信和互联网行业提升网络数据安全保护能力专项行动方案》，还是 2019 年网信办发布的《云计算服务安全评估办法》，抑或是 2020 年工信部发出的《关于深化信息通信领域"放管服"改革的通告》等与数字安全相关的政策，都是对数字经济发展进程中不断出现的数字安全问题进行完善和解决。

最后，社会多领域的数字化推进和区域数字化合作，是我国第三阶段数字经济政策又一个明显的特征。2018 年，国务院发布了《关于促进"互联网

＋医疗健康"发展的意见》，同年国家发改委也出台了《关于促进"互联网＋
社会服务"发展的意见》，此后一系列的"互联网＋"发展规划陆续发布，
"互联网＋"和大数据应用等数字技术逐渐在我国社会的方方面面发挥着更
加重要的作用。 此外，国务院及各部门陆续发布的《数字乡村发展战略纲
要》《国家数字经济创新发展试验区实施方案》《关于推动数字文化产业创新
发展的指导意见》《教育信息化 2.0 行动计划》《数字农业农村发展规划
（2019—2025 年）》等政策，都体现出第三阶段的数字经济政策试图将数字
经济的辐射范围扩大。 正如 2019 年 5 月习近平主席向 2019 年数博会发来的
贺信中强调的那样："中国高度重视大数据产业发展，愿同各国共享数字经济
发展机遇，通过探索新技术、新业态、新模式，共同探寻新的增长动能和发展
路径。"

总的来说，近年来，我国的数字经济政策方向由信息化和工业化融合、
"互联网＋"战略逐步提升和深化至数字经济、产业互联网等领域，尤其是近
几年密集出台的互联网、大数据、人工智能和数字城市政策，正在新基建、数
据要素、产业互联网、智慧城市等多方面形成推动数字经济发展的政策协同
框架。

二、我国各省数字经济政策的发展

数字经济作为经济社会发展的巨大推动力已经成为广泛的共识，5G、人
工智能、平台经济等数字经济内容逐步应用于社会经济的各个领域。 近年
来，各级地方政府陆续出台与数字经济相关的政策，积极推进区域数字经济
的发展，加强数字经济的战略引导，不断推进数字经济发展和数字化转型政
策的深化和落地，使数字经济在国民经济中的地位进一步凸显。 据统计，如
表 2-5 所示，全国 31 个省、区、市都出台了一个与数字经济相关的发展规
划。 这意味着，数字经济的发展已成为全国的焦点。

表 2-5　中国部分省份主要数字经济发展政策汇总

地区	时间	政策文件名
北京	2020/9/8	《北京市促进数字经济创新发展行动纲要（2020—2022 年）》
天津	2019/6/3	《天津市促进数字经济发展行动方案（2019—2023 年）》
河北	2020/4/22	《河北省数字经济发展规划（2020—2025 年）》
山西	2019/8/27	《山西省加快推进数字经济发展的若干政策》
内蒙古	2020/2/18	《内蒙古自治区人民政府关于推进数字经济发展的意见》
辽宁	2019/8/18	《关于加快辽宁省数字经济发展的实施意见》
吉林	2018/7/17	《关于以数字吉林建设为引领加快新旧动能转换推动高质量发展的意见》
	2019/2/2	《"数字吉林"建设规划》
黑龙江	2019/6/4	《"数字龙江"发展规划（2019—2025 年）》
上海	2019/10/18	《上海加快发展数字经济推动实体经济高质量发展的实施意见》
江苏	2018/9/18	《智慧江苏建设三年行动计划（2018—2020 年）》
浙江	2016/11/15	《浙江省信息化发展"十三五"规划（"数字浙江 2.0"发展规划）》
	2018/9/14	《浙江省数字经济五年倍增计划》
安徽	2018/9/12	《关于加快建设"数字江淮"的指导意见》
福建	2016/5/17	《福建省"十三五"数字福建专项规划》
江西	2019/2/18	《江西省实施数字经济发展战略的意见》
	2020/4/16	《江西省出台数字经济发展三年行动计划（2020—2022 年）》
山东	2019/2/27	《数字山东发展规划（2018—2022 年）》
	2019/7/12	《山东省支持数字经济发展的意见》
河南	2019/9/20	《河南省数字经济发展重大工程》
湖北	2020/6/17	《关于加快发展数字经济培育新的经济增长点的若干政策措施》
湖南	2020/1/18	《湖南省数字经济发展规划（2020—2025 年）》
广东	2020/3/15	《广东省培育数字经济产业集群行动计划（2019—2025 年）》
广西	2018/8/29	《关于加快数字广西建设的若干措施》
	2018/9/17	《广西数字经济发展规划（2018—2025 年）》
海南	2020/8/14	《智慧海南总体方案（2020—2025 年）》
重庆	2020/6/22	《重庆建设国家数字经济创新发展试验区工作方案》

续　表

地区	时间	政策文件名
四川	2018/11/16	《关于加快推进四川省数字经济与实体经济深度融合发展的实施意见》
	2019/8/6	《四川省人民政府关于加快推进数字经济发展的指导意见》
贵州	2017/9/17	《贵州省数字经济发展规划（2017—2020 年）》
	2018/6/21	《关于促进大数据云计算人工智能创新发展加快建设数字贵州的意见》
云南	2019/6/5	《"数字云南"三年行动计划（2019—2021 年）征求意见稿》
陕西	2020/3/31	《陕西省推动"三个经济"发展 2020 年行动计划》
甘肃	2018/6/11	《甘肃省数据信息产业发展专项行动计划》
青海	2020/5/28	《青海省数字经济发展实施意见》和《青海省数字经济发展规划》
宁夏	2019/8/30	《关于加快互联网数字经济发展的若干意见》
新疆	2018/6/20	《新疆维吾尔自治区云计算与大数据产业"十三五"发展规划》
西藏	2020/5/21	《西藏自治区数字经济发展规划（2020—2025 年）》

资料来源：网络公开资料，经作者整理而得。

在不同地区，由于社会经济的发展水平存在差异，以及地区之间发展数字经济的基础条件也各不相同，因而各区域的数字经济发展并不均衡，各地的数字经济政策也有不同的侧重点。在基础设施建设方面，科学技术、教育资源相对集中在东部地区。因此，东部地区发展数字经济的政策推进较中西部而言进入了下一阶段。相比之下，中西部在数字基建方面的政策较为集中，且数字经济的发展政策更加突显区域特征。

东部地区的浙江省于 2018 年 9 月出台了《浙江省数字经济五年倍增计划》，深入推进云上浙江、数字强省的建设，并且以产业数字化为发展重点，培育人工智能等产业新优势，率先开展 5G 商用，推广应用城市大脑，争创国家数字经济示范省。广东省则于 2020 年 3 月发布了《广东省培育数字经济产业集群行动计划（2019—2025 年）》，在数字经济的发展规划上，以数字产业化和产业数字化为主线，聚焦数字政府建设、数字技术创新、数字基础设施建设、数字产业化发展、产业数字化转型以及新业态新产品培育等六大重点任务；深入实施社会治理数字化应用示范、重大创新平台建设、新型基础设施建设、数字经济产业创新集聚、工业互联网创新应用、数字农业发展示范、数字湾区建设等七大重点工程。 山东省近年来则是围绕数字产业化、数字农业、智能制造、智慧服务、培育新业态等五大任务，从加大要素供给、强化人才支撑、激发创新活力、培育市场主体、加强资金扶持等 5 个方面，陆续提出了多达 19 条具体政策措施。 从这 3 个省份的数字经济政策的侧重点不难发现，东部各省的数字经济政策走在了全国的前列。 它们利用自身发展数字经济的优势，不断探索数字经济发展的优化模式，努力使数字经济成为区域经济发展的新动能。

　　尽管中西部地区的各省份数字基础设施条件不如经济发达的东部地区，但它们充分利用自己的后发优势，通过数字经济政策改善提升数字基建的同时，抓住数字经济发展机遇，以期实现自身经济的跨越式发展，缩小与发达地区的社会经济差距。 如，湖南省于 2020 年 1 月提出了《湖南省数字经济发展规划（2020—2025 年）》，将实施包括大数据、人工智能、5G 等 10 个数字经济领域的重点工程，以期全面提升区域的数字经济基础设施能力，初步完善数字治理体系，使湖南成为全国数字经济创新引领区、产业聚集区和应用先导区。 江西省则提出把数字经济作为"一号工程"来抓；2019—2020 年，接连出台了《江西省实施数字经济发展战略的意见》和《江西省出台数字经济发展三年行动计划（2020—2022 年）》等政策，加快构建全省数字经济生态体系，促进经济、政府、社会各领域数字化转型。 贵州省更是率先发布了全国首个省级数字经济发展规划，首提"资源型、技术型、融合型和服务型"四型数字经济。 广西壮族自治区于 2018 年 9 月发布的《广西数字经济发展规划（2018—2025 年）》则充分考虑广西所处的地理位置，以做强中国—东盟信息港为战略支点，加快发展新一代信息技术产业，大力推动互联网、大数据、人工智能和传统产业深度融合，夯实完善数字经济发展基础和治理体系，打造面向东盟的数字经济合作发展高地，构建形成具有广西特色的数字经济生态体系。 从中西部各省陆续出台的数字经济政策可见，中西部各省正积极融入数字经济发展的浪潮之中，试图通过数字经济政策引导区域数字经济的特色发展模式。

第三节　我国数字经济政策的不断完善

随着 5G、人工智能、工业互联网、大数据、区块链等词汇高频出现在各级政府的政策文件和会议报告中，我国数字经济政策逐渐走向成熟，大力发展数字经济成为各区域发展新兴产业的重要着力点。我国应积极面对数字浪潮的挑战，各区域要结合自身的数字化发展阶段，抓住数字化转型中的痛点，借鉴各国各区域成功的经验，寻求适合自身发展的对策。可以说，我国的数字经济政策将朝着健全政策体系、加快新型基础设施建设、广泛应用数字化以及推进区域数字合作 4 个主要方面不断发展完善，力争在新的世界经济格局中抢占数字高地，推进我国数字生态系统建设，助力中国经济社会的高质量发展。

建立健全发展数字经济的政策体系，研究构建数字经济协同治理政策体系。首先，我国的数字经济政策的完善离不开数字政府建设的推进，通过深化政务信息系统的集约建设和整合共享，推进全国一体化政务服务平台和国家数据共享交换平台建设，以政务信息系统整合共享推进政府治理改革，以"互联网＋"政务服务提升政府服务水平，以新型智慧城市建设提升精准治理能力。此外，数字经济发展过程中的网络规范和数据安全等问题应该得到持续管理和解决，为我国数字经济持续健康的发展保驾护航。

推进新型基础设施建设，为数字经济的新阶段铺好道路。2020 年 4 月 20 日，国家发改委首次明确新基建主要包括三方面内容：一是以 5G、数据中心、人工智能、云计算为代表的信息基础设施；二是以智能交通、智慧能源为代表的融合基础设施；三是重大科技和产业技术等创新基础设施。新型基础设施的建设是我国数字经济发展的关键环节，通过制定加快新型基础设施建设和发展的政策，推进一系列有利于数字经济发展的"新基建"工程，如全国一体化大数据中心建设、区域级数据中心集群和智能计算中心等等，为我国数字经济竞争力的提升打下坚实的基础。

将数字化转型广泛应用于社会经济的方方面面。一是进一步推动数字产业化和产业数字化的发展。一方面，持续壮大数字产业，以突出数字核心技术为出发点，推进应用自主创新产品，鼓励平台经济、共享经济、"互联网＋"等新模式新业态发展；另一方面，推动实体经济数字化融合，加快传统产业数字化转型，布局一批国家数字化转型促进中心，鼓励发展数字化共性支撑和行业"数据大脑"，推进前沿信息技术集成创新和融合应用。二是促进数据要素流通。正如国务院于 2020 年 4 月 9 日出台的《关于构建更加完善的要素市场化配置体制机制的意见》所强调的那样，要积极实施数据要素市场的培育行动，探索数据流通规则，深入推进政务数据共享开放，开展公共数据资源开发利用试点，建立政府和社会互动的大数据采集形成和共享融通机制。三是统筹推进试点示范，推进国家数字经济创新发展试验区建设。组织开展国家大数据综合试验区建设成效评估，加强经验复制推广。

持续推进数字经济的区域合作，深化国际合作。例如，2019 年，京津冀地区为加快数字经济的成长，联合出台了《京津冀协同发展一体化规划》；长三角地区、珠三角和东北老工业区等区域对大数据综合试验区建设进行探索和尝试，以期推动区域间各企业的数字经济深度合作。这些对于推动区域间数字经济合作的政策将陆续落地，有利于实现我国各区域间数字经济的共享发展。与此同时，对于深化数据丝绸之路、"丝绸电商"建设合作以及在智慧城市、电子商务、数据跨境等方面推动我国与世界各国间开展一系列的对话和务实合作，都将有利于我国把握数字化带来的历史性机遇。

第三章 数字经济指数的评价与分析

数字经济与实体经济的深度融合、线上与线下的有机互动，已经成为引领全球经济发展的重要驱动力。 如何正确测度数字经济、衡量数字经济在多大程度上推动了整体经济的发展是全世界当前面临的主要挑战。 对数字经济的统计和测度可以衡量不同国家、地区的数字经济发展水平、质量效益以及政策效果。 从区域视角看，估计数字经济的规模可以客观地量化数字经济带来的经济增长和社会效益，并可以判断国家和地区在数字经济领域的发展潜力，以便有针对性地制定政策促进经济发展。 从企业视角看，估算数字经济的投入产出效应，可以帮助企业准确把握投资机会，提升企业扩大数字化投入的积极性。

目前，世界上一些国家、学术界以及政府部门对数字经济的测算主要采用两种方法。 一种是直接法，即在界定范围内统计估算出一定区域内数字经济的规模，美国商务部数字经济咨询委员会（DEBA）、中国通信研究院采取直接法测度数字经济的绝对值。 另一种方法是对比法，即基于不同的维度设置分领域的具体指标并对其赋予权重，从而将不同国家或地区之间的数字经济发展水平进行量化分析，得到数字经济或具体领域发展的相对情况。 本章基于以上两种思路对欧盟、美国商务部、经合组织、英国政府、国际电信联盟、世界经济论坛等国际机构以及中国信通院、赛迪顾问、相关文献等构建的数字经济指标体系进行分析和评价。

第一节　国外数字经济发展水平测度研究

一、欧盟数字经济与社会指数（DESI）

数字技术对全球的经济环境和经济发展产生了重要影响。 近年来，欧盟制定了一系列数字经济优先发展战略，并且于 2014 年发布数字经济与社会指数（Digital Economy and Society Index，DESI）。 DESI 是衡量欧盟成员国数字经济和社会发展程度的一种工具，从宽带接入、人力资本、互联网应用、数字技术应用、公共服务数字化程度等多个维度衡量欧盟经济社会的数字化水平和进程，如表 3-1 所示。 DESI 的分值介于 0—1 之间，分值越高代表经济和社会的数字化程度越高。 该指标的一大优势是使用 ICT 相关调查数据，具有充分的研究积累和数据支撑。

表 3-1　欧盟数字经济与社会指数的指标体系

一级指标	二级指标
宽带接入	固定宽带
	移动宽带
	速率
	可支付能力
人力资本	基本能力和使用情况
	高级技能及发展
互联网应用	内容
	交流
	交易
数字技术应用	企业数字化
	电子商务
公共服务数字化程度	电子政务

资料来源：徐清源等（2018）。

二、美国数字经济测度研究

美国的数字化是其历史上最快速和最波澜壮阔的经济和社会变迁，但是美国依旧面临着如何测度数字经济以及衡量数字经济在整体经济中发挥作用的挑战。 为此，美国商务部数字经济咨询委员会提出了一个测度数字经济的四部分框架，包括：（1）不同经济领域的数字化程度，如微观层面的企业与家庭、中观层面的产业；（2）如搜索成本、消费者剩余和供应链效率等数字化的效果或产出；（3）对于诸如实际 GDP 和生产率等经济指标的综合影响；（4）监测新出现的数字化领域。

关于数字化程度的测度，经常采用的家庭指标有：智能电话、社交媒体或定期使用互联网的美国人的比例；每天阅读数字新闻和娱乐信息的成人比例；单子方式提交税单的个人比例；等等。 企业指标包括 IT 硬件和软件。至于度量数字化的效果和影响，需要了解企业、员工以及消费者如何在其日常生活中利用数字技术，可以通过参与者的数量、活动规模和活动的货币价值度量数字经济的规模。 而在测量数字化对经济指标的影响时，大部分都归因于对 ICT 的持续投资，因为数字化程度最显著的行业获得了最高的生产率提升。 而对于检测新的数字活动领域，可以追踪客户进步的发展对经济的影响，还可以根据这些信息令政策决策者制定出非常有价值的商业政策。

此外，美国还从 ICT 供应与创新、商业用途、消费者使用和政府使用等四个方面评价了数字化指数，并且阐述了数字经济对消费者、工人、企业、政府政策制定者的影响，具体指标如表 3-2 所示。

表 3-2　美国数字化指数指标体系

一级指标	二级指标
ICT 供应与创新	信通技术部门在经济中所占份额宽带成本（成本越低，排名越好）
	移动网络覆盖范围
	国际互联网带宽
	安全的互联网服务器
	ICT 专利

一级指标	二级指标
ICT 供应 与创新	最大的 250 家 ICT 公司收入的份额
商业用途	B2B 互联网使用率
	在线广告人均支出
	公司级技术吸收
消费者使用	B2C 互联网使用、网上购物人口比例
	互联网零售占零售支出总额的比例
	拥有计算机的家庭
	互联网用户
	固定和移动宽带订阅
	移动电话订阅
	智能手机普及率
	虚拟社交网络的使用
政府使用	信通技术的使用和政府效率
	信通技术对政府未来愿景的重要性
	政府在线服务指数
	政府在推广信通技术方面的成功

资料来源:美国数字经济报告(2015)。

三、经济合作与发展组织(OECD)衡量数字经济指标研究

早在 2001 年，经合组织就做了与数字经济相关的报告，认为 ICT 技术可以促进生产力的提高，并且其发表的很多报告都涉及数字经济，如《新经济:超越炒作》《数字经济时代的新工作形式》《测度数字经济——一个新的视角》等。《数字经济时代的新工作形式》主要讲述了基于数字经济的在线服务平台，一方面可以提供新的就业机会和工作形式，另一方面也可以促进线上线下融合，为实物和数字交付的商品、服务和信息提供市场。《测度数字经济》中采用了对比法，主要从投资智能化基础设施、赋权社会、创新能力、ICT 促进经济增长与增加就业岗位等四方面阐述数字经济的社会化，在二级

指标中构建的数字经济指标体系涵盖了具有国际可比性的 38 个指标，详细罗列出数字经济以外的关键领域和采分点，如表 3-3 所示。

表 3-3　OECD 数字经济指标体系

一级指标	二级指标
投资智能化 基础设施	宽带普及率、移动数据通信、互联网发展、开发更高速度、网络连接价格、ICT 设备及应用、跨境电子商务、网络安全、感知安全和隐私威胁、完善网络安全和隐私证据基础
赋权社会	互联网用户、在线行为、用户复杂性、数字原住民、儿童在线、教育中的 ICT、工作场所中的 ICT、电子商务消费者、内容无边界、电子政府应用、ICT 和健康
创新能力	ICT 与研发、ICT 行业创新、电子商务、发挥微观数据的潜力、ICT 专利、ICT 设计、ICT 商标、知识扩散
ICT 促进经 济增长与增 加就业岗位	ICT 投资、ICT 商业动态、ICT 附加值、信息产业劳动生产率、测度经济服务质量、电子商务、ICT 人力资本、ICT 工作岗位及 ICT 行业工作岗位、贸易经济与 GVC

资料来源：徐清源等（2018）。

四、英国数字经济衡量指标研究

作为欧洲数字经济的领导者，英国数字经济具有横跨软硬件行业，且使传统行业也快速实现数字化的两大特点。 在测度数字经济指数时，英国传统的数字经济测度方法是提出一组 14 个四位数的 SIC 2007 代码：将计算机制造、游戏开发和计算机编程 3 个四位数的 SIC 2007 代码归为"数字技术产业"；将剩余 11 个四位数的 SIC 2007 代码归类为"数字技术职业"。 但是这种测度方法可能会低估数字经济的真实规模，一些诸如商业和软件、建筑活动、卫生技术、教育技术、工程相关方面的企业会被遗漏。 因此，英国目前采用了一种新的数字经济测度方法，将数字经济分为 2 个部分，即信息通信技术和数字内容（如表 3-4 所示）。 信息通信技术包括信通技术、硬件、软件以及围绕这些产品提供相关服务的生产者。 数字内容主要分为 3 个部分：核心内容产业、嵌入式产业和数字内容分销商。 核心内容产业是指基于 ICT 投入的数字化产业；嵌入式产业是指对传统产业植入数字技术，如数字教育、智慧医疗等；数字内容分销商是指使用数字传播渠道来推广产品和服务的经销商。在新的数字经济测度方法中，学者把数字内容限制为那些输出数字产品或服务的行业。基于这一方法测度的数字经济规模远大于传统方法估计得到的数字经济规模。

表 3-4 英国数字经济指标体系

一级指标	二级指标
信息通信技术	信通技术
	硬件
	软件
	服务的生产者
数字内容	核心内容产业
	嵌入式产业
	数字内容分销商

资料来源：作者整理。

五、联合国国际电信联盟(ITU)ICT 发展指数

联合国国际电信联盟在收集和传播全球电信和信息通信技术数据方面发挥着主导作用。自 1995 年以来，国际电信联盟就致力于测算信息化水平，并发布《衡量信息社会发展报告》。该报告主要采用 2 个基准测度信息化水平，分别是信息通信技术综合价格指数和信息化发展指数。ICT 综合价格指数主要是用来衡量和比较各国的 ICT 价格，通过对固定电话分类价格指数、移动电话分类价格指数和固定宽带分类价格指数进行平均加权而得。信息化发展指数主要衡量各国的信息通信技术进程和发展以及不同信息化发展水平国家间的差距，包括 3 个分类指数和 11 个具体指标，如表 3-5 所示。

表 3-5 联合国国际电信联盟 ICT 发展指数指标体系

分类指数	指 标
ICT 获取指数	每百人固定电话线长
	每百人移动电话用户数

续　表

分类指数	指　标
ICT 获取指数	每名用户国家互联网带宽
	家庭计算机拥有率
	家庭接入互联网比重
ICT 使用指数	每百人互联网用户数
	每百人固定互联网用户数
	每百人移动互联网用户数
ICT 技能指数	承认识字率
	初中毛入学率
	高中毛入学率

资料来源:国家统计局统计科学研究所信息化统计评价研究组(2011)。

六、世界经济论坛网络就绪指数

全球信息化高速发展,对各国经济和社会都产生了深远的影响。 为此,世界经济论坛自 2002 年开始每年发布《全球信息科技报告》。 该报告通过网络就绪指数,对全球主要经济体利用信息和通信技术推动经济发展进行打分和排名,评估各经济体的信息科技水平。 该指数从 2002 年的 75 个经济体扩展到 2006 年的 122 个经济体,再到 2019 年的 134 个经济体,已经在信息通信技术发展测评中具有相当的权威性。 该指数的指标主要由网络使用指标、网络支撑指标构成,而网络使用指标和网络支撑指标又由一系列子指标构成,如表 3-6 所示。

表 3-6　世界经济论坛网络就绪指数指标体系

一级指标	二级指标	三级指标
网络使用指数	信息通信技术应用	与互联网连接的计算机百分比
		每台主机的互联网用户
		每 100 名居民中估计的互联网用户
		每 100 名居民中的移动电话用户
		公共互联网接入的可获得性

续　表

一级指标	二级指标	三级指标
网络支撑指数	网络接入	信息基础设施
		软硬件
		其他支撑条件与环境
	网络政策	信息通信技术政策
		商业环境
		经济环境
	网络社会	网络学习
		信息机会
		社会资本
	网络经济	电子商务
		电子政务
		一般性基础设施

资料来源：https://baike.baidu.com/item/网络就绪指数/10887562? fr=aladdin。

第二节　国内数字经济发展水平测度研究

一、中国信息通信研究院数字经济指数（DEI）

2017 年 7 月，中国信息通信研究院发布《中国数字经济发展白皮书（2017 年）》，该报告公布了中国数字经济指数。 DEI 指数被称为观测全国数字经济发展状况的"晴雨表"，也被称为景气指数。 该指数包括先行指数、一致指数和滞后指数三类：先行指数是在经济周期波动之前就率先发生变动的指数，预示着数字经济的未来变化趋势；一致指数是在经济周期波动时发生变动的指数，反映了数字经济的当期变动情况；滞后指数是在经济周期波动后才显示作用的指数，反映了数字经济的历史变化规律。 先行指数、一致指数和滞后指数的具体指标如表 3-7 所示。

表 3-7 中国信息通信研究院数字经济指数指标体系

先行指数	一致指数	滞后指数
大数据投融资 云计算服务市场规模 物联网终端用户数 移动互联网接入流量 移动宽带用户数 固定宽带接入时长 固定宽带用户数 固定资产投资完成额	ICT 主营业务收入 ICT 综合价格指数 互联网投融资 电子信息产业进出口总额 电子商务规模 互联网服务市场规模 "互联网＋"协同制造 "互联网＋"智慧能源 "互联网＋"普惠金融 "互联网＋"高效物流	第一产业增加值 工业增加值 第三产业增加值 信息消费规模

资料来源:《中国数字经济发展白皮书(2017 年)》。

二、赛迪顾问数字经济指数的指标体系(DEDI)

2017 年，赛迪顾问发布了《2017 中国数字经济指数（DEDI）》白皮书，该报告将数字经济划分为基础型数字经济、资源型数字经济、技术型数字经济、融合型数字经济和服务型数字经济五大类。 基础型数字经济反映智能基础设施的建设情况，如互联网与移动电话的普及率等；资源型数字经济反映企业、用户、政府等对数据资源的利用情况，如大数据企业数量、移动固定宽带用户数；技术型数字经济反映高技术产业等数字技术的投入产出情况；融合型数字经济反映数字技术与传统产业（农业、制造业和服务业）融合带来的产出规模增长；服务型数字经济反映数字服务的消费情况。 基于以上五类数字经济，赛迪顾问提出了数字经济发展指数，如表 3-8 所示。

表 3-8 赛迪顾问数字经济指数指标体系

一级指标	二级指标
基础型数字经济	电子信息制造业规模
	信息传输业规模
	软件和信息技术服务业规模
	互联网普及率
	固定宽带签约宽带用户平均下载速率
	移动电话普及率

续　表

一级指标	二级指标
资源型数字经济	上市大数据企业数
	数据交易中心数量
	政府数据开放水平
	移动互联网接入流量
	移动宽带用户数
	固定互联网宽带接入时长
	固定宽带用户数
技术型数字经济	高技术产业 R&D 人员折合全时当量
	高技术产业 R&D 经费内部支出
	高技术产业专利情况
	高技术产业技术获取与技术改造支出
融合型数字经济	农业互联网平台数
	电子商务交易活动企业占比
	两化融合国家级示范企业数
	数字化研发设计工具普及率
	关键工序数控化率
	智能制造就绪率
服务型数字经济	即时通信——微信用户分布
	旅游——携程用户分布
	生活服务——新美大用户分布
	网上购物——网络零售额
	互联网金融——支付宝用户分布
	娱乐——爱奇艺用户分布
	教育——中小学互联网接入率
	互联网医疗——平安好医生用户分布
	出行——滴滴出行用户分布
	政务——我国分省(区、市).gov.cn 域名

资料来源:《2017 中国数字经济发展指数(DEDI)》。

三、阿里研究院数字经济发展指数评价

2018年，阿里研究院发布了《2018全球数字经济发展指数》，如表3-9所示。该指数从数字基础设施、数字消费者、数字产业生态、数字公共服务和数字科研五方面衡量了数字经济发展水平。数字基础设施反映了数字经济发展的速度，如互联网渗透率、平均网速等；数字消费者反映了数字技术对消费者生活的渗透程度，如移动支付渗透率、社交网络渗透率等；数字产业生态反映了数字经济的可持续化，如数字产业生态发展水平等；数字公共服务反映了政府利用数字技术提供的服务程度；数字科研反映了科研人员利用数字技术为研究所做的贡献程度，如ICT专利数量。

表3-9　阿里研究院数字经济发展指数

一级指标	二级指数
数字基础设施	互联网渗透率
	每百人移动电话用户
	平均网速
	移动电话消费能力指标
	移动流量消费能力指标
数字消费者	社交网络渗透率
	网络渗透率
	移动支付渗透率
数字产业生态	企业新技术吸收水平
	独角兽数量
	数字产业生态发展水平
数字公共服务	在线服务覆盖水平
数字科研	ICT专利数量
	数学、计算机科学高引用论文指数

资料来源：《2018全球数字经济发展指数》。

四、中国电子信息产业发展研究院数字经济发展指数

中国电子信息产业发展研究院聚焦于基础设施建设、数字产业发展、行业融合应用、政府环境营造等 4 个数字经济关键领域，运用指数法构建由 4 项一级指标、10 项二级指标、38 项三级指标组成的数字经济评估指标体系，如表 3-10 所示。

表 3-10　中国数字经济发展指数

一级指标	二级指标	三级指标
基础设施建设	传统数字基础设施	移动宽带普及率
		4G 网络用户访问互联网时的平均下载速度
		省域网出口带宽
		移动宽带用户数
		固定宽带用户数
		互联网普及率
		网站数量
		域名数量
		固定宽带用户平均宽带下载速度
	新型数字基础设施	数据中心数量
		IPV6 比例
		5G 试点城市数量
数字产业发展	产业规模	电子信息制造业规模
		信息传输业规模
		软件和信息技术服务业规模
	产业主体	ICT 领域主板上市企业数量
		互联网百强企业数量
		独角兽企业数量

续　表

一级指标	二级指标	三级指标
行业融合应用	工业数字化	重点行业典型企业 ERP 普及率
		重点行业典型企业 MES 普及率
		重点行业典型企业 PLM 普及率
		重点行业典型企业 SCM 普及率
		重点行业典型企业采购环节电子商务应用
		重点行业典型企业销售环节电子商务应用
		重点行业典型电子企业装备数控化率
		中小企业信息化服务平台数
	农业数字化	农业农村信息化示范基地数量
	服务业数字化	第三方支付金融牌照和互联网保险金融牌照数量
		电子商务交易额
		有电子商务交易活动企业的占比
政府环境营造	政务新媒体	政府网站数量缩减比例
		政务机构微博数量
		政务头条号
	政务网上服务	政府网上政务服务在线办理成熟度
		政府网上政务服务在线服务成效度
	政府数据资源	政府数据可共享目录数
		政府数据可开放目录数
		政府数据开放平台建设情况

资料来源:《2019 中国数字经济发展指数》。

五、新华三集团中国城市数字经济指数

《中国城市数字经济指数白皮书》于 2017 年 4 月首次发布,到 2020 年为止已经连续发布了 4 年。 该报告是首个针对中国城市数字经济发展水平的评估体系。 针对中国城市发展与治理的四大关键领域,根据国家政策规划以及国务院、国家发改委和各部委针对各领域的专项规划与指导意见及最新政策要求,该体系从数据及信息化基础设施、城市服务、城市治理、产业融合等 4

个角度，评估了 31 个省、区、市 148 个城市的数字经济发展水平，如表 3-11
所示。

表 3-11　新华三集团中国城市数字经济发展指数指标体系

一级指标	二级指标	三级指标
数据及信息化基础设施	信息基础设施	固定宽带应用渗透率
		移动网络应用渗透率
		城市云平台应用
		信息安全
	数据基础	城市大数据平台
		政务数据共享交换平台
		开放数据平台
	运营基础	运营体制
		运营机制
城市服务	政策规划	覆盖民生领域的政策数量
		民生领域的数字化政策项目
	建设运营	教育数字化
		医疗数字化
		交通服务数字化
		民政服务数字化
		人社服务数字化
		扶贫数字化
		营商环境数字化
		生活环境数字化
		均衡性
	运营成效	示范工程应用
		城市服务综合指数

续　表

一级指标	二级指标	三级指标
城市治理	政策规划	覆盖治理领域的数量
		治理领域数字化项目的数量
	建设运营	公安治理数字化
		信用治理数字化
		生态环保数字化
		市政管理数字化
		应急管理数字化
		自然资源管理数字化
		均衡性
	运营成效	示范工程应用
		城市治理综合指数
产业融合	数字产业化	数字产业化驱动产业
		数字产业化主体产业
	产业数字化	农业
		金融
		制造业
		能源
		生活服务
		交通物流
		科教文体
		医疗健康
	运营成效	示范工程应用
		产业生态
		产业融合综合指数

资料来源:《中国城市数字经济指数白皮书(2020)》。

六、财新等中国数字经济指数

2018 年初,财新传媒发布了中国 2017 年数字经济指数。该指数体系主要从数字经济产业指数、数字经济融合指数、数字经济溢出指数和数字经济基础设施指数等四方面评估各省的数字经济发展水平，结果如表 3-12 所示。

表 3-12　财新等中国数字经济指数指标体系

一级指标	二级指标	指标定义
数字经济产业指数	大数据产业	大数据产业的劳动投入
		大数据产业的资本投入
		大数据产业的创新投入
	互联网＋产业	互联网产业的劳动投入
		互联网产业的资本投入
		互联网产业的创新投入
	人工智能产业	人工智能产业的劳动投入
		人工智能产业的资本投入
		人工智能产业的创新投入
数字经济融合指数	工业互联网	工业互联网领域的劳动投入
		工业互联网领域的资本投入
		工业互联网领域的创新投入
	智能供应链	智慧供应链领域的劳动投入
		智慧供应链领域的资本投入
		智慧供应链领域的创新投入
	共享经济	共享经济领域的劳动投入
		共享经济领域的资本投入
		共享经济领域的创新投入
	金融科技	金融科技领域的劳动投入
		金融科技领域的资本投入
		金融科技领域的创新投入
数字经济溢出指数	制造业对数字经济的利用率	制造业中信息产业作为中间投入品的比例
		制造业的劳动投入中信息技术相关劳动力占比
		制造业的创新投入中信息技术相关专利占比

续　表

一级指标	二级指标	指标定义
数字经济溢出指数	制造业占比	制造业的劳动投入占比
		制造业的资本投入占比
		制造业的创新投入占比
	其他行业对数字经济的利用率（共8类）	其他行业中信息产业作为中间投入品的比例
		其他行业的劳动投入中信息技术相关劳动力占比
		其他行业的创新投入中信息技术相关专利占比
	其他行业分别占比（共8类）	各个行业的劳动投入占比
		各个行业的资本投入占比
		各个行业的创新投入占比
数字经济基础设施指数	数据资源管理体系	数据采集的基础设施
	互联网基础设施	数据存储和传输的基础设施投入
	数字化生活应用普及程度	在线支付比例
		共享经济比例
		共享经济规模

资料来源：财新传媒发布的《中国数字经济指数报告》。

七、浙江数字经济指数

2019 年，浙江省继续深入实施数字经济"一号工程"，着力推进数字经济"五年倍增"计划，为实现"两个高水平"建设提供动力支撑。为此，浙江省经信厅和统计局联合对数字经济发展进行了评价，主要从基础设施、数字产业化、产业数字化、新业态新模式和政府与社会数字化等五方面进行了综合评价。基础设施反映数字经济的网络基础设施和数字网络普及等，数字产业化主要是衡量以信息通信技术为主的产业的投入与应用，产业数字化主要反映数字经济对 GDP 的贡献以及数字经济的质量效益等，新业态新模式主要衡量与数字经济相关的电子商务和数字金融的发展模式，政府与社会数字化主要衡量数字民生和数字政府相关的情况，如表 3-13 所示。

表 3-13 浙江省数字经济发展指数

类别	一级指标	二级指标
基础设施	网络基础设施	城域网出口宽带
		FTTH/O 宽带接入率（光纤宽带用户率）
		固定宽带端口平均速率
		每平方千米拥有友移动电话基站数量
	数字网络普及	固定互联网普及率
		移动互联网普及率
		付费数字电视普及率（含 IPTV）
		信息进村入户覆盖率
数字产业化	创新能力	数字经济核心产业 R&D 经费相当于营业收入比重
		人均拥有数字经济核心产业有效发明专利数
		数字经济核心产业制造业新产品产值率
	质量效益	数字经济核心产业增加值占 GDP 的比例
		数字经济核心产业劳动生产率
		数字经济核心产业制造业亩均税收
产业数字化	产业信息化投入	企业每百人中信息技术人员数量
		企业每百名员工拥有计算机数
		信息化投入占营业收入比例
	产业信息化应用	企业使用信息化进行购销存管理的普及率
		企业使用信息化进行生产制造管理的普及率
		企业使用信息化进行物流配送管理的普及率
新业态新模式	电子商务	人均电子商务销售额
		网络零售额相当于社会消费品零售总额比例
		工业企业电子商务销售额占营业收入的比重
	数字金融	人均银行机构网上支付业务量
		人均移动支付业务量
政府与社会数字化	数字民生	人均移动互联网接入流量
		客车 ETC 使用率
		区域医院门诊智慧结算率

续　表

类别	一级指标	二级指标
政府与社会数字化	数字政府	服务方式完备度
		服务事项覆盖度
		办事指南准确度
		在线办理成熟度
		在线服务成效度

资料来源：《2018年度数字经济综合评价报告》。

八、国内学者构建的数字经济发展指数

国内还有一些学者从不同的角度构建数字经济发展指数指标体系。 单志广等（2020）在三元空间理论的基础上，从信息网络空间、实体物理空间和人类社会空间等3个空间维度设计了三级指标，对数字经济发展水平进行了综合评价，结果如表3-14所示。

表 3-14　单志广等的数字经济发展指数指标体系

空间范畴	一级指标	二级指标	三级指标
信息网络空间	基础指数	信息基础	固定宽带覆盖率
			移动互联网使用率
			宽带速率
			宽带资费水平
			互联网数据中心规模
		信息产业	电子信息制造业
			通信业
			软件和信息技术服务业
	生产力指数	数字生产力	数字技术
			数据资源
			产业竞争力

续　表

空间范畴	一级指标	二级指标	三级指标
实体物理空间	融合开放指数	融合转型	农业转型
			工业转型
			服务业转型
			新业态融合
		国际化	国际化程度
人类社会空间	服务指数	政务服务	互联网＋政务服务
		社会资本	互联网＋社会服务
		人力资本	信息素养
		社会治理	数字化治理水平

资料来源：单志广等（2020）。

刘军等（2020）从信息化发展、互联网发展和数字交易发展等3个维度构建了中国数字经济发展评价指标体系，并对中国2015—2018年30个省份的数字经济发展水平进行了测度研究，结果如表3-15所示。

表3-15　刘军等的数字经济发展评价指标体系

一级指标	二级指标	三级指标
信息化发展	信息化基础	光缆密度
		移动电话基站密度
		信息化从业人员占比
	信息化影响	电信业务总量
		软件业务收入
互联网发展	固定端互联网基础	互联网接入端口密度
	移动端互联网基础	移动电话普及率
	固定端互联网影响	宽带互联网用户人数占比
	移动端互联网影响	移动互联网人数占比
数字交易发展	数字交易基础	企业网站占比
		企业使用计算机数占比
		电子商务占比

续　表

一级指标	二级指标	三级指标
数字交易发展指标	数字交易影响	电子商务销售额
		网上零售额

资料来源：刘军等（2020）。

张雪玲、焦月霞（2017）在界定数字经济内涵的基础上，从信息通信基础设施、ICT初级应用、ICT高级应用、企业数字化发展、信息和通信技术产业发展等五方面构建了数字经济发展指数评价体系，结果如表3-16所示。

表 3-16　张重玲等的数字经济发展指数评价体系

一级指标	二级指标
信息通信基础设施	每平方千米光缆长度（千米）
	每百万人安全互联网服务器数量（台）
	每千人拥有域名数（个）
	每千人拥有网站数（个）
ICT初级应用	每千人互联网用户数（户）
	每千人移动电话用户数（部）
	每千人宽带用户数（户）
ICT高级应用	搜索引擎使用率（%）
	网络购物使用率（%）
	网上支付使用率（%）
	网上银行使用率（%）
企业数字化发展	电子商务交易额占GDP比重（%）
	网络零售交易额占GDP比重（%）
	网络零售市场交易额在社会消费品零售总额中的占比（%）
	电子商务间接带动就业人数占总就业人数比重（%）
	电子商务服务企业直接从业人数占总就业人数比重（%）
信息和通信技术产业发展	电子信息产业增加值占GDP比重（%）
	ICT产业主营业务收入占GDP比重（%）
	信息和通信技术产品出口占产品出口总量的比重（%）

资料来源：张雪玲等（2017）。

第三节　数字经济发展指数评析

国内外政府机构、学术机构、学者从不同的角度构建了数字经济发展指数指标体系，各具特色。就国外而言，多数机构基于 ICT 产业的发展构建了数字经济发展指数，如：欧盟使用了 ICT 相关调查数据，美国利用了 ICT 的运用与创新数据，OECD 侧重于 ICT 技术在企业业绩中的作用，联合国国际电信联盟直接构建了 ICT 发展指数。此外，欧盟的数字经济指数可能更为客观，因为其对企业和家庭进行了大范围的调查统计，但是也有一部分局限，原因是一些家庭在获取视频信息时可能会被禁止，从而导致数据存在些许偏差；美国在对数字经济的概念界定、理论体系、数据测量方面都有研究，还从消费者、企业以及政府角度构建了数字化指数指标体系，范围比较广，值得借鉴；OECD 对数字经济指数指标体系的研究，更多是侧重于 ICT 的相关指标和 ICT 技术在企业绩效中的作用，但是宏观方面并没有更多的涉及，如 ICT 对社会经济效益的贡献；英国对传统的数字经济指数评价方法进行修改之后能更准确地衡量英国的数字经济发展水平；世界经济论坛的网络准确度指数和联合国国际电信联盟的 ICT 发展指数经历了较长时间的发展和检验，在国际上已经比较成熟。

就国内而言，一方面，较多机构涉及的数字经济发展指数指标在时间上比较新，多是从 2017 年开始发布的。虽然部分机构也在逐渐优化指标，对数字经济发展大势能做出快速反应，但是我国对数字经济发展指数的测度仍然起步较晚。另一方面，较多机构基于数字经济的基础、应用和影响等方面，构建了数字经济发展指数，但是还不能较为完整地涵盖广义上的数字经济范畴。如，多数机构都选取了数字经济基础设施指标来反映我国数字经济的发展速度，如中国信息通信研究院数字经济指数只选择了先行指数、一致指数和滞后指数来构建数字经济景气指数。而赛迪顾问发布的数字经济指数涉及了基础、技术、服务等各个方面，具有工业领域数字化转型融合水平的特色。阿里研究院发布的数字经济指数在涵盖数字基础、消费者、服务的同时，还包含了数字公共服务。 新华三集团发布的中国城市数字经济指数更加侧重于城市的发展环境。

4

第四章　中国地区数字经济企业的演变

　　数字经济是新的社会经济形态，也是中国经济结构转型升级的原动力。自 1994 年正式接入国际互联网以来，中国逐步成为数字化大国，不仅在规模上实现跃迁式发展，而且在创新模式上由模仿转向自主创新。 关于数字经济发展水平的测度已经引起了政府机构和学术界的重视，目前相关研究偏向于宏观经济统计层面。 现有的研究主要使用宏观层面数据展开对数字经济的测度和分析。 本章则基于企业微观数据，筛选出合适的符合数字经济发展特征的企业数据，通过处理后得到各省的数字经济进入率和退出率，以此衡量数字经济发展程度，揭示中国数字经济的演变过程及其地区发展的差异性和收敛性。 关于数字经济发展是否能够推动经济增长也是本章要进一步探讨的内容，利用上述数字经济发展指标，结合向量自回归模型分析思路，从动态冲击的角度检验了数字经济发展与经济增长之间的关系。

第一节　引　言

　　进入信息时代以来，信息成为影响经济发展的重要因素，信息经济、知识经济、互联网经济和数字经济都是信息与经济发展其他因素相互结合的产物。 随着中国已进入高质量的发展阶段，与之相应的是近年来中国数字经济蓬勃发展，据《中国数字经济发展白皮书（2020 年）》显示，中国数字经济增加值规模已从 2005 年的 2.6 万亿元增加至 2019 年的 35.8 万亿元，占 GDP 比重也由 2005 年的 14.2% 提升到 2019 年的 36.2%。[①] 改革开放 40 多年来，中国经济的高速增长，极大地受益于工业化快速推进带来的"结构性加速"（袁富华，2012）。如今，经济结构的服务化趋势逐渐增强，同时外部挑战越发严峻，亟须推进经济结构调整，促进结构性潜能释放（左鹏飞等，2020）。在 21 世纪的第二个十年里，世界经济正在加速向以网络信息技术产业为重要内容的经济活动转变，这期间美国发布了云计算、大数据等细分领域战略，英国发布了数字经济战略，法国推出了数字化计划，等等。在此背景下，党的十九大提出"要推动互联网、大数据、人工智能和实体经济深度融合"。数字经济作为构建信息时代国家竞争新优势的先导力量，为优化产业结构、促进高质量发展提供了新动能。

数字经济是信息通信技术应用与发展的产物，已成为全球经济发展和社会进步的重要推动力。自提出数字经济概念以来，许多政府、机构和学者纷纷对数字经济概念进行界定，各种定义的共同点是将数字经济理解为一种基于数字技术的经济（姜奇平，2020）。此处的"经济"可指两类：一是经济活动。数字经济是以信息和通信技术为基础，应用数字技术开展的经济活动总和（逄健和朱欣民，2013；赵星，2016）。2016 年，G20 杭州峰会发布的《G20 数字经济发展与合作倡议》中指出，"数字经济是指以使用数字化的知识和信息作为关键生产要素、以现代信息网络作为重要载体、以信息通信技术的有效使用作为效率提升和经济结构优化的重要推动力的一系列经济活动"。二是经济形态。数字经济是一种继农业和工业经济之后更高级的经济形态（裴长洪等，2018）。它以网络信息技术为基础，以数据为生产要素，通过数字技术与实体经济深度融合，不断提高经济社会的数字化、网络化、智能化水平，加速重构经济发展与治理模式，实现经济可持续发展（易宪容等，2019；童锋和张革，2020）。

---

① https://www.sohu.com/a/405541038_100117963?_f=index_pagefocus_3&_trans_=000013_sjcl_zsmh。

关于数字经济发展水平的测度已经引起了政府机构和学术界的重视，目前的相关研究偏向于宏观经济统计层面：一是直接测算，即在一定的统计范围内估算数字经济规模。如，美国经济分析局基于对数字经济范围的界定，对美国数字经济规模进行了测度（BEA，2019）；澳大利亚统计局采用同样的方法对数字经济增加值进行了测算（ABS，2019）。国内的相关研究也日益增多。中国信息通信研究院发布的《中国数字经济发展与就业白皮书》，从数字产业化、产业数字化等方面对中国数字经济规模进行了估算。许宪春和张美慧（2020）通过界定数字经济核算范围，构建核算框架对中国数字经济增加值和总产出等指标进行了测算。二是对比分析，主要是通过构建多维指标体系，对比分析不同区域的数字经济情况。如，OECD 构建了 ICT 与数字经济指标体系，从投资智能化基础设施、和 ICT 相关的创新能力衡量各国的数字经济发展程度。类似地，联合国国际电信联盟也以 ICT 为基础，从 ICT 接入、使用和技能构建了 ICT 发展指数，以此评估各国的数字经济发展水平。目前，国内缺乏从微观角度对中国数字经济发展情况进行全面、客观的评估，而微观企业活动是审视经济发展的重要视角，是理解中国数字化增长的关键维度。

基于微观企业活动，如何筛选出合适的企业样本衡量中国数字经济发展水平？各地区的数字经济发展水平的差异性和协调性如何？中国数字经济发展与经济增长间的关系是怎样的？上述问题构成了本章的研究重点，而对上述问题的解答则是本章主要的创新点。其中，前两个问题侧重于对中国数字经济的发展轨迹进行统计分析，最后一个问题则侧重于对中国数字经济发展的经济效应进行实证分析。关于数字经济发展的测算，本章基于企业层面的数据，构建数字经济企业进入率和退出率两个指标，反映市场的整体运行情况；并在这两个指标的基础上，进一步构建泰尔指数和协调度指数，前者用于揭示数字经济发展的地区差异性，后者用于检验数字经济发展的地区收敛性。关注地区差异性，主要是因为中国区域经济具有块状特点，从东部沿海到内部地区，经济发展程度具有较为明显的阶梯发展态势，由于数字经济发展会受到市场规模、基础设施、地理位置等条件的约束，因而有必要分析中国数字经济在经济发展程度不同地区的差异。关注收敛性，则主要是因为改革开放以来，尤其是 1994 年分税制改革以来，中国地方政府之间存在以各种经济指标为核心的晋升锦标赛，导致地方政府之间的竞争加剧，同时也意味着模仿行为逐渐增多，尤其是在国家重点发展的产业方面，各个地方政府都想通过竞争性模仿获取比较优势。 基于以上判断，我们认为在数字经济发展方面，有必要检验地方政府是否也存在竞争性模仿行为。

关于数字经济与经济增长之间的关系，早期的研究侧重于 ICT 对经济增长的影响，发现有资本深化渠道和技术渗透渠道两种作用机制（Jorgenson，2005；Jovanovic， Rousseau，2005；蔡跃洲和张钧南，2015）。 互联网已成为信息通信技术的代表产物。 因此，近年来较多研究探讨了互联网的经济增长效应，无论是从省域尺度，还是在城市层面，既有研究均表明互联网显著促进了经济增长（韩宝国和朱平芳，2014；叶初升和任兆柯，2018）。 同时期也有学者对人工智能展开研究。 作为新一代信息技术的代表，人工智能具有四大特征，即渗透性、替代性、协同性和创造性，能推动经济实现高质量增长（蔡跃洲和陈楠，2019）。 有学者从理论框架出发给出了论断，根据索洛增长模型的框架有三条潜在的路径：一是增加要素投入；二是提高配置效率；三是提高生产率。 以上路径会因数字经济引致生产端的规模经济、范围经济以及消费端的长尾效应得到不同程度的强化，实现经济增长（荆文君和孙宝文，2019）。 本章主要利用所构建的数字经济发展指标，结合面板向量自回归（Panel Vector Auto Regression，PVAR）模型，检验数字经济发展与经济增长之间的关系。

第二节 研究设计

一、数据处理

本章数据源于全国工商企业大数据，为得到与研究相关的数字经济企业数据，共进行了三个阶段的处理。 第一阶段，首先根据《浙江省数字经济核心产业统计分类目录》整理出经营范围关键词，然后利用文本分析方法从工商注册企业中初步筛选出相关企业，最后根据企业名称和行业门类对初筛样本进行优化，共得到 441 万家企业，该阶段的数据主要来自企研数据科技。第二阶段，根据企业经纬度，使用百度地图 API 逆地理编码功能补充企业所在省、市、县（区）等信息，并利用企业名称、注册地址进行二次检验。 第三阶段，剔除数据异常和缺失样本，然后从中筛选出地级及以上城市的数字经济企业，共得到 439 万家企业，以此作为本章的研究样本。 样本数据不包括中国香港、澳门和台湾地区的相关数据。 因此，后面的分析主要针对的是大陆地区的各个省、区、市。 在以上数据的基础上，我们进一步将企业数据汇总到省级层面，具体得到数字经济企业总量、新增企业数量和退出企业数量，利用新增企业数量比上企业总量得到数字经济企业成长率，利用退出企业数量比上企业总量得到数字经济企业退出率。

二、测算方法

关于区域差异，早期研究大多采用基尼系数的分析思路，之后不少学者对基尼系数进行了拓展，提出了更加丰富的分析方法，其中，泰尔指数已经成为国内外常用的区域差异分析方法，其主要的优势就在于能够将区域差异进一步分解为地区内差异和地区间差异。 为了揭示中国数字经济发展的区域差异及其来源，借鉴周小亮和吴武林（2018）、聂长飞和简新华（2020）的处理方式，采用泰尔指数将数字经济发展（数字经济企业进入率和退出率）的总体差异分解为地区内差异和地区间差异，并将地区内差异进一步分解为三大地区的地区内差异。 关于总体差异的分解，具体公式为：

$$T = \frac{1}{n} \sum_{i=1}^{n} (\frac{x_i}{x\_ave} \times \ln \frac{x_i}{x\_ave}) \tag{4-1}$$

$$T_j = \frac{1}{n_j} \sum_{i=1}^{n_j} (\frac{x_{ij}}{x\_ave_j} \times \ln \frac{x_{ij}}{x\_ave_j}) \tag{4-2}$$

$$T = T_w + T_b = \sum_{j=1}^{4} (\frac{n_j}{n} \times \frac{x\_a_j}{x\_a} \times T_j) + \sum_{j=1}^{4} (\frac{n_j}{n} \times \frac{x\_a_j}{x\_a} \times \ln \frac{x\_a_j}{x\_a})$$
$$\tag{4-3}$$

式（4-1）中，T 表示数字经济发展的总体差异泰尔指数，介于 [0, 1] 之间，该值越大，表明数字经济发展总体差异越大；反之，表明数字经济发展总体差异越小。 式（4-2）中，T_j 分别表示三大地区（$j=1，2，3$）的数字经济发展的总体差异泰尔指数，i 表示省份，n 表示全国省份总数，n_j 分别表示东部、中部和西部地区省份数量，x_i 表示省份 i 的数字经济发展，x_{ij} 表示地区 j 内省份 i 的数字经济发展，x_ave 和 x_ave_j 分别表示全国数字经济发展的平均值和地区 j 数字经济发展的平均值。 式（4-3）中，数字经济发展的泰尔指数进一步分解为地区内差异泰尔指数 T_w 和地区间差异泰尔指数 T_b。

关于数字经济发展协调度指数的测算方法，本章主要借鉴王薇和任保平（2015）的研究，构建各个省份数字经济发展协调度指数：

$$C_i = (x_i \times x_{-i})/(\frac{x_i + x_{-i}}{2})^2 \tag{4-4}$$

其中，x_i 表示省份 i 的数字经济发展，x_{-i} 表示省份 i 相邻省份的数字经济发展的均值。 当 $x_i = x_{-i}$ 时，数字经济发展协调度指数 C 取得最大值 1，表明省份 i 的数字经济发展与其相邻省份的数字经济发展程度相同，省份之间生产要素市场发展协调度指数处于较高水平。 C 值越偏离 1，表明省份 i 的数字经济发展与其相邻省份的数字经济发展程度偏差越大，省份之间生产要素市场发展协调度指数处于较低水平。

为了更好地考察数字经济与经济增长之间的互动效应，同时，避免控制变量选择偏误以及内生性等问题，本章利用 PVAR 模型，对上述互动效应展开分析。 PAVR 模型是对 VAR 模型的拓展，本章使用的 PVAR 模型的数学表达式为：

$$y_{i,t} = \alpha_i + \beta_0 + \sum_{j=1}^{p} \beta_j y_{i,t-j} + v_{i,t} + \mu_{i,t} \tag{4-5}$$

式（4-5）中，$y_{i,t}$ 是包含内生变量的向量，即数字经济企业进入率、退出率和经济增长，假设每一个截面的基本结构相同，采用固定效应模型，引入反映个体异质性的变量 α_i。 $v_{i,t}$ 用于反映个体时点效应，以体现在同一时点的不同截面上可能受到的共同冲击。 $\mu_{i,t}$ 是随机扰动项，假设服从正态分布。 利用 GDP 增长率衡量经济增长，数据根据中经网数据库①整理所得。

---

① https://db.cei.cn/。

第三节　中国地区数字经济发展的差异性与收敛性分析

一、数字经济发展概览

在对中国地区数字经济发展差异展开具体分析之前，本节首先对中国数字经济发展做一个简要的回顾，主要从数字经济企业总量的角度展开。

根据图 4-1，从总体来看，中国数字经济的发展速度呈现加速的态势。具体从全国数字经济的总数看，20 世纪 90 年代之前，相较于之后的情况看，中国数字经济发展处于相对缓慢的时期，但即使在这一阶段，中国数字经济企业数量也实现了较快增长，从 1949 年的 10 家增长至 1989 年的 16 191 家。20 世纪 90 年代后，中国数字经济发展进入了快车道。 参考方兴东（2016）的阶段划分，在互联网 1.0 时代（1994—2000 年），数字经济企业总数从 60 096 家增长至 133 176 家，增加幅度为 122％；在互联网 2.0 时代（2001—2008 年），数字经济企业总数从 160 138 家增长至 486 247 家，增加幅度为 204％；在互联网 3.0 时代（2009—2014 年），数字经济企业总数从 530 122 家增长至 980 096 家，增加幅度为 85％；在互联网 4.0 时代（2015 年至今），数字经济企业总数从 1 319 712 家增长至 2 800 187 家，增加幅度为 112％。 由此可见，随着中国跨入互联网 4.0 时代，中国数字经济发展速度较互联网 3.0 时代有所提高。

根据前面的分析可知，中国数字经济发展主要从进入互联网 1.0 时代开始，也即从 1994 年中国全功能接入国际互联网开始。 因此，后文的分析起点也是 1994 年。 中国省级层面 1994 年的数字经济发展情况，依然是以数字经济企业总量衡量数字经济发展。 在 1994 年，数字经济发展的第一梯队是广东，第二梯队包括辽宁、山东、上海、江苏、浙江和四川等 6 个地区。 除了宁夏、贵州、青海和西藏这 4 个地区外，其他地区都属于第三梯队。 其中，广东的数字经济企业总数为 11 636 家，西藏的数字经济企业总数为 43 家，两者差异明显。 总体来看，东部地区发展更快一些，中西部地区发展相对滞后。

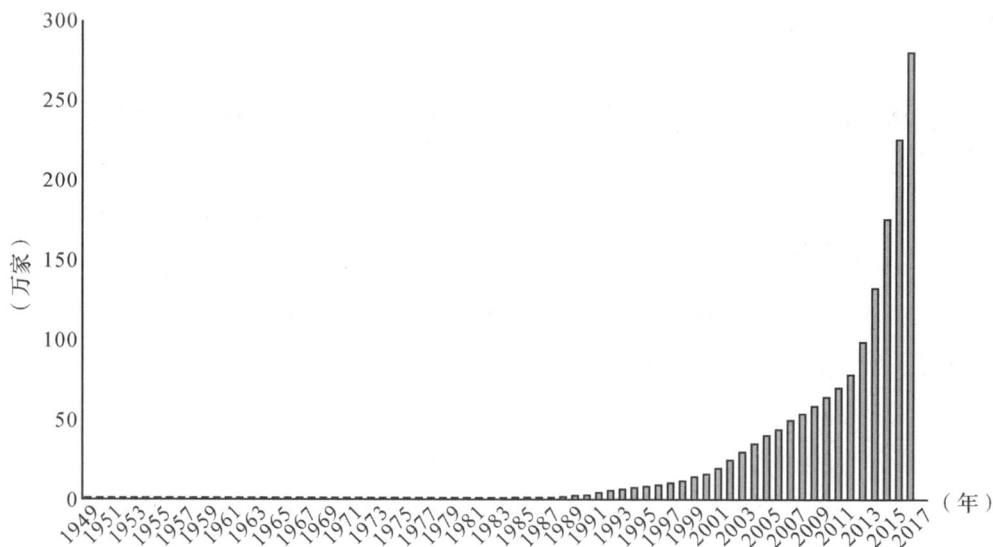

图 4-1　全国数字经济企业总数情况

　　前面省域层面的分析可能会掩盖城市发展的情况，尤其是直辖市的发展
情况。因此，表 4-1 将 1994 年数字经济企业总数排名前 20 的城市数据进行
了汇总。排名前 20 的城市里面，只有成都市和西安市不属于东部地区，其他
18 个城市都属于东部地区。处于第二梯队的上海市和处于第三梯队的北京
市，如果从城市层面看，其数字经济发展是处于领先地位的。规模最大的上
海市，其总数相当于排名第 20 位的西安市的 4.43 倍，差异明显。另外，排
名前 20 的城市中，只有上海市和深圳市的占比超过了 5%，第 3 到第 9 名的
占比都超过了 2%，剩下城市的占比都超过了 1%；从累积占比的角度看，排
名前 20 的城市累计占比高达 44.46%，占到了全国 40% 以上，表明中国城市
数字经济发展具有显著的集聚特点。

表 4-1　1994 年城市数字经济企业总数排名

排名	城市	城市总数字经济企业数	全国总数字经济企业数	城市总数字经济企业占比（%）	城市总数字经济企业累积占比（%）
1	上海市	3 426	60 096	5.70	5.70
2	深圳市	3 075	60 096	5.12	10.82

排名	城市	城市总数字经济企业数	全国总数字经济企业数	城市总数字经济企业占比（％）	城市总数字经济企业累积占比（％）
3	广州市	1 723	60 096	2.87	13.68
4	天津市	1 556	60 096	2.59	16.27
5	常州市	1 484	60 096	2.47	18.74
6	北京市	1 466	60 096	2.44	21.18
7	苏州市	1 425	60 096	2.37	23.55
8	成都市	1 327	60 096	2.21	25.76
9	无锡市	1 297	60 096	2.16	27.92
10	南京市	1 105	60 096	1.84	29.76
11	沈阳市	1 061	60 096	1.77	31.52
12	杭州市	1 040	60 096	1.73	33.26
13	汕头市	907	60 096	1.51	34.76
14	东莞市	871	60 096	1.45	36.21
15	海口市	870	60 096	1.45	37.66
16	佛山市	862	60 096	1.43	39.10
17	济南市	837	60 096	1.39	40.49
18	珠海市	809	60 096	1.35	41.83
19	宁波市	807	60 096	1.34	43.18
20	西安市	773	60 096	1.29	44.46

中国省级层面 2018 年数字经济发展情况，依然是以数字经济企业总量衡量数字经济发展的。其与 1994 年进行对比可知，数字经济企业总数出现了显著的变化，梯队更多，出现了 5 个梯队，数字经济发展结构更加具有递进性。具体来看，在 2018 年，数字经济发展的第一梯队是广东和浙江，第二梯队包括河北、北京、山东、江苏、上海、河南、安徽、福建和四川等 9 个地区，第三梯队包括黑龙江、辽宁、陕西、湖北、湖南、江西、重庆、广西和云南等 9 个地区，第四梯队包括天津、海南、吉林、内蒙古、山西、贵州、宁夏、甘肃和新疆等 9 个地区，第五梯队包括青海和西藏。其中，广东的数字经济企业总数为 133 744 家，西藏的数字经济企业总数为 1 018 家，两者差异

依然明显。总体来看，到了 2018 年，数字经济发展呈现更为明显的递进发展态势，东部地区依旧是数字经济发展程度最高的地区，其次是中部地区，最后是西部地区。

接下来进一步从城市层面看，表 4-2 将 2019 年数字经济企业总数排名前 20 的城市数据进行了汇总。将表 4-2 与表 4-1 进行对比可知，出现了越来越多的非东部地区城市，比如重庆市、武汉市、长沙市、郑州市、青岛市、合肥市和济南市等新晋城市。若加上之前就进入前 20 的成都市和西安市，总共有 9 个城市不是东部地区的，其他 11 个城市都属于东部地区。规模最大的深圳市，其总数相当于排名第 20 位的福州市的 6.25 倍，差异相较于 1994 年进一步扩大。另外，排名前 20 的城市中，深圳市、北京市和广州市的占比超过了 5%，第 4 到第 8 名的占比都超过了 2%，剩下城市的占比都超过了 1%；从累积占比的角度看，排名前 20 的城市累计占比高达 54.34%，占比已经超过了 50%，比 1994 年的占比更高，表明中国城市数字经济发展集聚特点有所增强。

表 4-2 2019 年城市数字经济企业总数排名

排名	城市	城市总数字经济企业数	全国总数字经济企业数	城市总数字经济企业占比（%）	城市总数字经济企业累积占比（%）
1	深圳市	209 333	2 800 187	7.48	7.48
2	北京市	191 546	2 800 187	6.84	14.32
3	广州市	170 455	2 800 187	6.09	20.40
4	上海市	128 329	2 800 187	4.58	24.99
5	成都市	106 082	2 800 187	3.79	28.77
6	杭州市	90 752	2 800 187	3.24	32.02
7	重庆市	74 864	2 800 187	2.67	34.69
8	厦门市	57 201	2 800 187	2.04	36.73
9	武汉市	52 576	2 800 187	1.88	38.61
10	西安市	50 076	2 800 187	1.79	40.40
11	长沙市	49 778	2 800 187	1.78	42.18

排名	城市	城市总数字经济企业数	全国总数字经济企业数	城市总数字经济企业占比(%)	城市总数字经济企业累积占比(%)
12	南京市	47 935	2 800 187	1.71	43.89
13	郑州市	42 112	2 800 187	1.50	45.39
14	苏州市	38 518	2 800 187	1.38	46.77
15	青岛市	36 406	2 800 187	1.30	48.07
16	合肥市	36 391	2 800 187	1.30	49.37
17	济南市	36 363	2 800 187	1.30	50.67
18	天津市	34 973	2 800 187	1.25	51.91
19	东莞市	34 542	2 800 187	1.23	53.15
20	福州市	33 510	2 800 187	1.20	54.34

二、基本分析

根据表 4-3，从整个时间段各省数字经济企业进入率均值的大小看，我国所有省份的均值都大于 0.1，表明数字经济企业处于快速发展阶段，其中：贵州的均值最大，为 0.2214；江苏的均值最小，为 0.1651。分时间段看：在互联网 1.0 时代，河南的均值最大，为 0.2377，甘肃的均值最小，为 0.1379，前者是后者的 1.72 倍。在互联网 2.0 时代，新疆的均值最大，为 0.2615，海南的均值最小，为 0.1636，前者是后者的 1.60 倍，差异有所缩小，且最大值和最小值都有所增加。在互联网 3.0 时代，重庆的均值最大，为 0.1891，新疆的均值最小，为 0.1104，前者是后者的 1.71 倍，差异有所扩大，但最大值和最小值都有所减小。在互联网 4.0 时代，江西的均值最大，为 0.3104，江苏的均值最小，为 0.2226，前者是后者的 1.39 倍，差异有所缩小，且最大值和最小值都有所增加。从变动趋势来看，互联网 2.0 时代相对于互联网 1.0 时代，除了北京、辽宁、上海和河南，其他 27 个省份的均值都有所上升；互联网 3.0 时代相对于互联网 2.0 时代，则只有天津的均值有所上升；互联网 4.0 时代相对于互联网 3.0 时代，全部省份的均值都有所上升。将不同阶段联系起来看，只有天津的均值始终处于上升过程，没有哪个省份的均值

始终处于下降过程。 以上结果表明，在考察期内，数字经济企业以较快速度
成长，进入率始终大于10%，但发展的区域差异明显，且互联网2.0时代和
互联网4.0时代是数字经济发展最快的阶段。

表 4-3 1994—2018 年各省份数字经济企业进入率的测算结果

省份	均值					时间层面标准差				
	1994—2018	1994—2000	2001—2008	2009—2014	2015—2018	1994—2018	1994—2000	2001—2008	2009—2014	2015—2018
北京	0.1975	0.2086	0.1989	0.1534	0.2391	0.0466	0.0513	0.0295	0.0287	0.0402
天津	0.1803	0.1529	0.1669	0.1687	0.2761	0.0647	0.0534	0.0422	0.0679	0.0267
河北	0.1876	0.1694	0.2142	0.1191	0.2805	0.0683	0.0583	0.0412	0.0376	0.0152
辽宁	0.1974	0.2020	0.1975	0.1579	0.2468	0.0547	0.0579	0.0464	0.0551	0.0189
上海	0.1999	0.2200	0.1888	0.1666	0.2291	0.0564	0.0517	0.0626	0.0553	0.0390
江苏	0.1651	0.1513	0.1796	0.1280	0.2226	0.0507	0.0293	0.0651	0.0338	0.0067
浙江	0.2035	0.1951	0.1970	0.1596	0.2972	0.0588	0.0259	0.0588	0.0435	0.0135
福建	0.2118	0.1973	0.2038	0.1760	0.3088	0.0651	0.0378	0.0589	0.0662	0.0222
山东	0.2010	0.1852	0.2160	0.1433	0.2928	0.0701	0.0601	0.0610	0.0486	0.0200
广东	0.1912	0.1718	0.1852	0.1616	0.2852	0.0561	0.0283	0.0477	0.0489	0.0126
海南	0.1727	0.1553	0.1636	0.1248	0.2952	0.0658	0.0417	0.0354	0.0164	0.0447
山西	0.1942	0.1725	0.2381	0.1420	0.2393	0.0639	0.0483	0.0623	0.0550	0.0218
吉林	0.1985	0.1495	0.2330	0.1850	0.2563	0.0651	0.0449	0.0457	0.0805	0.0141
黑龙江	0.1884	0.1779	0.2214	0.1327	0.2350	0.0649	0.0593	0.0670	0.0511	0.0154
安徽	0.2061	0.1906	0.2441	0.1274	0.2883	0.0871	0.0741	0.1001	0.0350	0.0196
河南	0.2134	0.2377	0.2073	0.1429	0.2811	0.0753	0.0793	0.0633	0.0535	0.0128
江西	0.1892	0.1418	0.2013	0.1575	0.3104	0.0725	0.0458	0.0569	0.0378	0.0179
湖北	0.2049	0.1761	0.2253	0.1670	0.2840	0.0623	0.0421	0.0635	0.0474	0.0268
湖南	0.1993	0.1947	0.2201	0.1303	0.2754	0.0895	0.1105	0.0826	0.0443	0.0192
内蒙古	0.1874	0.1762	0.2127	0.1396	0.2371	0.0571	0.0605	0.0449	0.0434	0.0259
广西	0.1876	0.1901	0.2120	0.1141	0.2503	0.0850	0.0665	0.1154	0.0403	0.0254
四川	0.1979	0.1744	0.2158	0.1429	0.2961	0.0734	0.0439	0.0775	0.0565	0.0134

省份	均值					时间层面标准差				
	1994—2018	1994—2000	2001—2008	2009—2014	2015—2018	1994—2018	1994—2000	2001—2008	2009—2014	2015—2018
重庆	0.2173	0.1937	0.2480	0.1891	0.2531	0.0582	0.0373	0.0852	0.0343	0.0200
云南	0.1966	0.1917	0.2207	0.1499	0.2344	0.0614	0.0515	0.0829	0.0297	0.0325
甘肃	0.1761	0.1379	0.2181	0.1380	0.2362	0.0684	0.0418	0.0839	0.0373	0.0343
西藏	0.1774	0.1584	0.1774	0.1449	0.2643	0.1252	0.2115	0.0421	0.0365	0.0460
陕西	0.1810	0.1583	0.1973	0.1387	0.2614	0.0682	0.0291	0.0833	0.0489	0.0559
贵州	0.2214	0.2136	0.2407	0.1635	0.2901	0.0940	0.0905	0.0979	0.0923	0.0647
宁夏	0.2048	0.2143	0.2205	0.1408	0.2541	0.0805	0.0699	0.0967	0.0649	0.0499
青海	0.2070	0.2033	0.2472	0.1419	0.2415	0.0997	0.1285	0.1041	0.0503	0.0350
新疆	0.2096	0.2031	0.2615	0.1104	0.2804	0.1016	0.0651	0.1224	0.0375	0.0873

从整个时间段各省数字经济企业进入率时间层面标准差的大小看：西藏的标准差最大，为 0.1252，北京的标准差最小，为 0.0466，两者之间的差异要大于前面均值的最大值和最小值之间的差异。 分时间段来看：在互联网 1.0 时代，西藏的标准差最大，为 0.2115，浙江的标准差最小，为 0.0259，前者是后者的 8.17 倍。 在互联网 2.0 时代，新疆的标准差最大，为 0.1224，北京的标准差最小，为 0.0295，前者是后者的 4.15 倍，差异有所缩小，主要是因为最大值缩小幅度明显。 在互联网 3.0 时代，贵州的标准差最大，为 0.0923，海南的标准差最小，为 0.0164，前者是后者的 5.63 倍，差异有所扩大，且最大值和最小值都有所减小。 在互联网 4.0 时代，新疆的标准差最大，为 0.0873，江苏的标准差最小，为 0.0067，前者是后者的 13.03 倍，差异继续扩大，且最大值和最小值都有所减小。 从变动趋势看，互联网 2.0 时代相对于互联网 1.0 时代，只有 10 个省份的标准差有所下降，多数省份的标准差有所上升；互联网 3.0 时代相对于互联网 2.0 时代，有 26 个省份的标准差有所下降；互联网 4.0 时代相对于互联网 3.0 时代，有 25 个省份的标准差有所下降。 将不同阶段联系起来看，只有河北、河南、湖南、内蒙古和青海的标准差始终处于下降过程，没有哪个省份的标准差始终处于上升过

程。 以上结果表明,不同省份数字经济企业进入率随时间波动的差异明显,
而且呈现波动逐渐减小的趋势;在互联网 3.0 时代和互联网 4.0 时代,绝大多
数省份的进入率随时间波动的程度有所减轻。 结合前面对均值的分析结果,
总体而言,进入互联网 4.0 时代后,相较于前三个时代,互联网企业进入率的
均值更大且更加平稳。

下面本章进一步从东部、中部和西部三大地区的角度对数字经济企业进
入率进行分析。 根据图 4-2,从三大地区数字经济企业进入率均值的大小来
看,没有哪个地区一直是均值最大或最小的地区,其中,中部地区出现最大值
的次数最多,为 11 次;中部和西部地区出现最小值的次数相同,均为 9 次。
从变动趋势来看,三大地区的均值大致呈现两轮先升后降趋势,以 2012 年为
分界点,且在第二轮先升后降的过程中,三大地区的变动更加接近。 将变动
过程与互联网发展阶段联系起来看,数字经济企业进入率在互联网 1.0 时代
主要呈现上升趋势,在互联网 2.0 时代主要呈现下降趋势,在互联网 3.0 时代
主要呈现先降后升趋势,在互联网 4.0 时代主要呈现先升后降的趋势。 从期
初值和期末值的大小来看,1994 年,东部地区均值为 0.1812,中部地区均值
为 0.1288,西部地区均值为 0.1296;到了 2018 年,东部地区均值为 0.2628,
中部地区均值为 0.2672,西部地区均值为 0.2343。 该结果表明,尽管出现了
两轮下降过程,但三大地区的期末值都大于期初值。 综上表明,数字经济企
业进入率具有较为明显的易变,但即使在波谷,进入率也维持在 10% 以上,
数字经济企业一直处于快速发展阶段。

根据表 4-4,从整个时间段各省数字经济企业退出率均值的大小来看,我
国所有省份的均值都小于 0.1,即都小于进入率均值,这进一步表明数字经济
企业处于快速发展阶段,其中:新疆的均值最大,为 0.0774,北京的均值最
小,为 0.0157,前者是后者的 4.93 倍。 分时间段看:在互联网 1.0 时代,新
疆的均值最大,为 0.0927,北京的均值最小,为 0.0003,前者是后者的 309
倍。 在互联网 2.0 时代,海南的均值最大,为 0.0994,黑龙江的均值最小,
为 0.0114,前者是后者的 8.72 倍,差异有所缩小,且最大值和最小值都有所
增加。 在互联网 3.0 时代,新疆的均值最大,为 0.0692,西藏的均值最小,
为 0.0137,前者是后者的 5.05 倍,差异进一步缩小,主要是因为最大值减小

进入率均值

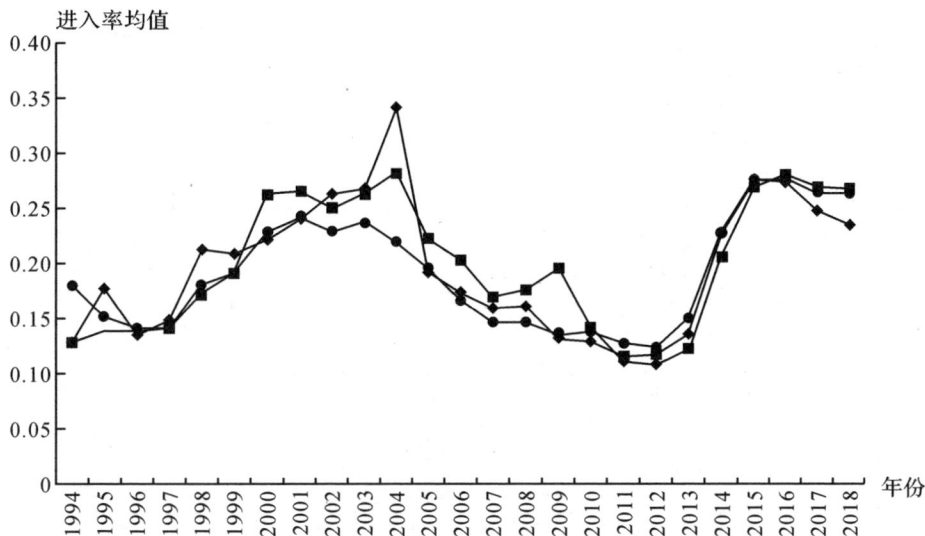

图 4-2　1994—2018 年三大地区数字经济企业进入率的均值测算结果

幅度较大。 在互联网 4.0 时代，江西的均值最大，为 0.0722，北京的均值最小，为 0.0187，前者是后者的 3.86 倍，差异进一步缩小，且最大值和最小值都有所增加。 从变动趋势来看，互联网 2.0 时代相对于互联网 1.0 时代，只有 5 个省份的均值有所下降；互联网 3.0 时代相对于互联网 2.0 时代，有 23 个省份的均值有所下降；互联网 4.0 时代相对于互联网 3.0 时代，有 13 个省份的均值有所下降。 将不同阶段联系起来看，只有山东和新疆的均值始终处于下降过程，河北、西藏和陕西的均值则始终处于上升过程。 以上结果表明，在考察期内，数字经济企业的退出率明显小于进入率，但退出率的区域差异同样明显，且互联网 3.0 时代是数字经济企业退出率最高的阶段。

表 4-4　1994—2018 年各省份数字经济企业退出率的测算结果

省份	均值					时间层面标准差				
	1994—2018	1994—2000	2001—2008	2009—2014	2015—2018	1994—2018	1994—2000	2001—2008	2009—2014	2015—2018
北京	0.0157	0.0003	0.0205	0.0287	0.0187	0.0183	0.0005	0.0247	0.0127	0.0127
天津	0.0629	0.0843	0.0561	0.0476	0.0550	0.0212	0.0142	0.0150	0.0107	0.0244
河北	0.0345	0.0094	0.0439	0.0544	0.0382	0.0244	0.0060	0.0208	0.0241	0.0121

省份	均值					时间层面标准差				
	1994—2018	1994—2000	2001—2008	2009—2014	2015—2018	1994—2018	1994—2000	2001—2008	2009—2014	2015—2018
辽宁	0.0715	0.0731	0.0918	0.0591	0.0516	0.0344	0.0354	0.0386	0.0310	0.0113
上海	0.0595	0.0496	0.0941	0.0452	0.0399	0.0373	0.0502	0.0158	0.0168	0.0167
江苏	0.0492	0.0506	0.0628	0.0424	0.0325	0.0186	0.0134	0.0224	0.0083	0.0179
浙江	0.0563	0.0562	0.0727	0.0431	0.0473	0.0233	0.0314	0.0141	0.0112	0.0185
福建	0.0470	0.0673	0.0507	0.0289	0.0273	0.0293	0.0403	0.0161	0.0078	0.0124
山东	0.0626	0.0855	0.0668	0.0453	0.0354	0.0357	0.0441	0.0254	0.0263	0.0142
广东	0.0471	0.0564	0.0579	0.0352	0.0275	0.0255	0.0324	0.0237	0.0110	0.0115
海南	0.0606	0.0538	0.0994	0.0173	0.0715	0.0671	0.0341	0.1054	0.0083	0.0584
山西	0.0347	0.0236	0.0374	0.0436	0.0386	0.0187	0.0235	0.0137	0.0126	0.0191
吉林	0.0609	0.0451	0.0875	0.0530	0.0579	0.0386	0.0480	0.0327	0.0293	0.0224
黑龙江	0.0283	0.0136	0.0114	0.0396	0.0706	0.0323	0.0094	0.0053	0.0401	0.0389
安徽	0.0382	0.0224	0.0573	0.0383	0.0361	0.0232	0.0181	0.0273	0.0107	0.0182
河南	0.0390	0.0297	0.0384	0.0516	0.0400	0.0194	0.0181	0.0120	0.0252	0.0188
江西	0.0422	0.0303	0.0499	0.0292	0.0722	0.0257	0.0201	0.0193	0.0084	0.0374
湖北	0.0429	0.0380	0.0543	0.0324	0.0483	0.0177	0.0166	0.0145	0.0118	0.0240
湖南	0.0556	0.0639	0.0638	0.0355	0.0548	0.0269	0.0317	0.0279	0.0193	0.0109
内蒙古	0.0408	0.0138	0.0483	0.0584	0.0551	0.0320	0.0071	0.0161	0.0507	0.0180
广西	0.0443	0.0498	0.0517	0.0264	0.0475	0.0243	0.0365	0.0143	0.0054	0.0169
四川	0.0409	0.0216	0.0539	0.0470	0.0476	0.0194	0.0073	0.0083	0.0235	0.0177
重庆	0.0465	0.0382	0.0584	0.0389	0.0534	0.0245	0.0264	0.0308	0.0105	0.0200
云南	0.0493	0.0368	0.0718	0.0333	0.0589	0.0291	0.0303	0.0247	0.0071	0.0328
甘肃	0.0473	0.0519	0.0593	0.0301	0.0431	0.0224	0.0278	0.0213	0.0093	0.0127
西藏	0.0166	0.0076	0.0122	0.0137	0.0469	0.0194	0.0127	0.0101	0.0069	0.0293
陕西	0.0396	0.0244	0.0403	0.0486	0.0551	0.0217	0.0140	0.0273	0.0073	0.0253
贵州	0.0369	0.0100	0.0667	0.0372	0.0384	0.0333	0.0140	0.0316	0.0351	0.0192
宁夏	0.0457	0.0419	0.0535	0.0347	0.0562	0.0221	0.0232	0.0235	0.0113	0.0279

省份	均值					时间层面标准差				
	1994—2018	1994—2000	2001—2008	2009—2014	2015—2018	1994—2018	1994—2000	2001—2008	2009—2014	2015—2018
青海	0.0396	0.0330	0.0457	0.0426	0.0378	0.0258	0.0386	0.0211	0.0159	0.0171
新疆	0.0774	0.0927	0.0849	0.0692	0.0461	0.0345	0.0221	0.0204	0.0522	0.0288

从整个时间段各省数字经济企业退出率时间层面标准差的大小来看：海南的标准差最大，为0.0671；湖北的标准差最小，为0.0177。前者是后者的3.79倍，两者之间的差异要小于前面均值最大值和最小值之间的差异。分时间段来看：在互联网1.0时代，上海的标准差最大，为0.0502，北京的标准差最小，为0.0005，前者是后者的100.4倍。在互联网2.0时代，海南的标准差最大，为0.1054，黑龙江的标准差最小，为0.0053，前者是后者的19.89倍，差异有所缩小，且最大值和最小值都有所增加。在互联网3.0时代，新疆的标准差最大，为0.0522，广西的标准差最小，为0.0054，前者是后者的9.67倍，差异进一步缩小，主要是因为最大值明显缩小。在互联网4.0时代，海南的标准差最大，为0.0584，湖南的标准差最小，为0.0109，前者是后者的5.36倍，差异进一步缩小，且最大值和最小值都有所增加。从变动趋势看：互联网2.0时代相对于互联网1.0时代，有19个省份的标准差有所下降，占半数以上；互联网3.0时代相对于互联网2.0时代，有22个省份的标准差有所下降；互联网4.0时代相对于互联网3.0时代，只有12个省份的标准差有所下降。将不同阶段联系起来看，只有吉林和湖南的标准差始终处于下降过程，没有哪个省份的标准差始终处于上升过程。以上结果表明，不同省份数字经济企业退出率随时间波动的差异明显，而且呈现差异先缩小后扩大的态势；在互联网2.0时代和互联网3.0时代，绝大多数省份的退出率随时间波动的程度都有所减轻。结合前面对均值的分析结果，总体而言，进入互联网4.0时代后，相较于前面三个时代，互联网企业退出率的均值更大，且表现更加不平稳。

下面本章进一步从东部、中部和西部三大地区的角度对数字经济企业退出率进行分析。根据图4-3，从三大地区数字经济企业退出率均值的大小来

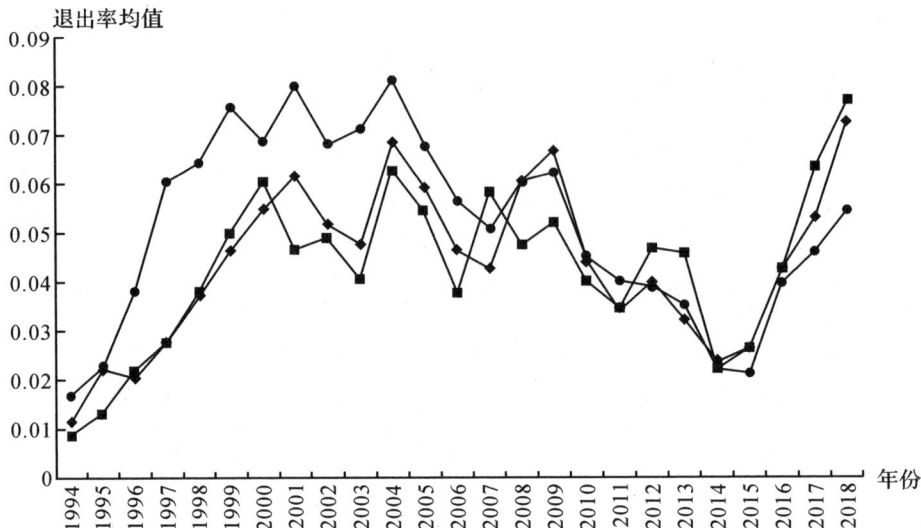

图 4-3　1994—2018 年三大地区数字经济企业退出率的均值测算结果

看，没有哪个地区一直是均值最大或最小的地区，其中：东部地区出现最大值的次数最多，为 15 次；中部地区出现最小值的次数最多，为 11 次。 从变动趋势来看，三大地区的均值大致呈现先升后降再升的趋势，且三大地区之间在变动方面的差异先扩大后缩小又扩大。 将变动过程与互联网发展阶段联系起来看，数字经济企业退出率在互联网 1.0 时代主要呈现上升趋势，在互联网 2.0 时代主要呈现先升后降趋势，在互联网 3.0 时代主要呈现下降趋势，在互联网 4.0 时代主要呈现上升趋势。 从期初值和期末值的大小来看，1994年，东部地区均值为 0.0171，中部地区均值为 0.0089，西部地区均值为 0.0116；到了 2018 年，东部地区均值为 0.0545，中部地区均值为 0.0770，西部地区均值为 0.0728。 该结果表明，尽管出现了一轮下降过程，但三大地区的期末值都大于期初值。 以上结果表明，数字经济企业退出率具有易变的特征，但即使在波峰，退出率也小于 10%，即小于企业进入率。 所以，即使从退出率看，数字经济企业仍然处于快速发展阶段。

综上，通过对数字经济企业进入率和退出率的基本分析，从总体来看，数字经济的进入率明显高于退出率，但各省之间差异明显，说明数字经济处于不平衡的快速发展阶段。 各省在互联网不同发展时代也存在一些差异，在互联网 3.0 时代，以进入率高增速为特征；在互联网其他三个时代，则都以退出率高增速为特征。 分地区看，东部地区属于退出率更高的地区，而中部地区属于进入率更高的地区，说明东部地区的竞争更激烈，而中部地区的活力更充足。

三、泰尔指数分解

由于泰尔指数属于汇总指标，因此本章重点从全国层面和三大地区层面进行分析。 其中，全国层面包含总体差异分析、地区内差异分析和地区间差异分析，而三大地区层面则是总体差异分析。

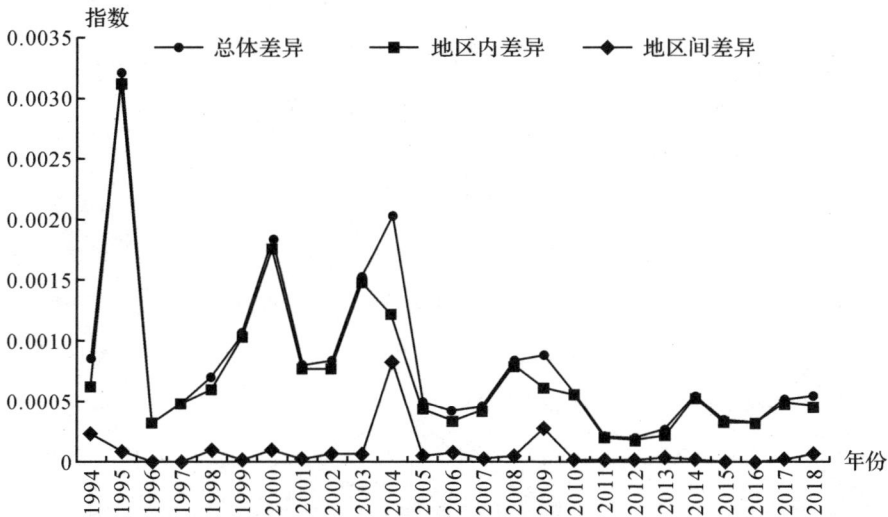

图 4-4　1994—2018 年全国数字经济企业进入率泰尔指数分解结果

首先，分析数字经济企业进入率情形。 根据图 4-4，从全国层面泰尔指数的分解结果看，地区内差异是导致总体差异的主要因素，且其变动趋势也与总体差异更加接近。 从期初值和期末值大小来看，1994 年，数字经济企业进入率的总体差异指数、地区内差异指数和地区间差异指数分别为 0.00086、0.00063 和 0.00023，地区内差异占比为 72.99%，地区间差异占比为27.01%；到了 2018 年，上述三种差异指数分别下降至 0.00055、0.00048 和0.00007，地区内差异占比上升至 87.17%，主导地位进一步增强，而地区间差异占比下降至 12.83％。 从变动趋势来看，数字经济企业进入率的总体差异并未呈现稳定的变动趋势，而是具有明显的波动特征，在互联网 1.0 和互联网 3.0 时代，大致呈现两轮先升后降趋势；在互联网 2.0 时代，大致呈现先升后降再升趋势；在互联网 4.0 时代，大致呈现上升趋势。 数字经济企业进入率的地区内差异变动趋势类似于总体差异的变动趋势，而地区间差异指数则几乎在 0 附近变动，只有 1994 年、2004 年和 2009 年出现了偏离 0 的趋势。 结合前文对泰尔指数的定义，从数字经济企业进入率角度看，区域总体差异有所减小。 由于地区内差异反映的是三大地区内各省之间的差异，而地区间差异反映的是三大地区之间的差异，故上述结果表明，三大地区内部各省之间的差异是明显的，而三大地区之间的差异相对小一些。

进一步从分地区层面看数字经济企业进入率，根据图 4-5，没有哪个地区的总体差异始终是最大值或最小值，其中：西部地区出现最大值的次数最多，为 14 次；东部地区出现最小值的次数最多，同样为 14 次。 从期初值和期末值的大小来看，1994 年，东部、中部和西部地区数字经济企业进入率的总体差异指数分别为 0.00034、0.00037 和 0.00108；到了 2018 年，三大地区总体差异指数分别为 0.00061、0.00022 和 0.00053，东部地区总体差异有所增大，而中部和西部地区总体差异有所减小。 从变动趋势来看，结合全国层面的总体差异变动趋势，三大地区数字经济企业进入率并未呈现稳定的变动趋势，从互联网 1.0 时代到互联网 3.0 时代，西部地区的变动趋势与全国层面相似，是主导全国层面总体差异变动的主要因素，而在互联网 4.0 时代，东部地区的变动趋势与全国层面相似，是主导全国层面总体差异变动的主要因素。

其次，分析数字经济企业退出率情形。 根据图 4-6，从全国层面泰尔指数的分解结果来看，与进入率相同，地区内差异也是导致总体差异的主要因素，且其变动趋势与总体差异更加接近。 与进入率相比，退出率的总体差异更小一些。 从期初值和期末值大小来看，1994 年，数字经济企业退出率的总体差异指数、地区内差异指数和地区间差异指数分别为 0.000123、0.000117 和 0.000006，地区内差异占比为 95.12％，地区间差异占比为 4.88％；到了 2018 年，上述三种差异指数分别为 0.00014、0.00010 和 0.00004，总体差异有所增加，地区内差异有所减小，且占比下降至 78.87％，主导地位有所减

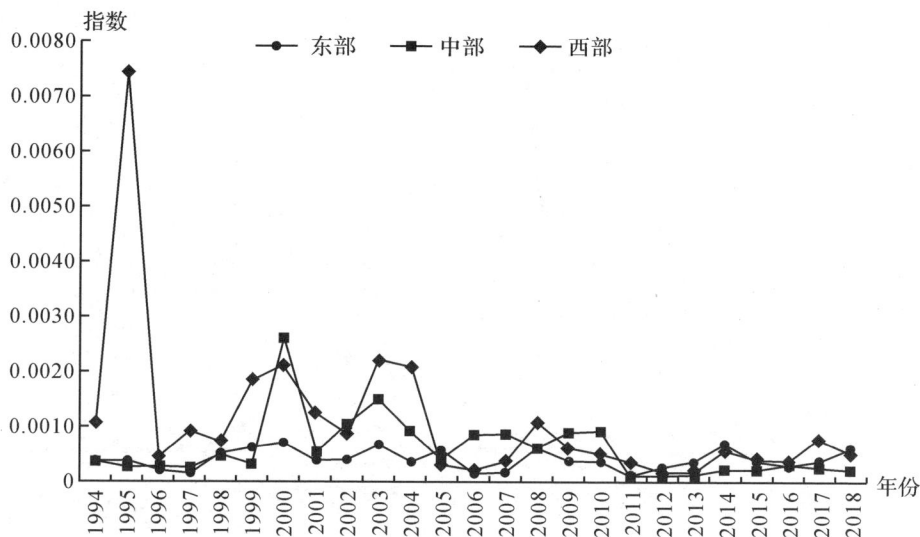

图 4-5　1994—2018 年分地区数字经济企业进入率泰尔指数分解结果

弱，而地区间差异有所增加，且占比上升至 29.13%。 从变动趋势来看，数字经济企业退出率的总体差异并未呈现稳定的变动趋势，而是具有明显的波动特征，在互联网 1.0、互联网 2.0 和互联网 3.0 时代，大致呈现两轮先升后降趋势；在互联网 4.0 时代，呈现先升后降趋势。 数字经济企业退出率的地区内差异变动趋势类似于总体差异的变动趋势，而地区间差异指数则几乎在 0 附近变动，只有在 1996—1999 年、2001—2003 年和 2017 年之后出现了偏离 0 的趋势。 以上结果表明，从数字经济企业退出率角度看，尽管区域总体差异小于进入率的区域总体差异，但区域总体差异有所增大，主要是因为地区之间的差异有所增大，且地区间差异近年来有扩大的态势。

　　进一步从分地区层面看数字经济企业退出率，根据图 4-7，没有哪个地区的总体差异始终是最大值或最小值，其中：东部地区出现最大值的次数最多，为 14 次；中部地区出现最小值的次数最多，为 12 次。 从期初值和期末值的大小来看，1994 年，东部、中部和西部地区数字经济企业退出率的总体差异指数分别为 0.00017、0.00003 和 0.00013；到了 2018 年，上述三大地区总体差异指数分别为 0.00009、0.00015 和 0.00008，东部和西部地区总体差异有所减小，中部地区总体差异有所增大。 从变动趋势来看，结合全国层面的总

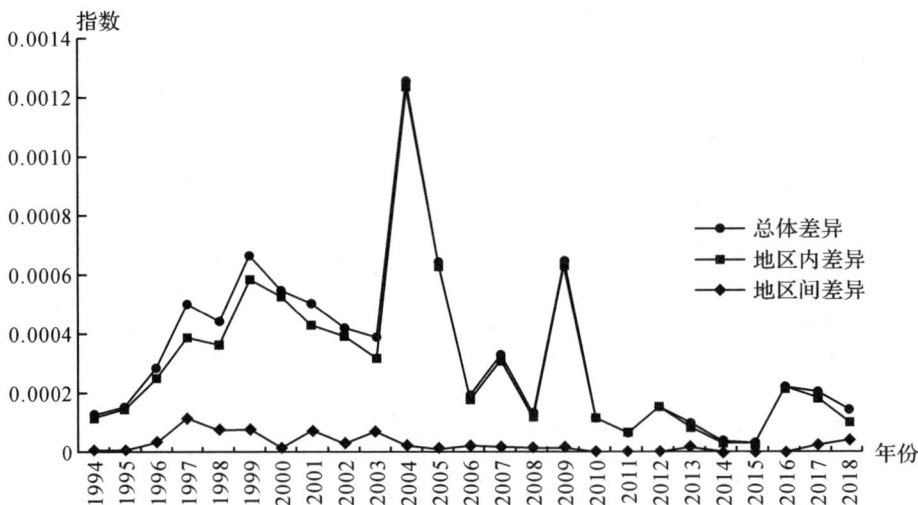

图 4-6 1994—2018 年全国数字经济企业退出率泰尔指数分解结果

体差异变动趋势，三大地区数字经济企业退出率并未呈现稳定的变动趋势，在互联网 1.0 和互联网 2.0 时代，东部地区的变动趋势与全国层面相似，是主导全国层面总体差异变动的主要因素，而在互联网 3.0 和互联网 4.0 时代，除了 2009 年，中部地区的变动趋势与全国层面相似，是主导全国层面总体差异变动的主要因素。

综上，从泰尔指数分解的分析结果来看，进入率的区域差异有所缩小，而主因是地区内差异有所缩小；退出率的区域差异有所增加，主因是地区间差异有所增加。无论是哪个层面的区域差异，地区内差异都占据主导地位，即区域差异主要是地区内部各省之间的差异所致。从分地区看，就进入率的区域差异而言，早期西部地区主导，后期东部地区主导；就退出率区域差异而言，早期东部地区主导，后期中部地区主导。进一步从互联网 4.0 时代的角度来看，相较于前三个时代，互联网 4.0 时代的区域差异更小一些，这表明不同地区在数字经济发展方面更加具有收敛性。

四、协调度指数

前面的泰尔指数分解分析和偏离度指数分析侧重于揭示数字经济发展的地区差异，接下来的协调度指数分析则侧重于揭示数字经济发展的地区协调

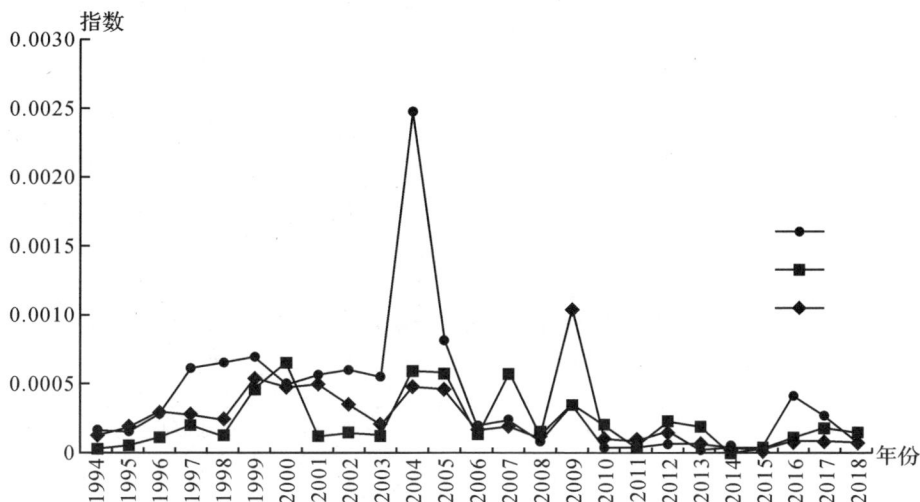

图 4-7　1994—2018 年分地区数字经济企业退出率泰尔指数分解结果

性，尤其是相邻省份之间的协调性。 自分税制改革以来，地方政府之间的竞争是推动中国经济发展的主要因素，而相互竞争也形成了相互模仿的倾向，由于数字经济企业的快速发展对产业结构调整和创新驱动能力都具有影响。所以，推动数字经济发展也就成为地方政府相互竞争的主要领域。

根据表 4-5，从整个时间段各省数字经济企业进入率协调度指数均值的大小来看，所有省份的均值在 0.89—1.00，协调度处于较高水平，其中：浙江的均值最大，为 0.9957，西藏的均值最小，为 0.8969，前者是后者的 1.11倍。 分时间段来看：在互联网 1.0 时代，山西的均值最大，为 0.9959，西藏的均值最小，为 0.7605，前者是后者的 1.31 倍。 在互联网 2.0 时代，浙江的均值最大，为 0.9992，西藏的均值最小，为 0.9184，前者是后者的 1.09倍，差异有所缩小，且最大值和最小值都有所缩小。 在互联网 3.0 时代，甘肃的均值最大，为 0.9988，陕西的均值最小，为 0.9725，前者是后者的 1.03倍，差异进一步缩小，主要是因为最小值增加幅度更大。 在互联网 4.0 时代，广东的均值最大，为 0.9993，新疆的均值最小，为 0.9820，前者是后者的 1.02 倍，差异进一步缩小，同样主要是因为最小值增加幅度更大。 从变动趋势来看，互联网 2.0 时代相对于互联网 1.0 时代，有 23 个省份的均值有所上升；互联网 3.0 时代相对于互联网 2.0 时代，有 14 个省份的均值有所上升；互联网 4.0 时代相对于互联网 3.0 时代，有 26 个省份的均值有所上升。将不同发展阶段联系起来看，只有辽宁、山东、河南、西藏和新疆的均值始终保持上升趋势，且没有哪个省份的均值始终保持下降趋势。 以上结果表明，从整个时间段来看，相邻省份在数字经济企业进入率方面的协调度指数处于较高水平，相邻省份间差异较小，尤其是在互联网 2.0 时代和互联网 4.0 时代。

表 4-5　1994—2018 年各省份数字经济企业进入率协调度指数的测算结果

省份	时间				
	1994—2018	1994—2000	2001—2008	2009—2014	2015—2018
北京	0.9860	0.9775	0.9931	0.9871	0.9891
天津	0.9803	0.9771	0.9807	0.9729	0.9969
河北	0.9922	0.9906	0.9977	0.9849	0.9965
辽宁	0.9897	0.9848	0.9858	0.9951	0.9982
上海	0.9866	0.9821	0.9900	0.9856	0.9910
江苏	0.9877	0.9816	0.9893	0.9941	0.9877
浙江	0.9957	0.9905	0.9992	0.9975	0.9974
福建	0.9938	0.9920	0.9941	0.9925	0.9987
山东	0.9947	0.9895	0.9970	0.9972	0.9975
广东	0.9928	0.9893	0.9931	0.9928	0.9993
海南	0.9894	0.9894	0.9934	0.9822	0.9929
山西	0.9909	0.9959	0.9854	0.9881	0.9946
吉林	0.9833	0.9841	0.9750	0.9816	0.9986
黑龙江	0.9885	0.9915	0.9816	0.9868	0.9970
安徽	0.9899	0.9909	0.9811	0.9929	0.9988
河南	0.9852	0.9692	0.9894	0.9924	0.9992
江西	0.9872	0.9714	0.9940	0.9938	0.9972
湖北	0.9927	0.9939	0.9875	0.9941	0.9976
湖南	0.9886	0.9821	0.9969	0.9812	0.9983
内蒙古	0.9944	0.9902	0.9958	0.9973	0.9960

省份	时间				
	1994—2018	1994—2000	2001—2008	2009—2014	2015—2018
广西	0.9880	0.9919	0.9873	0.9766	0.9983
四川	0.9906	0.9859	0.9936	0.9915	0.9937
重庆	0.9819	0.9837	0.9775	0.9752	0.9960
云南	0.9868	0.9761	0.9974	0.9863	0.9907
甘肃	0.9854	0.9613	0.9960	0.9988	0.9945
西藏	0.8969	0.7605	0.9184	0.9862	0.9983
陕西	0.9835	0.9932	0.9810	0.9725	0.9850
贵州	0.9848	0.9824	0.9963	0.9694	0.9926
宁夏	0.9805	0.9733	0.9841	0.9781	0.9920
青海	0.9309	0.8014	0.9873	0.9956	0.9940
新疆	0.9547	0.9227	0.9536	0.9806	0.9820

　　下面进一步从东部、中部和西部三大地区的角度对数字经济企业进入率协调度指数进行分析。 根据图4-8，从协调度指数均值的大小来看，没有哪个地区的均值一直是最大或最小的，东部地区出现最大值的次数最多，为11次；西部地区出现最小值的次数最多，为18次。 从变动趋势来看，三大地区均大致呈现波动式上升趋势，尤其是西部地区更加明显。 从期初值和期末值的大小来看，1994年，东部地区均值为0.9913，中部地区均值为0.9805，西部地区均值为0.8803；到了2018年，东部地区均值为0.9917，中部地区均值为0.9972，西部地区均值为0.9942，三大地区的期末值都大于期初值，且三大地区之间在协调度指数方面的差异有所缩小。 以上结果表明，就相邻省份数字经济企业进入率水平而言，东部和中部地区内部相邻省份之间的发展差异始终较小，西部地区尽管期初差异较大，但期末差异已经明显缩小。

　　根据表4-6，从整个时间段各省数字经济企业退出率协调度指数均值的大小来看，各省份的均值在0.46—1.00，相较于前面的进入率，协调度处于较低水平，其中：浙江的均值最大，为0.9862，北京的均值最小，为0.4645，前者是后者的2.12倍。 分时间段来看：在互联网1.0时代，浙江的均值最

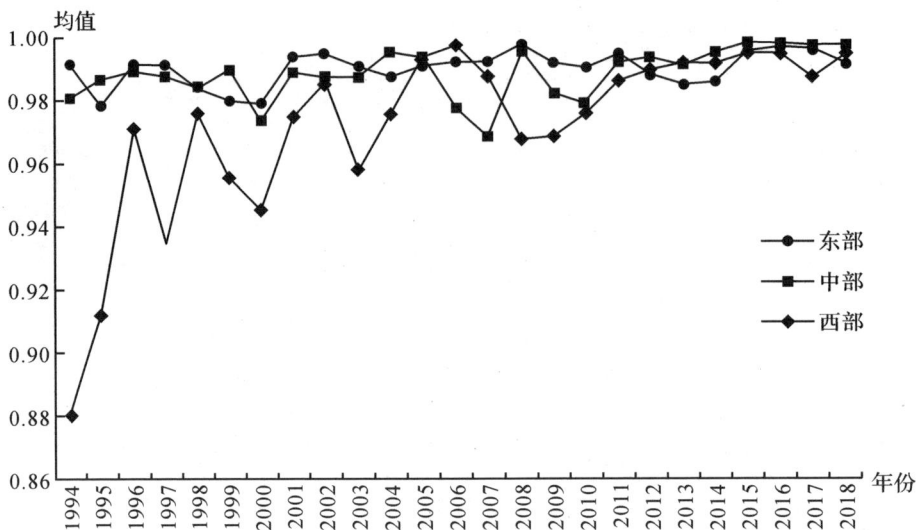

图 4-8   1994—2018 年三大地区数字经济企业进入率协调度指数均值的测算结果

大，为 0.9758，北京的均值最小，为 0.0223，前者是后者的 43.76 倍。 在互联网 2.0 时代，湖北的均值最大，为 0.9938，北京的均值最小，为 0.4635，前者是后者的 2.14 倍，差异有所缩小，且最大值和最小值都有所增加，尤其是最小值增加幅度明显。 在互联网 3.0 时代，辽宁的均值最大，为 0.9952，西藏的均值最小，为 0.6488，前者是后者的 1.53 倍，差异进一步缩小，且最大值和最小值都有所增加。 在互联网 4.0 时代，四川的均值最大，为 0.9998，海南的均值最小，为 0.7630，前者是后者的 1.31 倍，差异进一步缩小，且最大值和最小值都有所增加。 从变动趋势来看，互联网 2.0 时代相对于互联网 1.0 时代，有 27 个省份的均值有所上升；互联网 3.0 时代相对于互联网 2.0 时代，有 23 个省份的均值有所上升；互联网 4.0 时代相对于互联网 3.0 时代，有 18 个省份的均值有所上升。 将不同发展阶段联系起来看，有 8 个省份的均值始终保持上升趋势，且没有省份的均值始终保持下降趋势。 以上结果表明，从整个时间段来看，相邻省份在数字经济企业退出率方面的协调度指数尽管处于较低水平，主要表现为最小值都小于 0.8，但在不同阶段，多数省份的均值都呈上升趋势，意味着相邻省份之间在退出率方面的差异逐渐缩小。

表 4-6　1994—2018 年各省份数字经济企业退出率协调度指数的测算结果

省份	时间				
	1994—2018	1994—2000	2001—2008	2009—2014	2015—2018
北京	0.4645	0.0223	0.4635	0.8560	0.7636
天津	0.6726	0.1932	0.8403	0.9657	0.8983
河北	0.8340	0.5347	0.9505	0.9890	0.9961
辽宁	0.8673	0.6634	0.9202	0.9952	0.9906
上海	0.8678	0.6453	0.9568	0.9898	0.9738
江苏	0.9577	0.9147	0.9672	0.9924	0.9748
浙江	0.9862	0.9758	0.9912	0.9917	0.9899
福建	0.9599	0.9666	0.9576	0.9834	0.9152
山东	0.9070	0.7695	0.9527	0.9773	0.9965
广东	0.9442	0.9466	0.9488	0.9773	0.8815
海南	0.8423	0.8694	0.8830	0.8114	0.7630
山西	0.8674	0.6538	0.9565	0.9741	0.9788
吉林	0.9207	0.8661	0.9093	0.9590	0.9922
黑龙江	0.7057	0.7803	0.4874	0.6909	0.9604
安徽	0.8912	0.7250	0.9494	0.9838	0.9830
河南	0.9571	0.9261	0.9514	0.9788	0.9967
江西	0.9106	0.8390	0.9286	0.9831	0.9136
湖北	0.9742	0.9558	0.9938	0.9709	0.9816
湖南	0.9479	0.9055	0.9796	0.9533	0.9689
内蒙古	0.9052	0.7612	0.9728	0.9610	0.9909
广西	0.9652	0.9521	0.9733	0.9573	0.9894
四川	0.9659	0.9457	0.9826	0.9508	0.9998
重庆	0.9702	0.9756	0.9555	0.9668	0.9900
云南	0.9576	0.9389	0.9453	0.9847	0.9756
甘肃	0.9522	0.9546	0.9550	0.9187	0.9932
西藏	0.5330	0.2921	0.4650	0.6488	0.9600

续　表

省份	时间				
	1994—2018	1994—2000	2001—2008	2009—2014	2015—2018
陕西	0.9340	0.9201	0.9018	0.9611	0.9774
贵州	0.7514	0.3484	0.9723	0.8944	0.9563
宁夏	0.9467	0.9317	0.9428	0.9447	0.9866
青海	0.8108	0.4872	0.9278	0.9918	0.9818
新疆	0.7986	0.6372	0.8262	0.8514	0.9938

　　下面进一步从东部、中部和西部三大地区的角度对数字经济企业退出率协调度指数进行分析。通过对比可知，相较于进入率，三大地区数字经济企业退出率的协调度出现小于 0.8 的情形更多。根据图 4-9，从协调度指数均值的大小来看，没有哪个地区的均值一直是最大或最小的，中部地区出现最大值的次数最多，为 12 次；东部地区出现最小值的次数最多，为 15 次。从变动趋势来看，与前面的进入率相同，三大地区均大致呈现波动式上升的趋势。从期初值和期末值的大小来看，1994 年，东部地区均值为 0.5418，中部地区均值为 0.6167，西部地区均值为 0.5815；到了 2018 年，东部地区均值为 0.9738，中部地区均值为 0.9851，西部地区均值为 0.9901。三大地区的期末值都明显大于期初值，且三大地区之间在协调度指数方面的差异也有所缩小。以上结果表明，从相邻省份数字经济企业退出率水平来看，三大地区在期初的差异较大，即地区内不同省份之间在退出率方面差异明显，但到了期末，差异已经明显缩小。

　　综上，从协调度指数的分析结果看，在相邻省份层面，进入率的协调性处于较高水平，而退出率则处于较低水平，这表明相邻省份间，数字经济发展在企业进入方面的模仿性更强。分地区看，所有地区的数字经济企业进入率和退出率协调度都呈现波动式上升趋势，在进入互联网 4.0 时代后，三大地区之间的差异也明显缩小。

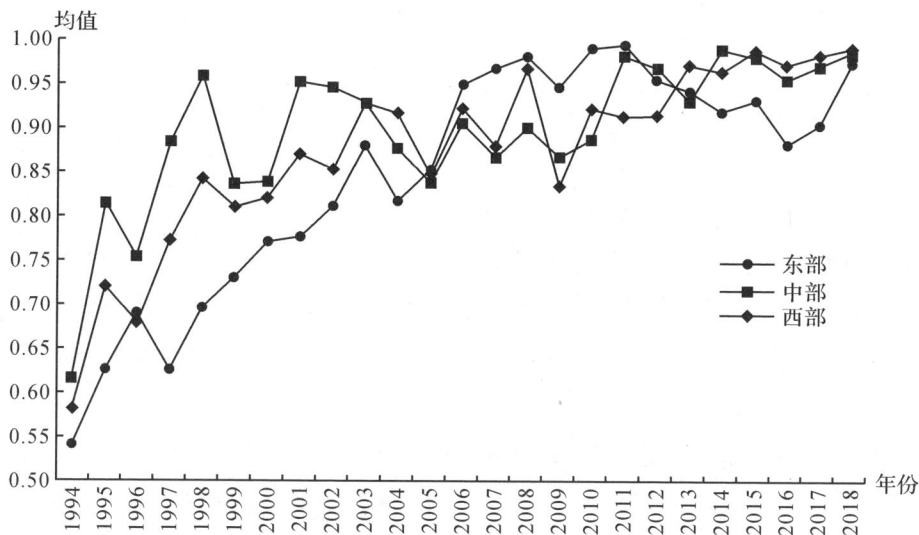

图 4-9　1994—2018 年三大地区数字经济企业退出率协调度指数均值的测算结果

第四节　数字经济发展与经济增长

发展数字经济的主要目的是为经济增长注入新的动力,而经济增长又会相应地反作用于数字经济,给予数字经济更大的发展空间。 下面本章将利用 PVAR 模型,采用 PVAR 模型的动态冲击分析方法,对两者之间的关系进行分析。 在进行 PVAR 模型分析之前,需要先进行一系列相应的检验。

一、相应的检验

首先,对数据的稳定性进行检验,本章采用 IPS、HT 和 Fisher ADF 三种面板数据单位根检验方法,结果如表 4-7 所示。

表 4-7　变量单位根检验结果

	$birth$	$death$	$dgdp$
IPS	0.0000	0.0000	0.0000
HT	0.0000	0.0000	0.0006
Fisher ADF	0.0000	0.0000	0.0000

注:所有单位根检验的原假设为"原数据存在单位根"。汇报的均值单位根检验对应的 P 值。

根据表 4-7,数字经济企业进入率($birth$)、退出率($death$)以及经济增长率($dgdp$)都通过了三种面板数据单位根检验,拒绝了原假设,表明数据都是平稳的。

其次,进行最优滞后阶数检验,最优滞后阶数为所对应的检验值最小的情形。根据表 4-8,3 个 PVAR 模型所对应的最优滞后阶数有差异,其中,数字经济企业进入率与经济增长对应的 PVAR 模型的最优滞后阶数为 3 阶,数字经济企业退出率与经济增长对应的 PVAR 模型的最优滞后阶数为 2 阶。

表 4-8　最优滞后阶数检验结果

$birth\&dgdp$	MBIC	MAIC	MQIC
1	−30.8231***	21.7180	1.2479
2	−14.1534	20.8740	7.2273
3	−14.9551	2.5586***	−4.2648***

$death\&dgdp$	MBIC	MAIC	MQIC
1	−34.6499***	17.8912	−2.5789
2	−30.0808	4.9466	−8.7002***
3	−13.8699	3.6439***	−3.1795

注:＊＊＊表示最优滞后阶数。

最后,进行 Granger 因果关系检验。根据表 4-9 的检验结果,3 个 PVAR 模型对应的 Granger 因果关系也是有差异的,其中,在 10% 的水平上,数字经济企业进入率与经济增长互为 Granger 因果原因,而企业退出率是经济增长的 Granger 因果原因。

表 4-9 Granger 因果关系检验

	结果变量	原假设	自由度	p 值
$birth \& dgdp$	$birth$	$dgdp$ 不是 $birth$ 的 Granger 原因	3	0.0000
	$dgdp$	$birth$ 不是 $dgdp$ 的 Granger 原因	3	0.00
$death \& dgdp$	$death$	$dgdp$ 不是 $death$ 的 Granger 原因	2	0.3370
	$dgdp$	$death$ 不是 $dgdp$ 的 Granger 原因	2	0.0000

二、PVAR 模型分析

首先,分析数字经济企业进入率与经济增长之间的互动关系。 根据图 4-10,就冲击对自身的影响而言,无论是数字经济企业进入率冲击,还是经济增长冲击,都将导致自身以向上波动为主,且影响都是显著的,数字经济企业进入率在第 7 期左右进入向下波动过程,而经济增长则在第 2 期之后进入向上波动过程,两者在考察期内均未收敛至均衡值,其中,数字经济企业进入率的波动幅度更大一些。 该结果表明,数字经济企业进入率和经济增长变动都具有较强的惯性。

进一步分析数字经济企业进入率与经济增长之间的互动关系。 根据图 4-10,数字经济企业进入率冲击将导致经济增长始终保持向上波动,且影响是显著的,在考察期内未收敛至均衡值。 与之不同,经济增长冲击将导致数字经济进入率始终保持向下波动,且在第 4 期之前影响是显著的,在考察期内同样未收敛至均衡值。 从影响幅度来看,数字经济企业进入率冲击对经济增长的影响幅度更大一些。 上述结果表明,提高数字经济企业进入率有助于推动经济增长,且这种推动作用具有持续性。 然而,经济增长却会对数字经济企业进入率产生相对短暂的负面影响。 总体来看,提高数字经济企业进入率对经济增长的推动作用更大一些。

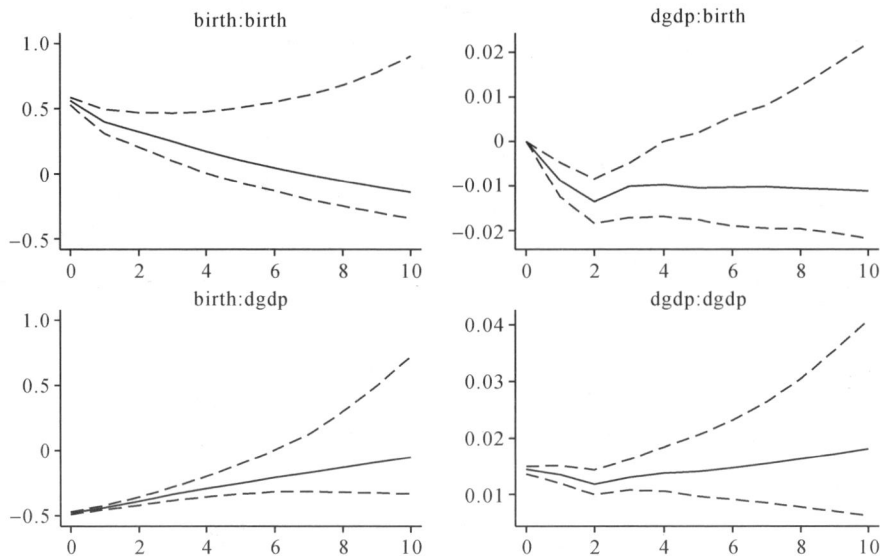

图 4-10　数字经济企业进入率与经济增长情形①

　　其次，分析数字经济企业退出率与经济增长之间的互动关系。 根据图 4-11，就冲击对自身的影响而言，无论是数字经济企业退出率冲击，还是经济增长冲击，都将导致自身始终保持向下波动，且影响都是显著的，两者在考察期内均未收敛至均衡值，其中，数字经济企业退出率的波动幅度更大一些。 该结果表明，和数字经济企业进入率一样，数字经济企业退出率具有较强的惯性。

　　进一步分析数字经济企业退出率与经济增长之间的互动关系。 根据图 4-11，数字经济企业退出率冲击同样将导致经济增长始终保持向上波动，且影响是显著的，在考察期内未收敛至均衡值。 与之相似，经济增长冲击将导致数字经济进入率始终保持向上波动，但影响并不显著，在考察期内同样未收敛至均衡值。 从影响幅度来看，数字经济企业退出率冲击对经济增长的影响幅度更大一些。 上述结果表明，提高数字经济企业退出率，有助于推动经济增长，且推动作用具有持续性。 同时，经济增长也会提高数字经济企业退出率。 总体来看，提高数字经济企业退出率对经济增长的推动作用更大一些。

―――――――――――

　　①　虚线对应冲击的 95% 置信区间。图 4-11 同。

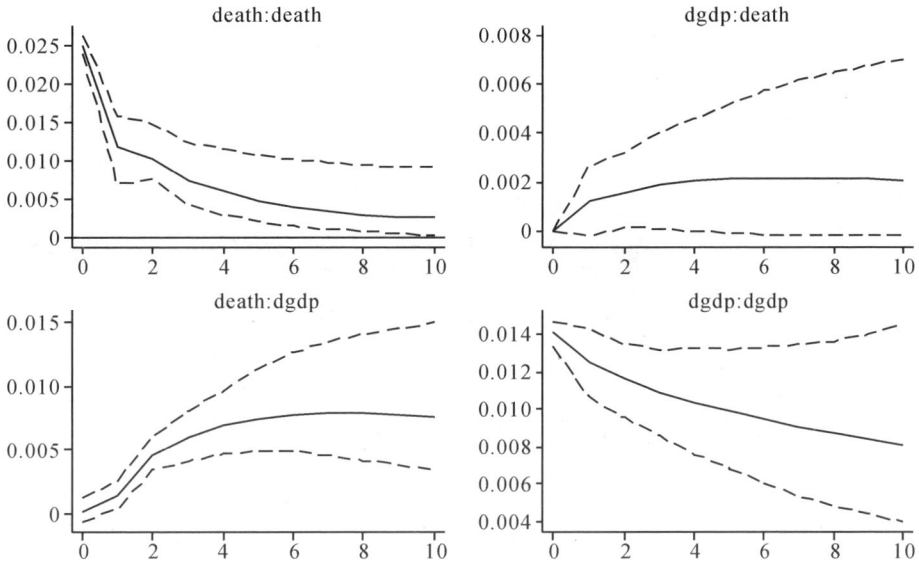

图 4-11　数字经济企业退出率与经济增长情形

　　综上，从 PVAR 模型的分析结果看，无论是提高数字经济企业进入率，还是提高数字经济企业退出率，都将有助于推动经济增长，从而肯定了数字经济发展对经济增长的带动作用。 提高数字经济企业进入率主要通过增强市场竞争的渠道推动经济增长，而提高数字经济企业退出率则主要是通过淘汰落后产能的渠道推动经济增长，两者都有助于形成一个有序竞争的市场环境。 与此同时，分析结果还表明，为了实现经济增长，数字经济企业的退出率不能以高于进入率的速度变动，这会降低推动作用的显著性。 因此，比较合理的发展方案是保持数字经济进入和退出渠道的畅通，并重点鼓励企业进入。

5

第五章 技术标准:数字经济的隐形基础设施

第一节 问题的感悟

一、中国产业转型升级的困境根源何在?

越来越多研究中国产业转型升级的学者认识到由知识产权标准化、专利许可、专利池/专利联盟(Patent Pool)等形成的"技术专利化、专利标准化、标准许可化"的国际技术标准控制格局是转型升级的根本困境,也是国内许多企业进入新兴产业却仍做低端环节的"伪升级"现象之根源。 技术标准(Technology Standards)不仅是当代最高级的竞争手段,而且是全球竞争对象,具有巨大的战略价值。 只有参与乃至掌握产业技术标准,才能实现真正的产业升级。 这也是国家提出"自主创新战略"的意义所在。 要落实"自主创新"战略,若囿于国际巨头掌控的技术标准规范则永无成功之日。 中国近年也有移动通信的 CDMA2000、WCDMA 和 TD-SCDMA 3G 标准竞争,数字电视的 DMB-T、ADTB-T 及 TiMi 标准竞争,及中国 WAPI 参与国际标准竞争失利等围绕市场主流地位或主导设计地位的争夺。 浙江省是国内最早面临产业转型升级需要、最早提出产业升级战略任务,同时也是最早遭遇转型升级瓶颈的省份，2003 年以来大力推进"传统产业改造提升行动计划"和"先进制造业基地建设"战略，但目前传统产业仍普遍"低端锁定"，新兴产业技术层次不高、自主知识产权缺乏，企业普遍仍"想不到，做不了，卖不出"，例如不少数控机床核心元组件、关键技术基本由国外掌握；但新机会也在涌现，如新能源电动汽车尚未形成国际标准，永康众泰汽车若得人才、资本、技术支撑，并与国内外厂商结成标准联盟，或可争得该战略性新兴产业制高点，分享市场话语权。

二、泛网络化条件下国际产业竞争趋势如何？

随着知识经济的形成及其向传统产业的渗透、融合，许多产业的技术复杂程度越来越高。要之，当代产业发展的一个长期趋势是：产业不断网络化、系统化。随着新兴产业乃至传统产业的技术复杂性不断提升，产业不断分解的同时，也在不断融合，产业内部及产业间的技术关联性越来越紧密，这使得 TCT 等知识性产业之外的一般传统行业也具备了一定的网络效应/网络外部性（Network Externality），成为技术性产品则一旦取得市场主流地位或成为主导性设计（Dominant Design），就会获得"赢家通吃者"（Winner-Take-all）的竞争优势。所谓网络效应/网络外部性，就是指一个用户消费一种产品所获得的效用，随着该产品及其兼容产品的消费者数量增加而上升的一种产业现象。高技术产业特别是 ICT 产业往往被称为网络（性）产业，取得市场主流地位或成为主导设计的技术范式就被称为网络/技术标准。网络标准主要是事实标准，政府介入并非必要，但可发挥重要作用。发达国家以这种专利化的私有专属标准掌控全球价值网治理权，形成比 TBT 协议、质量、安全、绿色/环保等标准更隐蔽更强大的新竞争手段，也是限制发展中国家产业升级、进入国际分工体系高端环节的制胜武器。20 世纪 80 年代以来，各国纷纷把标准竞争战略作为国家、企业参与国际竞争的突破点和重要策略，欧美、日本等发达国家制定了"控制型""控制—争夺型""争夺型"等国际标准经营策略，一些新兴国家则提出"追赶、跨越式"标准经营策略。

第二节　技术标准的内涵及特性

一、技术标准的内涵

广义上，任何类型的一组技术性规范都属于"标准"，即技术规范（Technology Norm）。广义标准可分为两类：一类是用来降低交易成本的规则设计，比如法律制度等，①这类标准具有纯公共品的性质；另一类是在实体上具有经济外部性的规则设计，即技术标准，这类标准具有准私人物品的性质。前者具有非排他性和非竞争性，而后者只具有非竞争性而不具有非排他性。"技术标准"之所以具有排他性，乃在于前述的"技术专利化、专利标准化、标准许可化"以及具体的加密等技术手段。尽管这两类规范/标准的使用过程都具有公共特征，为社会共同使用且使用者越多则效率越高，但技术标准因其归属界定和保护的交易效率更高，可得到第三方（法庭）的有效证实和裁决执行，因而可以经由专利制度而获得排他性。2010年，腾讯公司发起的针对360的联合行动（3Q之争）表明，借助技术本身的兼容机制和理性消费者的"自我选择"（Self-select），企业可以自己保护其权益；或可诉诸法律，而且相关行为是第三方（法庭）可证实和可执行的。因此，技术标准往往由私人企业发起，甚至无发起人而由市场自发竞争即可形成"事实标准"。

自"技术标准"这一新型标准形态出现之日起，学者们就开始关注这种特殊产业现象与以往产业中的各类技术规范的类型关系。一个最基本的区分是网络标准和非网络标准，即可兼容标准和质量标准；David把广义标准形态（NORM）划分为兼容/界面标准、最低质量/质量差别标准、减少多样性和信息标准。Swann（2000）归纳了每一类NORM的积极、消极影响（见表5-1）；按照形成方式又可分为有发起人的和无发起人的；按照法制程度分为

---

① Adams(1996)认为，"最好把许多社会和法律规范理解为带有网络外部性的标准"。

事实标准和正式标准;按照执行强度分为强制性标准和自愿标准;按照排他性权限分为专属标准和非专属标准。 技术标准(Technology Standards)主要是事实标准、专属标准,即使有发起人也往往是民间组织或领先企业,政府介入并非必要(当然,适度介入可加速标准形成,减少社会资源浪费①)。

表 5-1 标准类型与标准效应

标准类型	积极效应	消极效应
兼容/界面标准	网络外部性	垄断、安全性
最低质量/质量差别标准	矫正格雷欣法则、降低交易成本	规制俘虏、提高竞争者成本
减少多样性和信息标准	规模经济、便于建立临界规模、方便交易、降低交易成本	减少选择、规制俘虏

资料来源:Swann,G. P.(2000)。

技术标准实质是产业的技术基础或技术范式(Technology Paradigm),是网络产业中不同技术轨道和“格式系统”(Forming Systems)竞争的均衡结果。 作为网络产业的特定概念,技术标准不同于“以简化为手段,以统一为目的”的传统标准。 事实上,技术标准竞争作为产业组织理论的一个重要研究领域已有 20 余年的开拓历程。 David 通过对 QWERTY 键盘的经典案例研究,证实网络效应导致消费者因为高昂的转换成本(Switching Costs)而被锁定(Lock-in)在非最优技术上。 Katz 和 Shapiro(1985)正式定义了网络外部性,并进一步区分了直接(Direct)网络外部性和间接(Indirect)网络外部性,前者被称为水平网络/实体网络,后者被称为垂直网络/虚拟网络;前者是消费者之间必须共同连通才能使用的同一产品,后者即(复杂)系统/组合产品,是指有很强互补性的(Complementary)产品之间在同一个界面相互作用,从而构成“硬件/软件系统”②;就网络性来源而言,前者主要是需求方规模经济,后者主要是供给方规模经济。 Metcalfe(2014)将“需求方规模经济”概念正式化为网络总价值函数 $V = n^2$。

---

① 一旦市场上已自发形成事实标准,政府再介入就不仅不必要而且有害;若政府发起制定正式法定标准,也应基于市场选择,否则就缺乏自我实施(Self-enforced)的基础。

② 指具有紧密垂直联系的产品或严格互补的产品,如充电电池之于电动汽车、影碟之于 DVD 播放机,录像带之于录像机,用户操作经验之于电脑键盘,3D 电影之于 3D 播放器。

二、技术标准的特性[①]

1. 倾覆性。 标准形成之前多种技术轨道并存，市场结构呈"GO"格局，但对于网络性产业来说，不兼容产品共存状态绝非稳定均衡，必将发生技术竞争；对于社会福利来说，造成事前交易费用。 一旦某一技术安装基础/客户规模达至临界点[②]，则很快发生市场倾覆（Overturning），该技术成为主导设计或占据市场支配地位的主流技术（从而减少事后交易费用），出现创新扩散、用户采纳"逆转"现象，即"压倒一切"（Overwhelming），如美、日主导的两种有线电视视频程序，最终一种技术会完全战胜对方，可解释为类似自然垄断的超大规模经济（含动态学习效应）或成本弱增性，包括需求方规模经济和供给方规模经济。 "倾覆性"意味着，对于水平网络来说，消费者预期和理性选择极其关键，企业之所以成功仅仅是因为"消费者预期它会成功"；对于垂直网络来说，则取决于互补品供应商对该企业未来销售量也即该技术市场前景的预期。 企业可通过渗透定价、免费试用等营销手段和战略联盟等策略抢在竞争者之前达到"临界规模"，促使市场预期发挥倾覆性功能；还有提前进行产品预告等策略，可诱导消费者对本企业网络规模的预期，至少可推迟其对对手产品的购买决策，如视频标准竞争中 DIVX 针对 DVD 的提前预告。 概言之，消费者购买决策或配套企业的兼容/不兼容策略，不取决于该企业现有/累积的销售量，而取决于市场对其未来销售量的主导性预期（Dominating Expectations），处于临界点上的边际消费者/企业将成为关键参与人。 "自我实现的预言"（Self-fulfilling Prophesy）是网络经济中正反馈机制运作的基础，但这一多边序贯博弈的动态均衡机制和市场过程可能导致差技术战胜好技术，对社会福利来说并非最优终局。

---

① 干春晖：《企业策略性行为研究》，经济管理出版社 2005 年版。

② 临界规模/临界点是创新采纳/技术扩散中"逻辑曲线"的关键，其内在形成机制有"消费者异质性"机制和"消费者学习"机制，后者有学习模型或传染病模型等，典型的如 Bass（1969）模型族，以及 Mansfield 模型（或 Blackman/Fisher-Pry 模型）（1968，1977，1993），Rosenberg（1972），Rogers E M（1983，1995），Mahajan V et al（1986，1990），Geroski（2000），Nelson et al（2002）David（2003）等。Golder，P. N. & Tellis，G. J.（1997）称临界点为"起飞"。

2."锁定性"(Lock-in)或继承性。 网络技术标准均具有路径依赖(Path Dependence)特性,其具体机制可描述为:最初一个偶然因素导致某个选择,而该选择一旦被做出,就根本性地改变了决策主体的约束条件,使其下一步的决策受到方向上的限制,做出的决策受到上一期决策的间接制约。以此类推,在时间序列上形成一个"轨迹决策",构成所谓的"路径"。 因此,从动态演化来看,技术标准的市场均衡结果往往难以用消费者偏好和产品技术优势解释,而要追溯产业形成早期时该市场中用户技术采纳的形态。由于购买或兼容决策对于消费者/互补厂商而言是一种沉没投资,他们实际是在进行加入一个联盟的可置信承诺(Credible Commitment),必然希望后续产品能够与现有产品兼容,或者说,消费者被高昂的转换成本(Switching Costs)所锁定。 FM技术出现后,AM用户一时很难转向FM,而消费者/互补厂商对这类转换困境的预期恶化将使得市场预期更大地影响其当前决策,从而阻碍标准形成过程的社会效率。 此外,这一技术规范具有沿既定技术轨道不断升级的特性,是其路径依赖性的另一特征。

第三节 技术标准的研究态势

在早期研究基础上,技术标准研究呈现出两大类问题导向的研究传统,形成当前分别以两大类问题导向的研究取向:一是标准效应问题,主要是技术标准在宏观层面上的社会福利效应、对产业国际竞争力作用如何,特别是公共政策可以如何促使标准竞争结果接近社会最优;二是标准竞争问题,主要是微观层面上(也涉及国家战略)技术标准如何形成,特别是企业如何打赢"标准战"并利用标准控制建立竞争优势。 重要议题包括:如何把握技术标准形成的关键因素并构建成功的战略系统和经营策略,如 Shapiro 和 Varian 提出决定标准竞争胜利有七种要素,即"对用户安装基础(指已有客户规模)控制、知识产权、创新能力、先发优势、生产能力、互补产品的力量、品牌和声誉"①；水平网络中的需求管理（消费者预期管理、渗透定价、消费者联盟、用户参与创新）；垂直网络中的供给管理（标准联盟、渗透定价、模块化、兼容性选择等）；政府则可通过补贴（Subsidy）等手段干预市场预期和自由理性选择。 相对而言，第一类问题研究较为丰富成熟，第二类研究在系统化、可操作性以及正式化方面尚待更多实证和理论挖掘，并将融合知识管理、领先用户、民主化创新等研究成果。

一、技术标准的社会效应

标准是提高社会效率的经济机理，标准化减少了用户寻找和协调的成本，避免了过度惰性（Excess Inertia），对交易成本、专业化、劳动分工、技术引进及其扩散率都会产生长期的重要影响，是国家创新系统的重要组成部分。 但市场选择技术具有偶然性，可能因"小事件"而锁定在某种技术上，而这一技术未必效率最优。 因此，消费者分散的自利决策最终可能导致集体无效率，且标准一旦形成，消费者因转换成本太高而拒绝接受新的更优技术，这一成本既有学习代价、经济损失等，也有"潮流风险"。 技术标准因减少供应商和用户的不确定性而节约交易成本。 政府可以通过影响产品客户需求以及标准的数量和开放程度，从而影响标准的市场选择；从技术标准的跨国福利效应看，政府若作为跟随者而发起不兼容标准是不理性的。 Shy（2013）证明在消费者偏好呈网络外部性的情况下，两国互认对方的标准是帕累托改进的。

国内学者更关心标准对中国等后发国家产业国际竞争力的影响，金雪军（2006）等首次提出把建设技术标准体系作为提升产业国际竞争力的重要战略途径；熊红星（2006）介绍了网络效应下标准竞争特点及公共政策问题；毛丰付（2010）研究得出标准形态演变由主导参与人决定，并提出相应的竞争政策启示，以及主导性预期在标准联盟形成中的作用及其福利效应；赵英（2008）则研究了中国制造业技术标准与提升国际竞争力的关系；史晋川和吴

---

① Carl Shapiro and Hal R. Varian. The Art of Standards Wars [J]. California Management Review，1999(18)：8-32.

意云归纳了兼容性标准与新技术采纳、R&D 策略的关系；吴文华（2009）系统研究了高技术企业技术标准联盟的治理结构和机制。 近年来，国内标准案例研究如移动通信 TD-SCDMA、EVD、数字电视、闪联标准（IGRS 标准）、EOS 等，以及标准锁定、竞争壁垒、反垄断政策等也受到持续关注。

二、技术标准的企业竞争

水平网络中消费者事前无法充分交流信息而分散决策，而个体决策又是相互依赖或策略互补（Strategic Complements）的，即个人决策取决于他人决策并成为他人决策的约束条件，从而形成网络效应和小事件的蝴蝶效应（Butterfly Effect）。 因此，水平网络的标准竞争主要是管理需求预期，引导市场主流预期（Dominating Expectations）尽快形成，抢先到达临界客户规模至为关键。 Farrell 和 Shah(2003)的研究就主要侧重于需求方面，先行/领先企业的战略问题是如何协调用户预期以尽早形成事实标准，而替代/挑战者的问题是如何突破转换成本造成的消费者"惰性"。 需求预期管理的时间选择博弈之极端形式是"消耗战"，促成预期改变的方法是产品预告、渗透定价、用户信息交流、用户参与创新、消费者联盟、政府补贴等。 Bertrand 探讨了网络技术标准化究竟是市场（竞争）自发过程，还是企业间合作策略的结果。 Funk 分析了移动电话产业中技术与标准设置方式之间的共同演化过程，为企业标准竞争战略提供了一个基于技术发展的权变策略视角。

垂直网络标准竞争主要是管理供给预期，相关企业主要决策是兼容/非兼容问题，即选择标准内竞争还是标准间（替代）竞争。 Katz 和 Shapiro（1985）研究了领先/发起人企业的渗透定价和兼容性选择，领先企业的技术兼容性对标准形成至关重要，是技术标准形成过程中的关键因素之一，可采取技术/产业联盟、转移支付激励等方式鼓励跟随者合作；而替代挑战者的兼容策略风险小，利润也小，非兼容策略风险大，但一旦成功收益无穷。 Besen 和 Farrell 提出一个"标准战模型"讨论跟随者/挑战者与领先者之间的博弈关系，发起者第一时间建立安装基础至为关键，挑战者则可以渗透定价突破其网络锁定，二者时间选择博弈的极端情形是先占权博弈。 近年来，垂直网络研究转向系统组合产品间配套协作。 Choi et al（1989）研究指出，大多数跨国公司通过组建合资企业提高发展中国家对技术兼容的兴趣，促进技术标准普及，从而赢得技术标准竞争优势。企业通过与零部件供应商合作及互补性资产供给，可获取长期的先行者优势。除了产品市场需求等因素外，技术市场也是标准竞争的关键，存在投机倾向的企业越来越倾向于采用专利陷阱战略，即将企业专利嵌入技术标准中，一旦标准被采纳并广泛使用，专利持有者就可用排他性权利占有市场份额，或者向竞争对手收取专利许可费牟利。Lee 等（2008）提出参与者网络理论（Actor-Network Theory，ANT）对组建技术联盟的借鉴作用，认为中国 WAPI 技术未能成为国际标准的主要原因，就在于技术开放程度不足。总之，技术系统标准化过程将导致企业间竞争与合作的动态平衡。[①]

表 5-2 水平/垂直网络产业技术标准竞争战略的比较

比较项目	水平网络	垂直网络
网络节点（主体）	消费者之间	供给者之间
网络形态	实体	虚拟
网络结构	横向连接	纵向连接
网络性特征	直接外部性	间接外部性
网络效应源泉	需求方规模经济	供给方规模经济
战略管理侧重点	需求方	供给方
"临界点"预期管理	消费者主流预期	互补厂商主流预期
网络联盟	用户联盟（消费者团体）	产业联盟（相关企业战略联盟）
战略关键词	营销传播（领先用户、安装基础）	设计规则（兼容、界面、接口）

资料来源：作者对相关文献运用文本分析法整理而得。

在垂直网络方面，模块化（Modularity）及其设计规则（Design Rule）也是研究焦点。Simon（1962）最早提出"模块化"概念，Pine II 对各类模块化方式进行分类，并分析其对大规模定制（Mass Customization）的意义；Baldwin 和 Clark 通过"IBM System/360 计算机"案例指出，模块化是一种组

---

① Marc Van Wegberg. Standardization Process of Systems Technologies：Creating a Balance between Competition and Cooperation［J］. Technology Analysis & Strategic Management，2004，(16)4：457-478.

织复杂产品和过程的有效战略;Aoki 把模块化作为一种新组织模式及产业结构的新本质;Sanchez 和 Mahoney(1996)认为,由于提前定义了模块间界面规范,可并行研发各模块以缩短研发时间,因此模块化是强有力的设计范式(Design Paradigm);Langlois 和 Raberstor(1992)则认为,模块化会使原本依靠经理人的协调机制被明晰的界面规则替代,"钱德勒型"模式转向模块化网络模式;Sturgeon 更将美国电子制造业 20 世纪 90 年代的复兴归功于"模块化生产网络(Modular Production Networks)";模块化需要彻底改变传统产品概念,把产品定义为一套复合功能组合和用户问题解决方案,按照功能—结构对产品分解、组合,分析了模块化"设计规则"的效率条件,即设计规则必须使分解后分工专业化经济大于引致的交易费用。①

第四节　未来展望:一个新的研究拓展空间

标准是产业发展的秩序和规则。 由于信息技术的先导性、基础性和渗透性,信息交换、处理技术正影响着个人、组织及社会之间的关系,使整个产业结构发生根本性变革,故网络技术标准成为推动传统产业升级、提升国际竞争力的重要动力,也是各国争夺产业发展"控制权"和"话语权"的焦点所在。 对于中国这样一个后发大国而言,建立自主产业技术标准有极其特殊的意义。 一方面,在复杂动态的系统化经济中,产业标准生产者在产业竞争中居于垄断和支配地位,而后发者作为被动接受者居于被支配地位,无法享受到应有利益和基本发展权利;另一方面,中国如仅将优势集中在低端制造环节,不仅利润空间有限,而且必然阻滞粗放式增长方式转变。 然而,目前的主流研究大多以先发国家为研究对象,很少有对后发国家标准崛起的研究。从近年我国信息产业 3G 标准、新能源电动汽车、安全软件兼容战(3Q 之

---

① Lou,Zhao-hui,et al. The Analysis of Economic Efficiency of Modularity "Design Rules". The International Conference on E-Product,E-Service and E-Entertainment, ICEEE2010(EI compendex).

争）等问题中都可发现全球产业链的标准控制机制以及事实标准的产业自我规制功能之端倪。 这些实践提供了在后发大国情境（即市场一体化程度和规范化程度低、自主创新能力弱等因素）下，分析总结后发国家技术标准战略的研究空间。

立足后发国家参与国际分工和竞争的现实情境，不仅可拓展一个重要理论空间，即全球价值链中后进者构建兼容性乃至替代性自主标准的战略行为机理及策略选择；而且为中国当前转型升级提供了一个新视角、新途径，即通过企业、政府等协同参与标准的国际竞争，突破国际技术控制，掌握产业话语权和制高点，推动产业升级和国际竞争力。 全球价值网（GVN）中有四种升级方式①：工艺流程升级（Process Upgrading）、产品升级（Product Upgrading）、功能升级（Functional Upgrading）、跨产业升级（Inter-sector Upgrading），如图 5-1②。 应基于资源—能力—知识基础，挖掘中国本土情境和制度环境下四类升级路径中企业参与国际标准竞争的有效战略行为机制、经营战略，识别后发国家企业参与标准竞争的主要权变策略，如策略性 R&D（设计规则、技术储备等）、市场先行开发策略（新产品扩散、预期干预策略、联盟）、技术兼容/替代策略（接口—界面规则）、柔性敏捷制造策略（模块化设计和制造、大规模定制）、突破临界点的渗透定价及促销策略等。

总之，针对全球价值网（GVN）中技术标准的形成—演化机制及其对后进入者的控制机制，从战略管理视角研究其对偶问题，即后进企业构建兼容性乃至替代性自有标准的战略机制及经营策略，具有重要的现实意义和理论意义。 特别是，后发国家的制度环境（市场一体化程度和规范化程度）和技术条件（自主创新能力和国家创新系统）如何对企业知识—资源基础与企业标准战略绩效之间的关系起调节作用，并通过企业参与标准竞争的策略性行为促进产业升级转型。 有意义的研究主题尚待进一步开拓，如事实标准的产业

————————

① Humphrey，J. and Schmitz，H.. Governance and Upgrading：Linking Industrial Cluster and Global Value Chain[R]. Brighton：IDS Working Paper，No. 120，2000，24.

② 作者在微笑曲线的简化形式上改造绘制。左右两个微笑曲线代表向上下游及旁侧的跨产业升级。

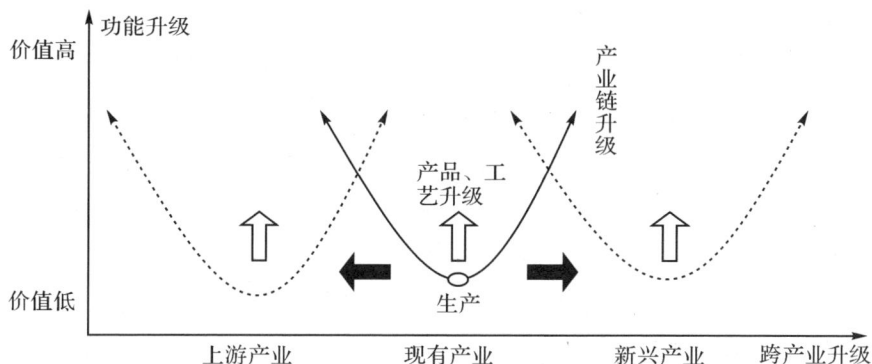

图 5-1 企业升级的四大路径

自我规制功能及技术兼容作为一种多边声誉机制和多边惩罚机制的运作机理；标准拥有者在产业链中的市场势力及其纵向控制能力；技术标准导致的进入壁垒与动态租（Dynamic Rents）①；标准联盟的治理结构与机制及其系统效率；政府介入标准形成的时机和方式选择等。

第五节　本章小结

数字经济作为构建信息时代国家竞争新优势的先导力量，为优化产业结构、促进高质量发展提供了新动能。现有的研究主要使用宏观层面数据展开对数字经济的测度和分析，本章则基于企业微观数据，筛选出合适的符合数字经济发展特征的企业数据，通过处理后得到各省数字经济进入率和退出率指标，以此衡量数字经济发展程度，揭示中国数字经济的演变过程。同时，本章还进一步利用上述数字经济指标，检验了数字经济发展与经济增长之间的关系，得到的主要结论如下。

---

① "动态租"原指价值链高端环节在位者拥有的可动态累积的优势，此处用来引申表达标准的路径依赖性（继承性）所导致的"强者愈强"效果。原出处参见 Kaplinsky, R. Spreading the Gains from Globalization：What can be learned From Value Chain Analysis? [R]. Institute of Development Sdudies，IDS Working Paper，2000.

第一，从数字经济发展的基本情况来看，通过对数字经济企业进入率和退出率的基本分析，数字经济的进入率明显高于退出率，但各省之间差异明显，说明数字经济处于不平衡且快速发展阶段。 在互联网不同发展时代也存在一些差异：互联网 3.0 时代，以进入率高增速为特征；互联网其他三个时代，则都是以退出率高增速为特征。 分地区看，东部地区属于退出率更高的地区，而中部地区属于进入率更高的地区，说明东部地区的竞争更激烈，中部地区的活力更充足。

第二，从数字经济发展的区域差异性来看，进入率的区域差异有所缩小，主因是地区内差异有所缩小；退出率的区域差异有所增加，主因是地区间差异有所增加。 从分地区看，就进入率的区域差异而言，早期西部地区主导，后期东部地区主导；就退出率的区域差异而言，早期东部地区主导，后期中部地区主导。 从数字经济发展的区域协调性来看，在相邻省份层面，进入率的协调性处于较高水平，而退出率则处于较低水平，表明相邻省份间数字经济发展在企业进入方面的模仿性更强。

第三，从数字经济与经济增长的关系来看，无论是提高数字经济企业进入率，还是提高数字经济企业退出率，都将有助于推动经济增长，从而肯定了数字经济发展对经济增长的带动作用。 提高企业进入率主要通过增强市场竞争的渠道推动经济增长，而提高企业退出率则主要是通过淘汰落后产能的渠道推动经济增长，两者都有助于形成一个有序竞争的市场环境。 与此同时，分析结果还表明，为了实现经济增长，数字经济企业的退出率不能以高于进入率的速度变动，这会降低推动作用的显著性。

根据以上结论，推动下一步数字经济发展需要注意以下两个方面。 一方面，继续发挥市场机制的调节作用。 市场机制对数字经济企业的调节主要体现在保持较高的市场竞争程度，保证企业进入和退出决策主要是根据自身情况制定的。 较高的市场竞争程度，有助于提升数字经济企业的实力，推动中国数字经济量质齐升。 根据本章的分析结果，较高的市场竞争程度也是推动经济增长的因素。 另一方面，推动实施区域数字经济协调发展战略。 目前，经济发展程度较高的地区，数字经济发展较快，而经济发展程度较低的地区，数字经济发展较慢。 这种差距有助于形成差异化合作局面，前者为后者提供更新的技术，而后者为前者提供丰富的生产资料，但也可能形成核心—外围局面，而为了避免这一结果，就需要借鉴区域经济协调发展的思路。 组织构建相应的协调机构，鼓励并支持数字经济发展较快的地区与发展较慢的地区展开区域合作，在国内经济一体化的背景下形成优势互补的格局，并支持发展较慢的地区进行更多的技术投资。 在这一过程中，既需要市场机制对发展较快地区发挥激励作用，也需要政府机制对发展较慢地区发挥扶持作用，努力形成区域数字经济协调发展的局面。

6

第六章 ICT 产业标准竞争：国家利益的维护

在全球化和信息化的背景下和全球一体化的网络结构下，全球产业链中标准的巨大利益和作用凸现出来，成为众多企业乃至各个国家瞩目的焦点。产业标准是中国完善产业体系、维护产业利益、实现产业升级转型的重要工具。 从 20 世纪末开始，中国企业在高新技术产业，特别是 ICT（信息通信技术）产业，与发达国家企业的冲突越来越激烈：3C、6C 联盟向国内企业索取专利费，导致国内许多家电企业的出口产品被扣押，直至企业转产、停产；思科起诉华为，意图封杀其北美市场；美国政府多位高官共同出面与其国内企业联手阻击中国提出的 WAPI（无线局域网）标准；等等。 相关领域的竞争已经远远超出了单一的技术优劣和企业经济利润的厚薄，涉及技术、经济、政治等诸多方面。 此外，由于先导性、渗透性和网络外部性这三大特点，在信息技术产业中取得标准制定权至关重要，标准背后的争斗隐含着对经济霸权的争夺和国家利益的维护。 本章的目的在于，说明这种技术标准的竞争升级、复杂化的原因和我们应该采取的相应对策。

第一节 网络条件下的标准

技术标准内生于技术，是一个社会用来对技术进行编码（Codify）的方式。 每个时代都有自己的技术标准，每个时代的技术标准都会趋向当时技术上最适宜和最为文化所接受的标准。 农业时代的"车同轨、书同文"和度量衡成为重要的社会标准，工业时代的动力机械构造的相似性成为重要标准，而在信息时代，联通和兼容是最重要的社会技术标准。 按照 David（1987）的经典分类，标准问题可以归结为四类，分别是兼容/界面标准、最低质量/质量差别标准、减少多样性的标准和信息标准（披露）。 一般国际贸易中的技术壁垒多属于第二种。 但是在近几十年的国际竞争中，ICT 产业兼容/界面标准却变得越来越重要。

　　网络条件下标准的重要性可以从两个方面来看。 从横向角度看，网络的有效运行，需要网络中各个组成部分之间的协调配合。 因此，网络间的通信和兼容成为首要条件，保证通信与兼容得以实现的标准至关重要。 这种标准可以是技术上的，比如互联网中的 TCP/IP 协议，也可以是社会的，比如使用同一种语言的人可以组成一个语言网络，在这个语言网络中所用的语言就是一种标准。 随着互联网的出现和迅速普及，人们对自己置身的网络环境有了更深刻的理解。 不仅"信息技术产业，逐渐围绕着互联网而组织，成为整个经济新技术与管理专业知识的来源"，而且网络已经成为经济（以及整个社会）的组织形态。 在网络条件下，为了利用和享受网络带来的好处，必须主动或者被动地接受网络的标准。 较大的网络会带来更多的利益，从而吸引更多的使用者壮大网络，这种正反馈机制会使有一点初始优势的网络在竞争中迅速获胜，最终成为压倒性（甚至唯一）的网络。 这个网络的标准也成为所有参与者必须接受的准则。 从纵向角度看，网络的动态性、复杂性和快速变化导致模块化生产方式的产生。 模块化设计原则首先产生于计算机行业，是为解决复杂的巨系统实现而提出的。 被模块化设计的系统（产品）功能由许多子系统协调工作来完成，这些子系统内部结构既相互独立，又遵循一定的规则彼此联系。 因此，生产链条往往纵向延伸，消费者面对的常常是一组互补产品组成的系统产品。 在这种互补性强的纵向产业结构中，保证互补品之间能够协调工作的协议（界面、平台标准）的作用至关重要。 20 世纪后半叶，国际生产领域以微软和英特尔为代表的"温特制"（Wintel）生产方式就是以模块化为基础，利用自己的高技术和强大信息网络的优势，"以产品标准和商业游戏规则为核心，整合、控制全球资源"。

标准是产业发展的秩序和规则，这一点在信息时代表现得尤为突出。 由于信息技术的先导性、基础性和渗透性，信息交换与处理技术的变化正影响着个人、组织及社会之间的关系，进而使整个产业结构发生根本性的变革（青木昌彦，2006）。 信息技术产业因而成为推动传统产业升级、提升国家工业化水平的重要动力，也是各国争夺产业发展"控制权"和"话语权"的焦点所在（国家发展和改革委员会宏观经济研究院课题组，2009）。 因此，信息技术产业标准竞争在整个产业系统的竞争中处于核心位置。 对于中国这样一个后发大国来说，建立自己的产业标准具有极为特殊的重要意义。 一方面，中国作为发展中国家，在世界产业标准竞争的格局中处于后发和跟随的地位。在产业竞争环境里，产业标准的先行者即意味着在产业竞争中居于垄断和支配地位，而后发者则是标准的接受者（Maskus，Otsuki，Wilson，2004），居于被支配地位，无法享受到应得的产业利益和产业发展的基本权利。 另一方面，作为一个大国，中国又必然要求有相对独立完善的产业体系。 如果仅将自己的优势集中于产业低端的制造加工，世界上既无足够多的资源满足中国企业的进口需要，也无足够大的市场满足中国企业的销售需要。 这种后发大国的产业困境要求中国必须发展自己的产业体系和产业标准，必须在产业竞争舞台上占据相应的一席之地，这就对后发产业标准崛起提出了要求。

然而，由于历史的原因，目前的主流经济理论研究大多是以先发国家为研究对象，很少见到对后发国家产业标准崛起的研究。 不过，在现实的产业实践中，在过去的十年时间里，中国一直在上演着产业标准竞争的悲喜剧，这些标准竞争中的努力实践，为我们提供了总结和研究后发国家产业标准崛起的机会。 国内已经有不少学者以中国发生的标准战为对象进行了研究，比如对 TD-SCDMA（余江等，2004；谭劲松、林润辉，2006；唐晓华、杨灵，2009）、EVD（谢伟，2005）、数字电视（李纪珍，2003）又称 IGRS 标准、闪联标准（薛卫、雷家骕，2008）、EOS（张米尔、游洋，2009）等标准竞争案例进行的剖析。

第二节 产业标准崛起机制与竞争特点

一、产业标准的演进途径与驱动力量

按照 Krechmer（2000）的说法，在人类发展的不同时期，标准也经历了不同的历史范式转变：在农业时代，标准的作用是计量单位和参照；在工业化时代，标准的作用是为机械耦合提供相似性；在系统时代，标准则提供了兼容性和仪式规范的作用。为公众所熟知的标准发展浪潮有三次。第一次浪潮始于 18 世纪末，惠特尼利用标准化原理在两年内造出 10 000 支来复枪，首开标准化先河。对此次标准化中标准作用的理解可以追溯到亚当·斯密的分工理论，在分工与合作之间，标准充当了公共品的作用（Kindlerberger，1983）。零部件的标准化不仅降低了成本，而且极大地提高了生产效率。第二波标准化浪潮源于 19 世纪末 20 世纪初，随着生产复杂性的增加和世界市场的拓展，迫切需要更多标准来克服信息不对称问题，降低交易成本，保障社会化大生产的顺利进行，福特的"流水线生产"和泰勒的"科学管理"观念都是这一时期的产物。与此同时，世界各国以及国际上的标准化组织也纷纷成立，比如成立于 1901 年的美国国家标准局，成立于 1906 年的国际电工委员会（IEC）（刘振刚，2005）。20 世纪 70—80 年代，随着信息技术的发展，特别是互联网技术的蓬勃兴起，网络效应成为主导第三次标准发展潮流的动因。David（1985）把标准分为四类，分别为兼容/界面标准、最低质量/质量差别标准、减少多样性的标准和信息标准。Foray 和 Grubler（1990）则把 David 对标准的分类与标准化发展浪潮联系起来。Swann（2000）进一步对 David 的每一类标准对经济活动产生的积极影响和消极影响做了区分。

David、Swann 等人对标准的分析更多关注标准对宏观经济绩效的影响。与此相对地，由于产业标准本身蕴涵了巨大的商业利益，从更微观的角度看产业标准是如何形成的，谁又能影响和掌控标准并从中获益更为微观经济学家所关注。在产业标准微观研究领域，一个常用的分类方式是事实标准与正

式标准。 事实标准是市场竞争的结果，而正式标准则是由政府委托制订或者由标准化组织协商提出的。① David 和 Greenstein（1990）从发起人的角色和标准利益归属的角度考虑，认为标准可以分为四种。 ①无发起人标准：虽然在社会公共领域存在一套比较完整的规范，但是该技术标准并没有明确的创作者拥有该标准的权利，也没有后续代理人存在并掌握这些标准。 ②有发起人标准：存在一个或几个发起实体直接或间接拥有标准的产权，有激励诱使其他人采用该标准。 ③由自愿发起的标准著述（Standards Writing）组织达成一致、推行的标准。 ④委托治理标准，由政府及其代理人推行的具有规制性的标准。

沿着 David 和 Greenstein 的思路向前推进一步，我们就可以发现，正是在标准形成过程中参与人类型与行为的差别，导致了标准形态和利益分配的差别。 我们可以根据标准形成过程中参与人、协调性以及强制性的不同，把不同类型的标准划分为一条"光谱"（见图 6-1）。 标准的不同形态正是由技术发展不同阶段的主导参与人的行为特点决定的。 在一个独立封闭的经济体中，我们可以把标准参与人分为三类，即消费者、厂商和政府（其中企业联盟归入厂商类，官方标准化组织归入政府中）；也可以把它们分为四类，即消费者、厂商、政府和标准化组织。 只包含企业联盟及左方部分参与人，是事实标准的形成过程；包含官方标准化组织及右方部分则成为正式标准。 从左向右，表示标准参与人的数量在增加，同时协调成本在增加，标准形成时间在延长，标准的强制力也在增强（毛丰付，2007）。

参与者不同，形成标准产权的归属也不同。 只有消费者自发形成的标准没有发起人。 因此，没有产权或者说属于开放（Open）产权，比如早期的Linux，多数开放源（Open Source）软件都可以归入此类。 当企业也参与后，企业作为标准发起人成为标准产权的拥有者，而标准成为私有（Private）产权或者私人设计（Private Design），比如 Windows 操作系统。 当几个企业为共同发起人合作开发或者通过交叉授权等方式组成标准企业联盟时，标准属于集体（Collective）产权，比如 CDMA。 当成为正式标准后，该标准就

---

① 因此，也有学者建议把标准分为事实标准、论坛标准和正式标准（冯根福等，2006）。

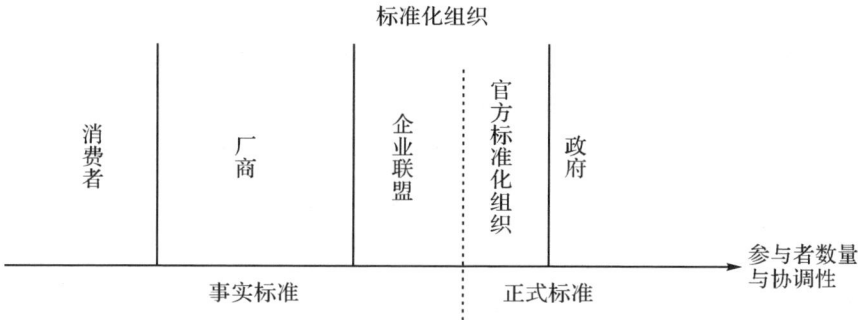

图 6-1 标准与标准竞争的参与者

资料来源：作者整理。

成为面向社会的公共（Public）产权，比如 TCP/IP 协议。 不同的参与人在标准形成中的地位和作用各不相同。 消费者的选择作为引导潮流和影响转换基础在无发起人标准中对标准的转换影响巨大，但是因为集体行动困境和搭便车的存在，当其他参与人加入后，其影响将较难发挥。 厂商一直是事实标准竞争中的主角，包括在许多由事实标准演化而成的正式标准博弈中也扮演重要角色。 政府既可能扮演消费者（大客户）影响标准选择，也可能协调生产者的行为；更为重要的是，政府还起着监督维系经济秩序的作用。

二、开放条件下产业标准竞争的模式与特点

后发大国如何在开放条件下参与产业标准竞争更为引人关注。 然而，由于发达国家在产业标准竞争中的先行者地位，发达国家学者虽然从 20 世纪 80 年代中期就开始关注标准竞争问题，也发表了大量的研究成果，但是很少有学者从后发国家角度研究如何开展标准竞争（Jukka，Paul，Otto，2004）。 在为数不多的研究标准化跨国福利效应方面， Shy（2001）证明在消费者偏好呈网络外部性的情况下，两国互相承认对方的标准是帕累托改进的；Pargal 和 Wheeler（1996）通过对欧洲彩色电视非兼容标准的研究认为，如果从最大化厂商和消费者剩余的角度讲，跟随者政府发起不兼容标准是"不理性"的。 按照这种研究结论，当出现一种产业标准后，其他国家和地区的最佳选择就是接受这种标准而不是提出新标准与之竞争。 不过，现实与这些理论研究结

论相去甚远，比如在二代移动通信系统中，GSM 被欧洲共同采纳为单一标
准，并且也是在美国和中国流行的标准时，美国政府却大力支持高盛公司推
出以窄带码多分址（CDMA）为基础的 IS 95 CDMA，阻挠 GSM 在美国推
行，并且强迫中国也采用该标准。就在 WAPI 标准与 WI-FI 标准激烈角逐的
时候，韩国政府也不顾美国政府和高通公司的反对，强力推出自己的 WIPI
标准。

要理解后发国家产业标准竞争行为，就必须把标准竞争放在一个开放条
件框架下进行分析。在第二部分中，我们澄清了标准形成的驱动力量和利益
主体，在开放条件下，标准的竞争与协调关系更加复杂，我们把上面的理论框
架拓展为两个国家参与产业标准竞争的主体互动框架（见图 6-2）。

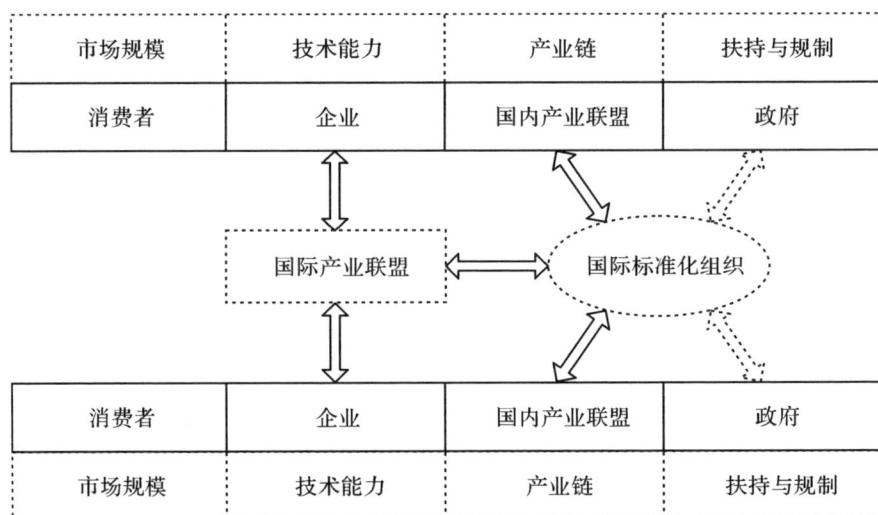

图 6-2 开放条件下产业标准竞争模式

资料来源：作者整理。

从图 6-2 我们不难发现，在开放条件下，市场规模、企业的技术能力、产
业链的厚度与政府的扶持与规制仍然是影响产业标准胜出的重要因素。然
而，国际化的开放环境也给产业标准竞争带来了新的特点。首先，多国竞争
条件下影响标准形成的参与主体数量明显增多，按照 Swann（2000）的分析
框架，随着参与主体的增加，最终标准形成的时间将延长，这对标准参与者的

耐心和经济实力是非常大的考验。 其次，开放条件下企业面临复杂的国内、国际的竞争和合作环境，企业既要考虑国内的产业关系和产业环境，也要考虑他国的竞争与合作对手及其相关的产业关系和产业环境，同时要把跨国企业和多国政府的多边关系纳入企业决策视野（Steen，2009）。 再次，国际协调关系变得更重要。 在全球化的背景下，与联合国、世界贸易组织以及国际货币基金组织等国际化组织参与国际社会的经济政治活动一样，国际标准化组织本身也是国际社会规制协调的组成部分，国际标准化组织在推进标准国际化方面的作用逐渐凸显。 最后，主权国家政府在参与标准制定过程中的角色和作用在发生变化，出于国际公约和国际政治经济关系的考虑，开放条件下政府对产业标准的参与将由强制转向协调，更多地使用间接手段调控规则。

第三节　从 WAPI 案例看后发国家参与标准竞争的特点

本节我们将以 WAPI（Wireless LAN Authentication and Privacy Infrastructure）为例，按照上述四个方面特点来分析开放条件下后发国家如何参与产业标准竞争。 WAPI 即无线局域网鉴别和保密基础结构，是无线局域网（WLAN）中的一种安全传输协议。 WAPI 是我国首个在计算机宽带无线网络通信领域自主创新并拥有知识产权的安全接入技术标准。 作为全球在此领域的两个标准之一，相比另一个由美国 IEEE 主导完成（实际为 Intel 主导）的 802.11i（Wi-Fi）标准，WAPI 具有明显的安全和技术优势。 然而，由于多方面的原因，WAPI 在标准国际化之路上颇为艰辛。

一、由于技术积累和技术周期的限制，后发国产业标准往往形成周期长，进入主流标准代价高昂

从 2001 年 11 月中国的无线局域网安全技术标准草案开始完成，至 2009 年 6 月 WAPI 被同意以独立文本形式推荐为国际标准止，历时 7 年多的时间。 WAPI 从 2003 年 5 月作为国家强制标准公布以来，更是经历了外国企业、外国政府、相关国际标准化组织等多方的反对和阻挠（见表 6-1）。
WAPI 最终能够冲出重围，得益于政府层面的大力支持，包括国家发改委、工
信部、财政部等数十个国家部委多次联合发布公告表明态度，举世瞩目的奥
运会也为 WAPI 标准的应用和推广提供了平台。

WAPI 的经历表明，作为后发的产业标准参与国际竞争非常艰难，想跻
身于主流标准行列更是难上加难。后发产业标准的窘境源于两个方面。首
先，信息技术产业作为内含专利的技术密集型产业，既需要长期的研发积累，
也需要相关领域的专利授权，我们今天看到的信息技术领域的领先企业大都
拥有上述两个条件。比如，1952 年，AT&T 的晶体管制造技术首批授权名
单中，就可以看到明尼阿波利斯-霍尼韦尔、雷神公司、德州仪器、通用电气
（GE）、IBM，NCR 以及欧洲的飞利浦和西门子等公司，这些公司正是随后
兴起的计算机时代的领头羊（钱德勒、科塔达，2008）。其次，从技术发展
周期来看，我们已经处在本轮技术长波下行区间，未来较长一段时间，技术进
步以渐进式为主，这也意味着在技术发展中路径依赖的效应更加突出。

时至今日，中国标准中 TD-SCDMA 在三个电信标准中仍然是较弱的一
个，而 WAPI 离晋身国际标准尚有一步之遥。因此，对于中国产业标准国际
化道路而言，不能一蹴而就，仍有较长的路需要走。

表 6-1　WAPI 艰难的国际化之路

时间	事件
2003 年 11—12 月	国家质检总局和国家标准化管理委员会发布公告，从 2004 年 6 月 1 日起，境内的无线局域网产品必须采用 WAPI 标准
2004 年 1 月	美国无线局域网标准组织 WI-FI 联盟主管埃顿表示，如果在 6 月强制执行的生效期限前没有折中方案的话，将考虑停止向中国销售 WI-FI 芯片
2004 年 3 月	英特尔表示由于技术原因，暂时无法支持 WAPI 技术。美国国务卿鲍威尔、商务部长埃文斯、贸易代表佐立克联名致信，要求中国放弃 WAPI 标准，称这一标准是国际贸易壁垒
2004 年 4 月	第 15 届中美商贸联委会会议后，WAPI 标准被宣布无限期推迟实施
2004 年 7 月	中国向国际标准化组织提交了 WAPI 提案，试图推进其成为国际标准

续　表

时间	事　件
2004 年 11 月	奥兰多 ISO/IECJTC1/SC6 年会,因美国大使馆最后的"拒签",中国代表团全部 4 名核心技术人员未能前往美国
2005 年 2 月	ISO/IEC JTC1 /SC6/WG1 德国法兰克福会议上,中国代表团因 WAPI 提案在会议上无法得到公正的对待,退出会议
2006 年 3 月	国家标准化组织投票,WAPI(8/30)负于 802.11i(23/31)
2008 年 4 月	日内瓦会议上,中国第二次启动 WAPI 提案
2009 年 6 月	东京会议上,鉴于 802.11i 的安全缺陷,参与国代表一致同意将 WAPI 作为无线局域网络接入安全机制独立标准形式推进为国际标准

资料来源:作者整理。

二、国际产业标准竞争参与主体多、变数大,政治经济关系、产业内外关系形成复杂的交易与嵌入关系,产业链的整体实力对标准对决的最后胜出具有决定性作用

在 WAPI 走向产业标准的过程中,与原有的标准 WI-FI 形成了直接的利益冲突,这也是 WAPI 多方受到阻挠的主要原因。 在国际化条件下,产业标准不再局限于一个国家,直接波及不同国家和地区的相关产业(Lee and Sangjo,2008)。 因此,企业、企业联盟、政府、国家标准组织之间形成了错综复杂的关系。 在这种情况下,可能存在几个问题。

1.拥有单一的资源优势并不能保证在标准竞争中胜出。 比如,WAPI 一直强调在保证无线网络安全性上远远优于 WI-FI,但这种技术上的先进性并不足以动摇 WI-FI 的地位[①],直到 WI-FI 本身的技术漏洞无法克服,WAPI 才获得提名的机会。 同样,市场规模的优势并不总是有效的,Intel、博通等美国公司就曾强烈抵制 WAPI 的强制实施,并威胁将停止在中国市场开展无线业务。 在单一资源不能奏效的情况下,需要多种手段、多方协调才能推进标准进程。 在 WAPI 与 WI-FI 的博弈中,中美双方都在经济、政治、外交等方面采取多种手段,比如:Intel 等游说美国国务卿、商务部长、贸易代表等给中

---

① 周雪:《技术并非 WAPI 唯一的话语权》,《电脑商报》2008 年 3 月 17 日。

国政府施压；中国 WAPI 工作组在赴国外参加国际标准化大会时在签证上
受阻。

2.协调变得非常重要，合作联盟成为重要手段。 在系统时代，每一种标
准都因兼容和互补等原因与其他技术和产业有着密切的联系，产业标准的力
量某种程度上就是由产业链条上的相关行业的力量决定的。 正是认识到这个
问题，WAPI 在 2006 年成立产业联盟，截至 2009 年 6 月 WAPI 产业联盟中已
经有 58 家成员。 除了技术以外，产业链中芯片、操作系统（OS）运营商、
终端等各个环节的力量都很重要，任何一个环节的缺失都会影响到标准的市
场占有。 因此，对于后发国家在形成标准的过程中，无论是国内的厂商还是
国际厂商都有必要尽最大力量团结起来。 此外，也必须增强标准的可兼容性
和开放性，这也是 WAPI 发展初期首次受挫的一个重要原因（见图 6-3）。

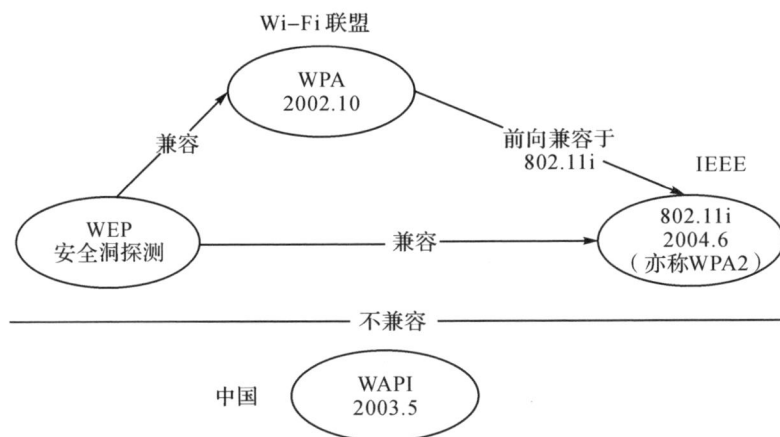

图 6-3　WAPI 与其他协议之间的关系（Lee and Sangjo,2008）

3.围绕标准的竞争可能会被镶嵌在其他的博弈棋局中，成为相关博弈的
一部分。 如果从单一的博弈局势分析来看，后发国家产业标准胜出的希望较
小。 不过，在现实世界中，政治、经济关系总是交织在一起，产业内与产业
外的竞争与合作也是多层次的，这就为后发标准充分利用关联博弈机制在标
准竞争中获得相对有利地位提供了帮助，比如，在 WAPI 标准刚提出的时

候，作为 Intel 主要竞争对手的 AMD 就曾积极地支持过 WAPI 标准。[1] 当然这种嵌入关系的作用总是两面的，有时也会成为影响标准发展的不利因素。

三、国际标准化组织在标准协调中的作用日益突出，成为后发国家产业标准进入国际市场的重要舞台

在全球化的背景下，无论我们愿意与否，国际标准化组织都在逐渐成为后发国家标准被国际社会承认的一条主要通道。 与后发国家通过联合国、世界贸易组织以及国际货币基金组织等国际化组织参与国际社会的经济政治活动一样，这本身也是国际社会规制协调的组成部分。 WAPI 也需要通过参与国际标准化组织来实现自己的标准被国际认可与接受，这是后发国家参与国际标准竞争必然要面对的选择。

在我们借助国际标准化组织这个平台发出自己声音的同时，我们也必须清醒地看到此类组织的主导权目前仍然掌握在发达国家手中。 目前，在国际标准化组织（ISO）和国际电工委员会（IEC）现行有效的 17000 多项国际标准中，99.7％由国外机构制定，中国主导或参与制定的不足 0.3％。[2] 在 ISO和 IEC 中，共有技术委员会、分技术委员会秘书处 933 个，其中设在英国 351个、美国 169 个、德国 149 个、法国 116 个，在中国仅有 6 个（王金玉，2004）。 比如 WAPI 的国际化活动主要通过 JTC 1/SC6/WG1[3] 来完成，JTC1 秘书处设在美国国家标准学会 ANSI，美国电子电气工程师学会（IEEE）则是 ANSI 领导下的行业标准化组织。 从企业层面看，德国仅一个西门子公司就负责国际标准组织 90 多项标准的秘书处工作，直接担任主席的超过 100 项。

这种不利因素也决定后发国家产业标准在被接受的过程中面对诸多考验，比如 WAPI 参与国际会议的几次被拒都发生在"程序"问题上。

---

① 《AMD 捧场 WAPI，意在一石二鸟》，《电脑爱好者》2005 年第 7 期，第 11 页。
② 施昌学：《标准化：刻不容缓的战略工程》，《中国质量万里行》2005 年第 12 期。
③ 第一联合技术委员会第六分委员会第一工作组，负责局域网和城域网标准的制定。

四、政府在产业标准发展中的决定性作用受到限制,参与标准形成的方式发生重大变化

在封闭条件下,标准演化只发生在一国的范围之内,一国政府可以根据产业发展要求和国民经济社会发展状况对不同类型的标准以及标准形成的不同阶段,采取自身认为适合的直接或间接干预方式。 随着产业标准影响力的增强,政府对标准的强制力也在增强,这意味着政府事实上拥有对标准的终极控制权。

然而,在开发条件下,一国政府很难行使对产业标准的终极控制权。 政府正在逐渐由终极控制者转向一个拥有特殊身份的参与者。 这主要是由于如下三个原因。 第一,在国际化背景下,经济逐渐走向区域化和全球化,经济力量跨越国界,大型跨国公司正在挑战国家力量,这对一国经济主权形成了一定程度的制约。 在 WAPI 案例中,Intel 等跨国公司通过公关游说施压等方式确实拖延了 WAPI 的步伐。 第二,中国由于参与了诸多国际合作框架和公约,需要遵守相关规则的约束,在发生争端时也需要按照有关国际组织的程序框架进行处理。 第三,在国际政治经济互动中,国家间利益交换妥协的需要也会影响标准的形成。 比如,2004 年中美贸易谈判中,中方就放弃强制实施 WAPI 换来美方撤销对中国半导体相关材料出口的限制。

第四节　产业竞争标准与国家利益

一、标准、经济霸权与国家利益

复杂系统理论表明,网络中有一些少量节点是整个系统的关键节点,具有牵一发而动全身的作用,而关键节点中的某一部分模块在整个结构中又具有绝对控制权。 因此,由于网络化和模块化的结合,网络效应的横向和纵向延伸,网络中某一点上的部分标准有可能成为整个网络的决定性标准。 比如,微软的操作系统虽然只是微机中的一部分,但是对整个计算机产业乃至相关的通信以及半导体产业都有举足轻重的影响，无论是数据库、数码产品还是服务器以至芯片的生产商都对微软的影响力深怀不安。在这种网络结构中，标准和游戏规则的制定权一般掌握在少数人手中，多数人成为没有议价能力的从属的模块生产者，所以整个产业往往是一种"赢者通吃"的状态。标准制定者在产业结构中处于顶端和高层，在网络结构中成为关键性节点，控制关键模块，从而有了控制低层产业和整个网络的能力。

在全球化和信息化的背景下和全球一体化的网络结构下，全球产业链中标准的巨大利益和作用凸现出来，成为各个国家乃至众多企业瞩目的焦点。首先，标准竞争在很大程度上决定了主导技术、产业领导权乃至世界霸权的兴替。产业领导权指的是"企业通过在产品或工艺技术、生产或营销方面领先于竞争对手而在世界市场上获得的优势"。每个时代都有主导性技术。主导性技术产业通过标准竞争获得的产业领先能力可能转化为产业持久的"比较优势"，进而影响到上下游产业的竞争绩效。产业的结构和绩效会影响到国家竞争优势。

对世界民族国家工业化的历史研究表明，掌握了某个时代主导技术的国家都会成为那个时代的领先者。在主导技术产业领先的国家，取得世界经济的领导地位，"指明道路"并使其他国家追随，取得"经济霸权"，进而在国际经济和政治活动中占据领导和支配地位。在现实主义国际关系理论，特别是进攻性现实主义的理论中，"国家别无选择，只得为权力而相互竞争"，经济力量的增强必然意味着对更多权力的要求，强大的经济力量是国际间权力较量的基础。因此，保证在主导技术和主导产业中的控制权是一国崛起和兴盛的先决条件，这不仅是经济利益的要求，也是政治、军事等相关利益的要求，如表 6-2、表 6-3 所示。

表 6-2　构成历史上霸权控制基础的"领先部门"

1190—1380 年的热那亚	香槟交易、黑海贸易
1381—1494 年的威尼斯	（单层单板）帆船船队、橡胶贸易
1517—1580 年的葡萄牙	几内亚黄金、印度香料
1609—1714 年的荷兰	波罗的海和大西洋贸易

续　表

1714—1815 年的不列颠(1)	美亚殖民种植园和贸易
1816—1945 年的不列颠(2)	纺织、铁、黄金和铁路
1945—1992 年的美国(1)	钢、化学制品、自动航空、电子学
1992 年至今的美国(2)	信息技术

资料来源:乔治·莫德尔斯基、威廉·汤姆逊:《领先部门与世界强权》。转引自钱乘旦:《1500 年:现代化起步——换一种视角解读近代史》,载《南风窗》2004 年第 1 期。

表 6-3　沃勒斯坦全球霸权周期

霸权的力量	哈布斯堡王朝	荷兰(联合省)	英国	美国
崛起中的霸权	1450—	1575—1590	1789—1815	1897—1913(20)
霸权的胜利	—	1590—1620	1815—1850	1913(20)—1945
霸权的成熟	—1559	1620—1650	1850—1873	1945—1967
霸权的衰落	1559—1575	1650—1672	1873—1897	1967—?

资料来源:霍普金斯、沃勒斯坦:《资本主义世界经济的周期性变化和趋势》,《世界体系分析:理论与方法》。转引自金德尔伯格:《世界经济霸权 1500—1990》中译本,商务印书馆 2003 版,第 78 页。

此外,更为重要的是作为多边网络的信息技术范式的独特之处,不仅在于其本身的先导作用,而且引发了组织变迁,"使得成熟工业经济所潜藏的生产力得以彻底的发挥"。 经济史的研究认为,有效率的组织是经济增长的保证,新的生产力若要能够推动经济,就要确保组织管理的网络化形式,以便能够渗透到经济的各个层面,信息技术作为一种新技术范式正是起到这种作用。 曼纽尔·卡斯特在《网络社会的崛起》中认为,信息化正表明了工业社会组织形态的变化。 在这种组织里面,信息的生产、处理和传递成为生产力和权力的基本来源。 信息化社会的"知识生产、经济生产力、政治军事权力,以及媒体传播的核心过程,已经被信息化范式所深深转化"。

由于网络效应、信息技术先导性和渗透性等三大特点,在信息技术产业中取得标准制定权的国家就拥有了很强的左右他国的力量。 技术先导性不仅涉及经济利益,而且涉及军事安全和政治利益;渗透性和网络效应涉及社会组织结构、产业结构和经济安全,标准的竞争与确立与否关乎一国产业结构、经济结构乃至国际政治结构的调整,标准背后的争夺隐含着对经济霸权的争夺和国家战略利益的维护。

二、标准竞争对增进国家利益的战略价值

从国家利益的战略高度看，在标准竞争中处于有利位置，至少在三个方面会获得明显利益。

首先，获得经济利益。 信息产业中的利润分配遵循有名的"微笑曲线"理论，即在整个产业链中，处于两端的研发和销售的利润很高，而处于中间阶段加工制造的利润很低。 中国的信息技术市场空间巨大。 但是国内在技术和研发投入上较少，创新能力不强。 企业几乎没有拥有关键专利和掌握核心技术，技术严重依赖国外，在产业链上处于下游和被动地位，在产品市场上处于低端和被压榨的状态，利润率低。 谁在竞争中掌控标准，谁就可以在整个产业链的利润分配中掌握主动权。 在产业链中向上游发展，通过研发获得标准控制权，是中国企业摆脱"人为刀俎，我为鱼肉"局面、获得经济利益的必然选择。

其次，提高科技能力和军事能力乃至综合国力。 一个国家科技能力的提高根本无法仅仅通过技术引进完成，这一点已经为韩、日等国家的兴起和我国二十多年引资经验所证明。 这不仅因为出于政治和军事的考虑，无法获得国外最先进的技术，也因为先进技术的外溢和吸收不是一个结果，而是一个过程，需要本国企业有比较接近的技术能力。 标准竞争必然要求先进技术的先导作用，有助于提高一国的科技水平，从而提高国家的整体竞争力。

最后，标准竞争还可以作为一种策略手段，提高我们在其他领域的讨价还价能力。 标准竞争举动本身，就可以在突破技术封锁和市场封锁方面发挥作用。 比如，中国 3G 标准 TD-SCDMA 推出后，打破了欧美 3G 标准的垄断，为国内相关产业获得发展空间提供了机会。 此外，是否采用标准、如何采用标准也会成为国际谈判中有利的筹码，帮助其他领域获得利益。

因此，在全球化、信息化环境和"中国和平崛起"的背景下讨论标准竞争问题对中国国家利益的影响，其意义不可低估。 从历史上看，自工业化革命以来，先后崛起的国家都是以民族国家为主体的。 虽然激进的"国家过时论者"认为，在全球化的时代，民族国家即将寿终正寝，但是根据现实主义的观点，国家的某些作用在全球化时代更加突出。 国际社会无政府状态对民族国家，特别是像中国这

样一个发展中大国来说，对国家主体性要求更高。 但是应该承认，全球化正改变着国家和国家体系间的关系。 无论是军事影响力的下降，还是国内与国际间互动的增强，都对一个国家在国际关系中的经济影响力提出了很高的要求。 这种发展要求和消长关系的要求，正是政府干预产业标准制定的主要原因。

战略性贸易理论认为，如果考虑了规模经济、不完全竞争和技术外溢等因素，政府的某些政策会有利于本国厂商取得在国际市场中的支配地位，从而为本国的"国家福利"带来好处。 虽然许多经济学家对采取战略性贸易政策的可能性和可行性提出了质疑，根据战略性贸易理论的分析，有理由认为，与标准问题密切相关的信息通信技术产业，是应该采取支持政策的。

从国外的经验看，除了税收、补贴、信贷、政府采购等手段外，考虑到我国的现实情况，我们认为有两个方面是特别值得重视和改进的。

第一个方面是尽快加强反垄断立法。 在 ICT 产业我们面临一个问题，就是大的跨国公司进入中国市场后，凭借其在资金、技术、人才和市场经验等方面的巨大优势，借助标准竞争的特殊性，天然地占据了垄断地位，会给我们的经济利益造成巨大损失。 从现实情况看，对 ICT 产业反垄断的尺度一定要从严。 比照国外标准，对任何一种产品的市场份额都做出最高限制，而不必太理会所谓的"保护创新"的观点。 这样做有几个好处：首先，可以防止技术标准被某一家企业完全控制；其次，可以为国内企业在该领域生存和发展乃至赶超创造条件；最后，即使国内完全无法提供的技术，采取反垄断措施后，保证产业链顶端标准提供者不止一家，有利于国内企业采取策略行为，改变在低端被压榨的局面。 因此，政府必须防止标准形成中出现"一家独大"的现象。 政府除了通过立法防止一家企业利用标准独占市场外，在标准竞争中需要扮演"离岸平衡手"的角色，协调欧美或者中外标准间竞争的态势。 欧盟法院最近对微软的判决和处罚就有这种"平衡作用"。

第二个方面是适度调整知识产权保护重点和力度。 标准竞争，事实上是一种内含知识产权的竞争。 在"代码即将取代法律"的时代，知识产权的重要性不言而喻。 自从加入世贸组织，中国承诺了一个比较高的知识产权保护水平。 富田彻男认为，知识产权制度和一个国家的历史背景、市场结构等密切相关，其权利和义务应该与该国研究开发的状况相称。 对比一些发达国家的知识产权保护历程和从我国 ICT 产业整体所处的技术水平来看，无视我们的实际创新水平和积累强调保护知识产权，会丧失掉通过技术扩散、模仿、创新而发展的可能。 特别是在这种"赢者通吃、跑马圈地"标准战的领域，后发者更需要生存空间。 采取过于严格的知识产权保护，不利于吸收和利用技术外溢，提升我国整体的技术水平。 因此，利用政府强势地位，为企业争取相对宽松的知识产权竞争环境就显得非常必要。

7

第七章 互联网企业估值方法：数字经济投融资焦点

企业价值评估是投资、融资和并购领域的重要现实问题。 伴随着互联网经济、数字经济的兴起，出现了大量的互联网企业（或称平台企业），表现出区别于传统企业的新兴商业模式及特殊性，传统估值方法的局限性日益凸显。 因此，互联网企业估值成为一个新兴热点问题。 本文在梳理网络企业估值的相关文献的基础上，提出建构网络企业估值模型的思路。

第一节 基于传统估值理论的互联网企业估值方法

本文主要从传统企业估值理论研究和基于其而展开的互联网企业估值方法研究入手，对该领域目前已有的研究文献进行系统性的回顾和梳理，并以每种企业价值评估方法的起源和发展为线索，介绍网络经济兴起前后传统估值方法在互联网企业估值领域的研究应用，以期构建一种可以体现互联网企业特殊性的价值评估模型。

一、传统企业估值理论

企业价值评估是指在综合企业内外部环境因素后，对企业未来发展潜力的评价过程。 内部因素主要包括企业的盈利能力、发展能力和偿债能力等；

外部因素主要指竞争对手的进攻、经济发展水平等。 目前应用较多、发展较为成熟的传统企业估值方法，主要包括成本法、市场法、收益法和实物期权法。

国外学者对于企业价值评估方法的研究历史较长，相关理论研究比较成熟，已经形成相对完善的价值评估体系。 我国在理论研究方面起步较晚，前期主要是对国外相关研究成果做一定的修正。

（一）成本法

成本法，是指将资产负债表中的成本进一步调整取代各项资产的账面价值，是根据初始账面数据对目标企业进行估值的一种传统估值方法，主要包括重置成本法、账面价值法和清算价值法。 在持续经营的假设前提下，重置成本法应用最广泛，其原理是成本减去各项价值贬损，主要包括资产运用中实际消耗贬值、出现替代品的功能贬损和经济性贬值等，反映企业在当前时点获得相同资产所需付出的成本。

成本法操作简单，容易理解，不需要复杂的数据处理过程，比较适合对单项资产的当前价值进行评估以及非营利组织的价值评估。 从严格意义上来说，成本法并不适合对企业价值进行评估。 成本法主要在对国有资产价值评估方面的应用较多，尤其是在清产、改组改制以及加强资产管理等方面被大量使用。 由于成本法重视单项资产的价值，因此不适合对像高新技术企业和服务型企业等轻资产占比较大的公司进行估值。 而且，成本法只是简单地将单项资产加总合计，没有考虑各项资产的整合能力和公司整体的盈利性。 此外，也没有考虑企业拥有的大量无法计量其价值的资产，像人力资源、企业文化、品牌和商誉等无形价值。 由此可见，成本法并不适用于互联网企业。

（二）市场法

市场法，也被称为乘数估值法或相对估值法，涉及的指标包括市盈率法（PE）、市净率法（PB）、市销率法（PS）和企业价值倍率法（EV/EBITDA）等。 这种方法克服了收益法的主观性和关键指标较难预测等缺陷，比较适合于对所处的资本市场比较完善且在同一行业中存在较多可比上市公司的企业进行价值评估。无论采用哪种指标，其基本原理都是替换原理，基本公式为：

$$V = X \times V_0 / X_0 \qquad\qquad (7\text{-}1)$$

式中：V——目标企业评估价值，V_0——可比企业市场价值，X——目标企业的可比指标，X_0——参照企业的可比指标。

对市场法的研究，国外起步较早。格雷厄姆和戴姆（1934）提出市盈率的概念，指出股票价值应该是股票当期收益的倍数，而这一倍数由人气、企业性质及记录所决定。托宾（1969）将托宾系数定义为企业股票市值与股票所代表资产重置成本的比值，能够衡量是否高估资产的市场价值，是衡量企业经营业绩和成长性的关键指标之一，通常情况下，可用市净率替代。之后，Frankel 和 Lee（1996）通过运用不同指标分别计算不同国家的公司价值发现，在连续一年或者三年的样本时间内，相对于应用较频繁的市盈率指标，企业价值倍率可以更好地解释股票的报酬率。华尔街著名证券分析师 Blodget（1998）修正了传统市盈率模型，按照市盈率高低将公司股票分成三类，即市盈率低成长慢的传统公司股票、市盈率高成长快的互联网公司股票、市盈率介于两者之间的公司股票，且分别给定市盈率区间，将预期利润与区间的两个端值相乘，可得公司的市值区间。

这种方法参考了同行业企业的市盈率、市销率和企业价值倍率，通过对比，可以比较直观地反映出公司所处的市场地位和所在行业的发展现状。该模型所需要的数据比较容易获得，计算过程简单。最后，这三大指标都可以直观地反映投资者对公司未来发展的预期，指标值越高，说明投资者对其未来发展越看好。

但是市场法也存在较大的局限性。首先，准确评估目标企业的前提是合理确定可比企业，而每个公司都有其特殊的经营状况和发展水平，即使行业发展相当成熟，也很难找到十分相似的可比企业。其次，市场法广泛应用的前提是存在一个有效的资本市场，企业市值可以很好地反映企业内在价值，而我国的资本市场仍处于弱势有效，使用该方法的缺陷十分明显。总之，该方法适用于对早期大量投入、回报较少甚至没有回报的企业进行评估。

（三）收益法

收益法的核心理念是：一个企业的价值高低取决于该企业整体资产在未来为企业创造利润的能力，而不是各单项资产金额的简单相加。将其现有资产整合为一个整体，若这一整体在未来盈利能力越强，则企业价值越大。企业未来的预期收益或现金流的折现值即为目标企业的内在价值。在价值评估理论体系中，收益法被普遍认为是评估传统企业价值最有效、最合理的方法，其核心模型包括现金流折现模型（DCF）、经济增加值模型（EVA）等。

1.现金流折现模型（DCF）。现金流折现模型大致可分为股利现金流折现模型、股权现金流折现模型和企业现金流折现模型，其基本公式都如下所示：

$$P = \sum_{t=1}^{n} F_t/(1+r)^t \qquad (7\text{-}2)$$

式中：P——评估值，F_t——未来第 t 期的现金流量，n——现金流量预期年期，r——折现率。

在早期，国外学者们广泛而深入地研究了现金流折现法。著名理财学家 Modigliani，Merton（1958）将现金流折现法应用于资本定价，使运用 DCF 法评估企业价值成为可能。Copeland，Koller，Murrin（1990）首次提出现金流折现法；此后，该方法在估值领域得到了广泛应用。Damodaran（1996）运用现金流折现法评估企业价值，指出与经营现金流的现值相比，税后经营现金流的折现值能够更有效地衡量企业价值。Koller，Goedhart 和 Wessels（2010）指出传统的现金流折现法具有成熟的理论基础，且计算优势显著，逐渐被广泛应用到网络企业价值的评估中。Ali（2010）发表的文章认为"互联网企业的未来现金流是不确定的，因为企业未来现金流存在不确定性，所以人们只能采用基于概率的估值方法来对互联网公司价值进行估算，他们认为可以将这种现金流的不确定性引入传统的现金流折现模型中"。Barbara Petitt 和 Kenneths（2015）以预测期为时点，将企业价值分成两部分，指出预测期长将会减小预测期之后现金流现值对企业价值评估的影响，若现金流存在很大的不确定性，评估时需缩短预测期，使预测期之后部分现值成为企业价值的重要组成部分。 DePamphilis （2016）讨论了现金流、自由现金流在股权和企业估价中使用的相关问题，认为可以使用现金流方法来评估企业的经营性和非经营性资产和负债，以确定股权价值。 Holland（2018）提出的现金流折现模型理论在学术界没有争议，但在实践中，其应用的估价结果却不尽相同。 他认为人们拥有优质股票的风险在于他们失去了经济护城河和竞争优势，其中可以运用可调衰落率来评估 DCF 模型中盈利能力衰减的效果。

使用现金流折现法准确评估企业价值的前提是合理预测两个参数值：一是公司未来的现金流；二是合适的折现率。 现金流折现法最大的优点是应用面广，无论是上市还是非上市公司都可以采用该模型估值，当满足其适用条件时，该方法可以合理地反映目标企业的内在价值。 但现金流折现法在评估企业价值时的局限性也显而易见。 首先，该方法是通过对企业未来各期收益进行预估并折现来对企业价值进行评估，并未考虑期初投入资本对企业价值的影响；其次，它是一种静态分析法，相较于互联网企业来说缺乏灵活性；最后，它没有考虑无形资产所带来的附加价值。 因此，现金流折现法比较适合对盈利能力较强且未来具有稳定现金流增长的成熟互联网企业进行估值。

2. 经济增加值模型（EVA）。 经济增加值的本质就是扣除投资者投入资本成本后的剩余收益。 这种方法首次将投资者投入的资本考虑进来，认为只有扣除投资者投入的全部资本成本后，税后经营净利润仍有剩余，才能增加投资者的财富。 公式如下：

$$EVA = NOPAT - TC \times WACC \qquad (7\text{-}3)$$

式中：EVA——经济增加值，$NOPAT$——税后经营净利润，TC——期初净资产值，$WACC$——企业的加权平均资本成本。

国外也有一些学者运用 EVA 法进行估值。 1982 年，美国 Stern Stewart 咨询公司首次公开运用经济增加值这一概念。 从此，掀起了理论界及应用领域关于 EVA 的热潮。 Stewart（1991）在《价值来源：EVA 管理指导》一文中将经济附加值引进企业估值领域，指出经济附加值可以理解为扣除股东和债权人的资本成本后剩余资本收益。 之后，Shimon Chen（1997）等人利用美国 566 家公司的相关数据进行研究，发现 EVA 在企业价值方面的解释效果显著优于传统经济指标，前者的解释能力为 41%，而后者的解释能力仅为

37%。 Wolf 和 Warburg(1998)对经济增加值模型进行修改,以便能运用到互联网估值领域。 他们将互联网企业的价值分为当前经营价值和企业未来价值两个部分来单独进行计算,最后加总互联网企业价值。 Tortella 与 Sandro(2003)进行的实证研究结果表明:EVA 评估企业价值方法可以提高利润,降低成本,增加投资,并且能正向影响企业税前净利润和净现金流量。

EVA 模型充分考虑了股权资本成本和债务资本成本,引入加权平均资本成本,可以很好地体现价值增长的驱动因素。 该模型计算的是扣除投入资本后的剩余利润,促使公司的管理者不仅关注企业受益,更注重股东财富的积累,有效运用资金,促进企业的长远发展。 然而,EVA 估值模型也不可避免地存在着一些缺陷,主要表现为:其一,计算过程涉及百余项的调整,以及多个参数的分析和调整,操作非常复杂,带有较强的主观性,而且调整之后,可能会造成信息的不完善;其二,模型依然没有考虑未来潜在的投资收益,会导致评估结果偏低。 该方法还是不适用于对互联网行业中的独角兽企业或负利润企业进行估值。

(四)实物期权法

实物期权法是将原本应用于金融期权定价的期权理论,运用在实物资产投资决策上而产生的估值方法。 它不仅考虑了不同的投资机会和投资者决策会对企业价值产生的影响,还认为企业投资或清盘资产的决策具有看涨期权的性质。 实物期权法包括二叉树模型、三叉树模型、Black-Scholes 期权估值模型以及蒙特卡洛模拟模型等。 Black-Scholes 期权估值模型是其中运用最广泛的公式之一,具体如下:

$$C(s, t) = SN(d_1) - Xe^{-n}N(d_2) \qquad (7\text{-}4)$$

$$d_1 = (1/\sigma\sqrt{t})[\ln(s/x) + (r + \sigma^2/2)t] \qquad (7\text{-}5)$$

$$d_2 = d_1 - \sigma\sqrt{t} \qquad (7\text{-}6)$$

$$V = DCF + C(s, t) \qquad (7\text{-}7)$$

式中:S 代表企业目前的股票价格,X 代表期权的执行价格,σ 代表企业年回报率的标准差,r 代表无风险利率,t 代表距离期权到期日的剩余时间,C

（s，t）即期权评估的价值，N 代表函数服从正态分布函数 N（0，1），DCF 代表现有投资规模下企业未来现金流折现值，V 是目前企业的内在价值。

对于实物期权理论的研究，Scholes 和 Fischer（1973）提出在无红利条件下任何衍生金融债券必须满足的微分方程，并进一步推导出股票的看涨和看跌的期权公式，这就是经典的 Black-Scholes 定价模型。 Myers（1977）第一次界定实物期权概念，将投资者在实物资产投资过程中的各个节点出现的选择权定义为实物期权。 Myers 用实物期权来描述金融期权与公司战略计划的不同，他为实物投资决策开创了新的思路，将金融明权的思想引进来，把企业在管理过程中面临的各种选择类比期权的本质。 他认为与传统决策分析相比，实物期权存在不确定性，同时有更大的研究空间。 该理论由 Cox，Ross，Rubinstein（1978）在《期权定价：一个简化的方法》中获得实践。 他们还提出二元期权定价模型即二叉树模型，将实物期权定价理论简化。 Geske（1979）通过对 Black-Scholes 定价模型的运用，以假设的方式，立足于几何布朗运动的前提，使该理论得到进一步的发展，并且推导出复合期权的定价模型。

实物期权模型考虑对未来投资时机的选择所创造的价值，是对以上传统评估方法的有益补充和完善；同时，也对企业决策灵活性的潜在价值做了评估，且评估过程突破了标的资产所产生的现金流量的界限。 当然，实物期权模型也不可避免地存在一些局限性。 首先，该方法假设条件较为繁杂，甚至有部分假设条件过于极端，在实践中难以实现。 其次，推理计算的流程太过复杂，虽然蒙特卡洛模拟法采用计算机和随机模拟技术解决了这一问题，但是模型本身还存在缺陷，最大的问题就是其产生的随机数列事实上并没有随机性。 这是运用实物期权法对企业进行估值所要面临的问题。

二、基于传统企业估值理论的互联网企业估值方法

互联网在西方国家发展较早，因此，西方国家对于互联网企业的研究历史较长，提出的互联网企业估值理论也相对较多。 在互联网企业估值方面，西方国家在传统估值理论的基础上进行了大量的运用修正以及估值方法的组合运用研究。 与西方国家相比，我国主要是在其理论研究基础上进行运用修

正，缺乏理论创新，评估体系并不完善。

（一）修正传统估值方法

高波（2002）对现金流折现法做了修正，他认为企业在不同成长期内应该运用不同的计算方式，这样更符合企业实际发展状况，进而通过深入研究发现在企业生命周期的大部分时间内，现金流折现法的适用性是较强的；但当企业处于衰退期时，现金流折现法会出现较大误差。因此，在运用现金流折现法预测企业价值时，应结合企业的发展期进行调整。Gupta（2004）在现金流折现法的基础上，将企业价值分成现有价值和潜在价值，以此构建了一种新的价值评估模型，并将企业价值视为客户价值。Bauer和Hammerschmidt（2005）在Gupta的基础上，将客户价值与企业的财务指标相结合，建立比较全面的指标体系。但是该模型适用范围较小，适合于初创期且没有盈利的互联网企业。

针对互联网企业相对于传统企业的特殊性，Ho和Liao等人（2011）对市场法进行修正，以相对效率为基础构建了一种评估模型。但是该模型仍然受到市场法的局限，故而对于我国互联网企业来说，由于可比公司非常缺乏，该模型并不适用。刘长昕（2011）通过引入模糊数学评判法，解决了市场法难以确定目标企业与可比企业相似度的问题，完善了市场法的计算过程。牛倩（2012）运用GM（1，1）模型动态预测收益折现法中的折现率，运用模糊综合评价模型对估值结果进行纠偏，并选取案例检验该方法的有效性。黄洁（2013）结合互联网企业的特点，利用现金流折现法对腾讯控股进行估值：首先，利用波士顿矩阵对公司财务状况和战略进行综合分析；其次，通过对比DCF模型和相对价值评估法的估值结果，验证模型的可行性；最后，考虑到现金流折现法缺乏灵活性，增加概率加权的情景分析以期提高估值的准确性。但是，由于互联网企业未来经营和投资决策存在巨大不确定性，无法满足DCF法的"稳定持续经营的"假设；而且这一假设忽略了企业未来潜在的投资增长潜力，也就是说，假设本身就存在缺陷（廖理，2011），因此，采用DCF法对互联网企业进行价值评估，无法体现企业内在价值，事实上，估值结果通常小于真实价值。宋菲菲（2015）比较了股权资本自由现金流贴现法

（FCFE）、经济附加值法（EVA）以及相对估值法的特点和适用性，建议在实际运用中，结合多种方法更能合理评估企业价值。 卢洁和杨琴（2018）在分析 EVA 方法在企业价值评估中存在的问题的基础上，通过对 EVA 方法的修正，完善了 EVA 方法在企业价值评估实际运用中的不足之处。

（二）实物期权法

国外很多研究也将实物期权法应用于评估企业价值，Schwartz 和 Moon（2000）深入分析了互联网企业的特性，提出互联网企业中包含看涨期权的特点，并依此建立了连续和离散的实物期权定价模型，结合实物期权理论和资本运算，对 Amazon 公司和 Ebay 公司进行了定价的应用分析。 Carlsson 和 Full（2003）、Wang 和 Hwang（2007）综合考虑了主观上和统计上存在的不确定性问题，结合运用模糊集和实物期权理论，构建了群决策条件下的模糊实物期权价值评估方法。 Manfred（2005）以实物期权理论为基础，通过对互联网企业的客户数量及其产生的现金流进行相关研究，构建了一种新的估值模型。 Dias 和 Teixeira（2010）进一步研究了连续期权博弈理论，详细分析和评价了期权博弈方法，为其在实践中的应用奠定了理论基础。 Shaw（2011）在《网络公司价值评估：前沿观点》一文中阐述了互联网企业存在的特征，并探讨了运用期权定价模型对互联网企业内在附加业务的价值进行评估的可行性。 Rigeorgis（2013）利用实物期权对互联网企业的投资项目进行组合，研究了期权选择价值，并对 Echo Star 公司进行案例分析，对公司未来具有增值潜力的投资组合进行选择。 Doffou 和 Ako（2014）利用 Schwartz-Moon 模型进行了实证研究，选取知名互联网企业横截面的季度数据对其进行价值评估，将评估结果与实际股价进行对比，详细分析了产生差异的原因。

我国对将实物期权应用于互联网企业价值评估的研究起步较晚，但也有了一些运用实物期权评估企业价值的研究。 季峰、武晓玲（2003）认为，对互联网企业进行价值评估时，应考虑管理决策者的灵活性，并提出可以将其看作期权，采用实物期权定价模型对其进行估值更有优势。 王飞航（2004）提出，在企业并购中可以采用实物期权模型，认为实物期权可以克服传统估值法的缺陷。 2005 年，王飞航、徐迪等通过实证分析说明实物期权模型对互联网企业价值评估的适用性，并详细阐述了具体计算和分析过程。 刘芸（2005）从风险投资的角度出发，虚拟构建了一个初创互联网企业，认为可以将企业的分期投资视为复合的看涨期权。 这样得到的复合看涨期权价值即为互联网企业价值，最后通过实证分析验证模型的可行性。 刘玉平和王奇超（2010）等在研究实物期权的具体应用中，发现并不是所有的管理决策者的灵活性都会对企业价值增长做出贡献。 因为管理决策者根据具体情况进行调整的合理性受到专业知识和经验的限制，不能保证对其未来发展和行业预测的准确度，这时其灵活性价值不会对价值增值产生贡献。 因此，实物期权价值是指在面临对经营活动产生巨大影响的不确定性时，管理决策者有能力对其决策做出合理调整，为企业带来价值增值。 杨志强（2015）通过分析互联网行业的特点和企业复杂的期权特性，将 Black-Scholes 期权定价模型运用到并购案例中，评估了目标公司的内在价值，有效地解决了互联网企业在并购交易中的定价冲突问题。 郭建峰等（2017）在充分考虑互联网企业特点的基础上，运用平衡计分卡研究互联网企业的主要影响因素，并综合运用突变级数和实物期权模型，构建了修正的 Black-Scholes 实物期权法。 罗小虎（2018）以企业自身的价值评估方法及理论为出发点，尝试运用实物期权对企业价值做出更加合理、科学的评估，以此来丰富企业价值评估方法。

（三）组合估值方法

Wolf（1998）在经济增加值的基础上，提出将互联网企业价值分为现有价值和未来潜在价值，通过现有价值得出潜在价值，再通过对未来收入增长率的预测来验证该方法的可行性。 王少豪和李博（2000）详细阐述了互联网企业的特点和价值来源，建议将传统价值评估方法现金流折现法与期权定价法相结合，提高对互联网企业整体价值评估的准确性。 Adsera 和 Perenolas（2003）建立了一种综合的价值评估方法，即 FEVA 方法，融合了 DCF、EVA 以及 M-M 法，并详细分析了企业价值的驱动因素。 John（2005）结合实物期权模型、现金流折现法及历史数据来构建新的评价体系，综合评估互联网企业价值。 Baueret（2005）综合考虑财务指标和客户流量指标，结合传统价值评估方法和客户价值理论，建立一个集成的客户价值和股东价值的互

联网企业价值评估模型。 杨金国（2008）认为，可以把互联网企业价值拆成
两部分，一部分是和传统企业类似的现有业务价值，采用现金流折现法对其
估值；另一部分是体现未来增值机会的潜在价值，具有看涨期权特性，采用期
权定价模型评估。 最后，将两项估值结果乘以合理的权重后相加，即为互联
网企业的真实价值。 Ho，Liao 和 Kim（2011）将市场法与数据包络分析法结
合起来，建立了四种互联网企业价值评估方法，并通过多家互联网企业的实
证研究，来验证模型的可行性。 王琳琳（2016）认为，经济附加值在评估传
统企业价值时更合理。 因此，可结合经济附加值和实物期权，用这两种估值
模型分别评估互联网企业的现有价值和潜在价值，并以乐视网为例，验证模
型的科学性。 孙秀弘（2018）通过对传统估值方法基础法、市场法、收益法
的分析与总结，为学者在通信企业进行价值评估提供了方向和依据。

第二节　基于梅特卡夫法则的互联网企业估值方法

1973 年，以太网的发明者、3Com 公司创始人、计算机先驱罗伯特·梅特
卡夫（Robert Metcalfe）提出：一个网络的价值同它的用户数量的平方成正
比。 简单地说，用户越多，价值越大。 这一原理被乔治·吉尔德（1993）命
名为梅特卡夫法则（Metcalfe's Law）。

一、开创性的网络价值理论：梅特卡夫法则

梅特卡夫法则背后隐含的理论是所谓的网络外部性和其产生的正反馈
性，即一般经济财产使用人数越多，则每个人使用的越少，价值也越低，但网
络对用户的效用却会随着用户的增加而增加，网络价值越大又会引起联网需
求增加，即需求创造了新的需求。 用公式表示：一个网络的价值 V 与该网络
的规模或者说互联网用户数量 N 的平方成正比 $[V=N（N-1）]$，即 $V
\propto N^2$，可进一步拓展为 $V=K \times N^2$。

其中，V 代表网络价值；N 代表网络规模，也可以看作用户规模；K 则
代表价值系数或商业化系数。

梅特卡夫法则中的 K 值是一个综合性的系数。 根据互联网企业的特点及行业特殊性，K 值通常包括以下一些因素。

1.溢价率系数。 互联网存在突出的马太效应，一个具有领先优势的企业几乎很少被后起企业超越。 因此，K 值当中应该包含某种体现企业行业地位的马太因子，而溢价率系数是用来表现其行业地位的参数。

2.用户黏性和活跃度。 一个网络平台由于其定位、提供的产品、所处环境的不同，对用户的吸引程度也会不同，从而导致不同网络平台用户的活跃度和流失率都不尽相同。 比如，社交网络的用户黏性通常会大于游戏平台；主要针对熟人的社交网络的用户黏性则要高于针对陌生人的社交网络。

3.企业变现能力。 显然，一个企业的变现能力越强，则其价值也应当越高。 所以，K 亦包含企业变现能力，或称变现因子。

二、基于梅特卡夫法则的若干估值模型

梅特卡夫法则对互联网企业估值最大的影响，无疑是使市场明确了用户对于互联网企业的价值远超其他传统企业，用户乃至潜在用户是企业最重要的也是最关键的资源，对用户资源的充分利用和深入发掘是企业未来盈利水平的最重要保障。 即使 2000 年互联网泡沫破灭后，市场仍然承认用户资源对于互联网企业的重要性，并慢慢出现了对传统估值模型进行用户价值相关修正的估值方法，以及新的完全基于用户价值的估值模型。

(一)DEVA 估值模型

1995 年，摩根士丹利（Morgan Stanley）的分析师 Mary Meeker 和同事在其撰写的《互联网报告》中提出了股票价值折现分析模型（DEVA），指出互联网企业具有高成长性、多元化、开放性、动态性的特征，与原有的盈利模式进行比较分析发现，现有的盈利模式实现了巨大的创新，具有多元性和间接性的特点。 对于互联网企业来说，用户规模在其生命周期的各个阶段均是互联网企业的关键驱动因素，互联网企业的利润主要是由用户资源带来的。因此，股票价值折现分析模型把用户作为企业的利润来源和盈利渠道，并把被评估企业初始投入的资本分摊到每一个用户身上，把用户资源作为企业实际价值的重要组成部分，结合用户对企业价值的贡献，评估互联网企业的价值，同时量化分析用户之间互动所带来的价值，即企业附加价值。

股票价值折现分析模型的理论依据是摩尔定律和梅特卡夫法则。Moore在 1965 年提出了摩尔定律，即在价格不变的情况下，集成电路所能够包含的元器件的个数，大约经过 18—24 个月就会翻倍，性能也将翻倍。玛丽米克尔最早将摩尔定律引入互联网投资范畴，并指出随着互联网的快速成长，在18—24 个月之间，互联网服务或产品的价格会迅速降低，而市值将呈爆发式的增长。

在互联网行业中引入摩尔定律，加速了互联网行业信息化，进一步将梅特卡夫法则引入信息化的互联网行业，以网络外部性的乘数进行连接，进而形成规模庞大且极具发展潜力的互联网市场。因此，可得 DEVA 估值模型如下：

$$E = M \times C^2 \tag{7-8}$$

式中：E——互联网企业价值，M——单位用户初始投资资本，C——单个用户的价值。

DEVA 估值模型在一定程度上反映了规模经济的思想。所谓规模经济，是指随着企业规模的不断扩大，企业的经济效应持续增强，与 DEVA 估值模型认为的大规模用户能够产生较大附加价值的思想是类似的。

(二)国泰君安的定性估值公式

2015 年，国泰君安证券研究所前首席策略分析师乔永远等提出用户数量仍是网络价值最大的影响因子，现在我们可以很清楚地理解为什么许多投资者在还看不到投入资金变现前景的情况下，愿意给予互联网企业那么高的估值并投入大量资金。这是因为除了价值影响因素变现因子 K 以外，互联网企业还可能因为其他三个因素的影响而变得极为有价值：第一，从 P 的角度看，其目前正处在互联网细分领域的行业前端，而互联网行业本身的特性也迫使企业去进行激进的扩张发展，如果不能成为细分领域的"老大"，那么其命运很可能是倒闭或者被吞并；第二，从 N 的角度看，其可能有巨大的用户群体和潜在用户群体；第三，从 R 的角度看，网络连通度非常高——具有较多的高质量中心节点（大 V、国企、明星等），导致网络节点之间距离很短。

　　根据这些条件，国泰君安研究所得出以下结论：K 增加，V 增加，两者成正比例相关，即变现能力加强，企业价值增加；P 增加，V 增加，两者成正比例相关，市场占有率提升，企业价值增加；R 减少，则 V 增加，两者成反比例相关，即网络节点距离缩短，企业价值加速提升。　综上，国泰君安研究所（2015）基于梅特卡夫法则，提出互联网企业估值框架如下：

$$V = K \times P \times N^2 / R^2 \tag{7-9}$$

式中：V——企业价值，K——变现因子，P——溢价率系数，N——用户规模，R——节点间的距离。

　　该公式对梅特卡夫法则进行了一定的修正，将梅特卡夫法则中的货币化系数 k 分解为企业变现因子 K 和企业溢价率系数 P，并创造性地考虑了网络节点之间的距离对企业价值的影响。

　　溢价率系数 P 则代表了企业的行业地位。　由于互联网行业有最为突出的马太效应，因此，行业的领头羊通常拥有更高的溢价。　由于投资者通常也很重视一个互联网企业的行业地位，因此，行业地位越高，则溢价率越高。　行业地位通常可以用市场占有率来表示，市场占有率越高，则公司股权可以获得的溢价就更高。

　　节点间的距离 R 这一概念最早是由前腾讯创始人、著名天使投资人曾李青提出的。　他在 2014 年的一次演讲中表示，网络的价值不仅取决于节点数，还取决于节点之间的距离。　其成立的德讯投资在投资估值中使用的正是上述公式。

（三）上述估值模型的缺陷

　　1. DEVA 估值模型的缺陷。　DEVA 的理论基础存在缺陷。　DEVA 估值模型的理论基础是梅特卡夫法则，其指出网络价值与网络节点呈平方关系。随着互联网技术的迅猛发展，DEVA 价值评估模型关于用户规模与互联网价值之间的关系暴露出两个重大缺点。　首先，用户与互联网企业价值之间的平方关系不再成立。　伴随着互联网、大数据、云计算等技术的迅猛发展，互联网用户规模也取得了突破式发展，如果仍然用平方关系来计算用户对企业价值的贡献，那么，有些互联网企业的价值将会趋向无穷大，与企业实际价值不符合。 此外，新注册用户的边际价值也会趋向无穷大，与实际情况中用户和互联网企业价值的关系不相符合。 可知，目前用户与企业价值之间的平方关系不再成立。 其次，DEVA 价值评估模型为所有节点或网络赋予相同的值。然而，网络节点间存在很多种连接方式，有些连接是不能为企业创造价值或者创造的价值并不都是相等的。 因此，对任何一个连接点都赋予同样的值存在缺陷，在后续的研究中应该考虑剔除掉不能为企业创造价值的连接点。

　　DEVA 的参数确定也有缺陷。 DEVA 价值评估方法的关键参数是单一用户对企业的贡献值。 1995 年，摩根士丹利的分析师 Mary Meeker 和同事共同提出 DEVA 价值评估模型时，互联网技术的发展速度远远慢于现在的，20世纪 90 年代的互联网用户局限于有信息技术支持并对互联网有一定程度了解的人群。 因此，20 世纪 90 年代的用户基本上都是活跃用户，均能够在一定程度上为企业创造价值。 然而，目前互联网普及率已高达 53％，网民受教育程度也在不断上升，部分用户使用互联网提供的产品或服务是游客式或者体验式，并不能为企业创造价值。 此外，DEVA 估值模型并没有将用户活跃性这一问题纳入考虑范围。 但是，若把互联网企业所有用户都纳入 DEVA 价值评估模型，又会高估其价值。 如 Facebook、Twitter、Google 等拥有较高的融资估值，都是因为运用了 DEVA 估值模型。 2014 年 2 月，Facebook 以 190亿美元的高价收购 Whats App。 Whats App 是一款通讯类软件，创立于 2009年，创立初期企业员工人数仅在 50 人左右。 但是，截至 2014 年 2 月，Whats App 全世界单日信息发送量已经多于 420 亿条，单月活跃用户数超过4.5 亿人。 若用市盈率、市销率、市净率、企业价值倍数法等相对估值法评估 Whats App 的价值，则难以解释为什么 Facebook 用 190 亿美元的高价收购Whats App，但是 DEVA 价值评估方法可以较好地解释这一收购价：互联网具有规模效应，Facebook 能够以较高的溢价共享 Whats App 的数亿用户群，获得共赢。

　　2.国泰君安估值模型的缺陷。 该估值模型确实非常简单，只是一个定性公式，但目前尚不成熟。 公式中系数 K、P、R 的定义、计算和评价标准尚不明确。 因此，这个模型的应用目前停留在定性分析的程度。 魏嘉文和田秀娟

（2015）使用该公式结合市场法提出了一种定量分析的办法，将变现因子 K 定义为经营现金流与总资产的比值，以代表企业的变现能力。

该模型的缺陷非常明显。首先，系数和计算方式没有统一的定义；其次，该公式没有明确地区分活跃用户、用户转化率和用户留存率；最后，虽然该模型创造性地考虑了节点距离 R 对互联网企业价值的影响，但这一系数也只是从定性角度出发，目前尚没有定量估算的方法。

综上所述，基于梅特卡夫法则的若干估值模型，均认为互联网企业的关键驱动因素是用户规模。当企业用户规模持续增长时，互联网所具有的开放性、动态性等特征及用户之间的互动将会产生庞大的网络效应。因此，互联网企业不仅能够获得用户规模所带来的企业价值的增加，还能够获得用户之间互动所带来的附加价值，而这种附加价值体现为用户价值的平方。互联网成为新的人际关系网，为用户之间的互动提供了支持。所以，运用估值模型评估企业价值时，除了要考虑能够带来直接价值的用户规模，还要考虑能够创造附加价值的用户之间的互动。而以上所分析的基于梅特卡夫法则的估值模型就存在这一缺陷，即只考虑了用户规模，未考虑网络节点即用户间的连接特征，就是网络结构。因此，本文认为结合社会网络分析引入结构维度变量很有必要且有意义。

第三节　基于客户价值理论的互联网企业估值方法

由于临界容量（Critical Mass）、用户安装基础（Installed Bases）等在网络扩张、网络效应形成过程中的关键意义，甚至出现了"免费"等商业模式；同时，鉴于网络效应产生之前长期的固定投资过程（网络规模扩张往往也是固定投资的内容），传统估值方法的局限性日益凸显，国外学者开始关注非财务因素，尤其是对客户价值如何影响互联网企业价值进行了深入的探索研究。

国外学者 Steven（1999）在其互联网企业价值评估研究中提出网站访问人数理论。Trueman（2000）结合公司账面上的净收入和网站流量来分析互

联网企业股价与收入和流量的相关性。 结果发现，净收入这个变量对互联网
企业的市值缺少解释能力。 于是，研究人员基于会计变量，将可以作为衡量
网站流量指标的用户页面浏览量（PV）和网站的独立访客人数（UV），与净
收入放在一起回归。 结果发现，互联网流量指标与企业价值呈正相关。 之
后，Rajgopal（2000）针对非财务指标与互联网企业的价值是否具有相关性进
行了研究。 该研究把网站的独立访客人数和独立访客的人数在所有上网人数
中所占的比重（Reach）当作网络流量的指标，并且研究了流量指标的经济价
值与互联网公司的股价是否有一定的关联。 研究结果表明，网络流量指标和
互联网企业的股价呈正相关。 不仅如此，网络流量指标还为用财务指标构建
的估值模型增加了解释力度。 Hand（2001）根据互联网企业的财务指标、网
络指标以及股票的供求对互联网企业的股票价值做了相关研究。 研究结果表
明，互联网企业的股票价值与网络流量指标中的独立访问者这一指标呈正相
关，然而和网站的页面浏览量以及该网站的用户浏览网页所花费的时间无
关。 另外，财务指标对互联网企业股价的解释程度为50%，网络指标的解释
程度为20%，而股票供需因素的解释程度为13%。 Steven，Rajgopal 和
Hand 是研究网络流量指标与互联网企业价值相关性的主要代表人物，他们的
研究结果都表明，互联网企业的市值在很大程度上受网络流量指标的影响，
即网络流量指标产生的经济价值越大，互联网企业价值就越大。 这些发现为
之后网络流量相关指标与互联网企业价值的关系研究奠定了理论基础。 Sunil
（2011）认为客户价值能直接决定互联网企业价值。 通过深入研究发现，目
前已有客户价值和未来预期客户价值与互联网企业价值的关系密切，从而提
出客户价值模型，作为评判互联网企业价值的重要模型。

国内学者在此方面也进行了诸多探索研究。 帅青红（2005）针对传统价
值评估方法无法评估初创期没有盈利的企业这一问题，以客户生命周期理论
为基础，结合传统价值评估方法，建立了一种新的互联网企业价值评估模型，
即 CVBC 模型。 谢蓬（2008）对互联网企业价值来源问题进行了深入研究，
提出独特商业模式是互联网企业价值的主要来源，将商业模式分成八个维
度，建立了基于商业模式的基本分析框架，然后据此对企业价值进行评估，但
评估过程依然存在较强的主观性。 谈多娇和董育军（2010）在研究网络企业

的价值构成后，总结出网络企业的价值源自客户资源。 客户价值源泉最大的作用是驱动网络企业价值量不断提高。 客户价值主要通过三种方式实现：一是单位客户收入贡献；二是注册客户数量；三是点击率。 他们同时提出了包含三种影响价值大小的因素的网络企业价值评估模型，后来采用了单位客户收入贡献、权益成本和客户模型三个点进一步修正了模型，使之更加完善。方晓成和李姚矿（2010）从未来客户数、折现率、现金流三个角度对 CBCV模型进行修正，进一步丰富了 CBCV 模型在互联网领域的运用。 宋丽平、刘含（2014）用实证研究的方法对网络公司流量指标与股价相关性进行分析，证明了网站流量指标中的访问次数（APM）和访问人数（APU）与股价呈正相关；Alexa 排名与股价呈负相关，即排名越高，数值越小，股价则相对较高。魏嘉文和田秀娟（2015）在论文《互联网 2.0 时代社交网站企业的估值研究》一文中，提出将国泰君安数据研究所公式与市场比较法结合使用，采取这样的方法，无须得知互联网企业的 K、P、N、R 精确数值就可计算出被评估企业的价值，在市场法的运用中也可一定程度上去除 K、P、N、R 取值的误差。 "梅特卡夫法过于激进、偏颇的理念导致了互联网投资的冒进和泡沫"，因为网络价值将以用户数量的二次方增长是不够准确的，人们对该理论的过于推崇才导致了互联网经济泡沫的破灭。 该文章提出基于经验法则的齐普夫法则，网络价值是与网络用户数量及其对数的乘积成正比。 范声焕（2016）在《基于齐普夫法则的互联网企业估值研究——以东方财富为例的分析》一文中，对上述观点做了研究分析。 王领、刘融（2017）从客户价值视角通过建立模型分析互联网企业并购，探讨互联网巨头并购互联网中小企业中出现的高溢价问题。 段文奇、宣晓（2018）对互联网企业价值评估理论进行系统梳理，基于价值创造视角，从整体价值的形成过程、影响价值的关键机理、企业价值的评估方法三个层面进行了体系构建。

第四节　本章小结

通过以上对国内外学者关于互联网企业价值评估方法已有研究的梳理，

我们发现：

第一，早期的一些互联网企业价值评估理论除了实物期权定价法外，都是直接基于企业财务指标来对企业进行价值评估的。虽然实物期权理论提供了一种新的思路和量化方法，但大多数学者为了方便获取数据，仍以财务报表数据为基础对企业进行价值评估。而对于区别于传统企业的互联网企业来说，网络经济在向其用户提供产品和服务的过程中，互联网企业的竞争战略会转向通过各种营销手段吸引更大范围内的用户。这就表现为：网络初始投资需要巨额投入，具有高固定成本；而网络建成后，也即达到网络的临界规模（Allen，1988），增加一个用户的边际服务成本却很少，甚至接近于零（Shapiro 和 Varian，1999）。因此，对于在发展初期要投入大量资金而难以得到回报的互联网企业来说，传统估值方法无法对其进行估值。

第二，已有研究中虽有组合方法，但仍采用传统估值方法，鲜有学者提出摆脱传统价值评估方法的估值模型。此外，随着互联网企业的快速发展，部分学者开始关注互联网企业的特殊性，考虑到一些非财务因素，尤其是客户价值。任何一个网络参与者（用户）从网络中可能获得的效用与网络的规模（即网络中参与者的数量）存在明显的相关性（Katz 和 Shapiro，1985），即为网络效应，也称网络外部性。正是由于这种网络效应的存在，那些占有技术竞争优势的互联网企业会利用网络效应所产生的正反馈机制来争夺市场份额，而后进入的企业将会被迫退出市场。这种正反馈机制会促进具有技术竞争优势的企业更进一步地领先，并加强了其在市场中的垄断地位，用户就面临被锁定（Witt，1997），进而形成"赢家通吃"的局面（刘嘉俊，2006）。可见客户价值是互联网企业价值的重要影响因素，但大多数学者只是大量地罗列非财务指标，如注册数、访问量和点击率等指标，没有抓住主要的客户资源，而且这种方法目前仍处于定性阶段，没有统一的量化标准，存在局限性。

第三，用户资源为影响互联网企业价值的主要指标。著名的梅特卡夫法则由罗伯特·梅特卡夫（1973）提出，其假定网络价值等于该网络所拥有的节点数（用户规模）的平方。用户规模是影响网络价值最大的因子。很多互联网平台是典型的双边平台，具有明显的网络效应（网络外部性）。网络外部性分为组内外部性和（组间）交叉外部性（Rochet 和 Tirole，2006），组内外部性是指网络中同一边用户之间的影响关系，交叉外部性是指网络中一边用户规模对另一边用户行为的影响关系，即用户消费网络产品获得的价值包括产品本身所具有的价值，也包括从其他用户那里获得的协同价值。这也就表明网络节点即用户间的连接特征，也即网络结构是影响互联网企业价值的因素。但大多估值模型只考虑了用户规模，未考虑网络节点即用户间的连接特征。国泰君安证券研究所（2015）的定性估值公式虽创造性地考虑了节点距离，但未涉及整体网络结构且只是在定性程度，目前尚且没有定量估算的方法。

总的来说，既有文献的理论、方法、模型并不能形成一个完整的互联网企业估值体系，只是发现了影响互联网企业价值的某些因素。因此，针对原始梅特卡夫法则只有单一规模维度的缺陷提出如下估值思路，通过引入结构维度，使之拓展为更能全面深入地反映异质结构网络之价值区别的网络企业估值模型。

8

第八章　电商前沿模式：社交电商的网络扩张

随着互联网的普及，尤其是移动终端等基础设施的完善，电子商务迅速在全球成为主流业态，而中国电商在此过程中成就更加突出。中国电子商务大致经历了萌芽、高速增长以及纵深发展3个阶段，逐步衍生出完整的生态链，并逐渐形成了以阿里巴巴、京东这2家传统电子商务平台为首的垄断局面。截至2018年6月，阿里和京东的市场份额共占全行业的74.5%，业内普遍相信，电商行业的竞争格局已经尘埃落定；[①]同时，国内移动电商用户总数尽管还在增长，但增速明显减缓（如图8-1所示）。这一"流量困境"[②]和先占寡头的正反馈（Positive Feedback）效应优势，共同导致电商行业的进入门槛越来越高。

然而，自2015年起，黄铮等人带领拼多多打进电商领域，在不到3年的时间内逆势成长，突破5000亿GMV，而实现这个数字阿里用了12年，京东用了9年。目前，拼多多的日订单量已超越京东，成为中国第二大电商平台。黄铮将拼多多的用户群体定位为"五环外"人群[③]。目前三四线及以下

---

① 光大证券：《享受下沉红利的新一代电商平台——拼多多投资价值分析报告》。

② 王昕天、汪向东：《社群化、流量分配与电商趋势：对"拼多多"现象的解读》，《中国软科学》2019年第7期，第47—59页。

③ 这里的"五环外"不仅仅是指北京五环，更是指游离于主流视角之外，活在三线及三线以下城市的人群。

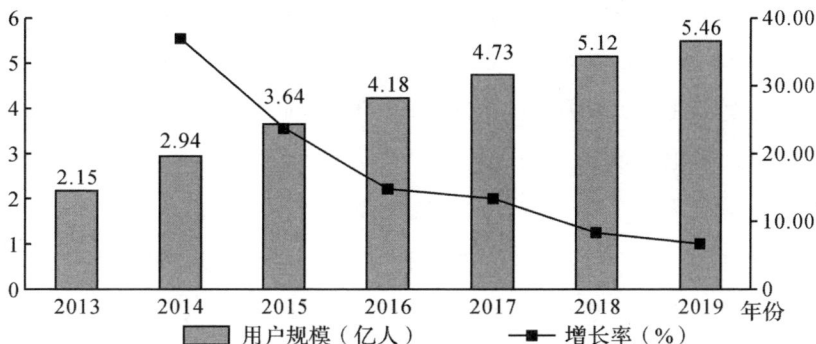

图 8-1　2013—2019 年中国移动电商用户规模

资料来源：艾瑞咨询，其中 2019 年为预测值。图为作者自制。

城市的月活跃用户大约为 6 亿①人，下沉市场空间大，以拼多多为代表的社交电商平台之崛起，离不开对三线及以下城市市场的挖掘。

　　不同于传统电商平台基于用户主动购买行为的搜索模式，以拼多多为代表的社交电商平台更多是通过社交网络传播触达潜在购买人群，并激发其购买欲，同时亦存在基于社交关系考虑的拼购行为，更多是被动购买，即销售模式由"人找货"变成"人找货，货找人"，这一模式成功突破了电商行业面临的"流量困境"，突破了阿里与京东的双寡头模式。 以"拼多多"为首的社交电商给传统电商带来了巨大的威胁，截至 2018 年 12 月，我国网民规模达 8.29 亿，手机网民规模达 8.17 亿，网络购物用户规模达 6.10 亿，微信朋友圈的使用率高达 83.4%②，移动社交红利凸显。 Facebook 创始人马克·扎克伯格（Mark Elliot Zuckerberg）在 2010 年指出，社会化电子商务将会是下一个引爆点。 作为典型的社交电商平台，Facebook 财报显示，其在 2018 年最后 3 个月每月活跃用户为 23.2 亿人，每日活跃用户为 15.2 亿人，③在风口浪

---

　　①　广发证券：《2018 年研究报告，中国互联网的三、四线下沉——以拼多多、趣头条为例》。

　　②　数字来源：中国互联网信息中心. 第 43 次《中国互联网络发展状况统计报告》[EB/OL]. (2019—02—28)[2019—04—06]. http//www. cnnic. net. cn/hlwfzyj/hlwfzyj/hlwtjbg/201902/t20190228_70645. htm.

　　③　数字来源：Facebook 2018 年财务报表。

尖下仍创就 68.8 亿美元的净利润。 另外，海外著名的社交电商平台还有 eBay、Instagram 以及 Pinteres 等。 由此可见，不管是在国内还是在国外，传统电商逐渐社群化是大势所趋，这成为网络经济研究的新热点。

要理解社交电商逆势成长的趋势，需要理解社交电商相对于传统电商的特殊优势，需要从社交电商平台与传统电商平台的主要区别——社交功能——入手分析。 过去十几年来，国内外既有文献从平台经济、双边市场、网络产业理论、交易成本额信息经济学等角度研究了传统电商；社交元素融入电商平台以后，互联网的物理网络与买方群体内的社会网络叠加在一起，使网络结构的复杂性显著增强。 因此，本文拟通过梳理与"社交"相关的主要理论，以探索社交电商的研究进程。

第一节　社交电商研究概览

社交电商在国内的起步晚于国外。 早在 2000 年，eBay 就在拥有 160 万在线注册会员的社区进行网上拍卖，但直到 2010 年才出现关于社交电商的专门研究，如 Murphy 和 Syed-Ahmad（2010）、Liang 和 Turban（2011）、Kim（2012）等。 国内则起步更晚，较早的文献有《社会化电子商务环境下基于社会资本的网络口碑与购买意愿关系》《社交电子商务购前分享动机研究》等，总体上对社交电商的认知依旧处于初级阶段。

一、何谓社交电商？

社交电子商务是社交与电子商务的结合。 2005 年 12 月，雅虎首次提出了社交化电子商务（Social Commerce）这一术语。 根据艾瑞咨询《2017—2018 中国社交零售市场研究报告》，社交电子商务商业模式可以分为社交内容型、社交分享型以及社交零售型。 目前，国内外对社交电子商务的概念尚未有一个统一的定义。 Bronner 和 Hoog（2012）认为，社交媒体与互联网 2.0 在电子商务中的运用，允许消费者加入不同的社区并与社区中的成员发生互动，参与商品的信息分享过程，改变了潜在消费者获取商品信息的渠道，最终影响消费行为。 易观与云集微店联合发布的《中国社交电子商务发展专题分析 2017》指出，社交电商是电子商务的一种衍生模式，主要基于人际关系网络，借助社交媒介传播途径，通过社交互动、用户自生内容等手段来辅助商品购买。 因此，通俗来说，社交电子商务就是通过时下流行的社交工具和消费者做社交互动，利用用户之间的社交关系扩张网络规模来辅助商品的销售。

　　社交电子商务平台具有传统电子商务平台所有的特点，同时又具备其独特的社交属性。 针对社交电商平台特征，学者们从不同的角度展开研究。 首先，在技术方面，不少学者认为移动互联网技术的发展给商品交易效率带来极大的改善，社交平台使用 Web 2.0 技术支持在线互动，已经成为一种新的连接商家与商家、商家与消费者、消费者与消费者的商业模式，每一个平台都拥有成千上百万的注册用户，现在都是十分重要的商业渠道。 如，张琼（2016）通过问卷调查研究，发现电子商务＋社交改变了消费者行为，提升了企业数据应用能力以及商品交易效率。 其次，关于用户信息及群体互动。 用户点击及其发表的在线评论等信息是企业最重要的资源，大大减少了双方的交易成本。 社交电商的模式重塑了企业价值创造的来源和模式，社交电商平台上的每一个用户既是互联网信息的生产者，也是信息的受益者。 已有研究表明，用户在网站上发布的意见会对其他消费者的决策产生巨大的影响，且用户在大部分情况下愿意如实展示他们的态度和个人观点。 Murphy 和 Syed-Ahmad（2010）论证了在社交电子商务的商业模式中，所有商品被集中分组在一起，可以帮助卖家节省广告等营销成本。 罗珉和李亮宇（2015）从理论角度阐述了社交平台给企业价值创造的载体、方式和逻辑带来的变化，这些变化引起了行业竞争规则和生态模式的巨变。 最后，基于电子口碑的商业行为，口碑越来越受到企业的重视。 Nina Farisha Isa（2016）认为，在传统电商平台，消费者作为内容的接受者，处于被动消费的地位，而社交电子商务平台的用户可以积极地生产、分享、消费内容。 网络社区中的用户可以在交流分享过程中，逐步建立起信任关系，在电子商务企业就可以利用这一机会获取有关用户的行为偏好的信息，并基于在社交过程中建立的信任关系，推荐高度相关的商品，提高销售量。 黄敏学等（2019）在对美国购物点评网站的实证分析中得出，在线口碑是影响商品销售量以及企业营销手段的重要因素。综上，社交电子商务平台与传统电子商务平台最大的区别就是，用户一侧可以通过交流互动和分享信息加强彼此间的信任，放大平台的网络效应，[①]以提高商品的销售量。

二、社交电商的研究态势

目前，既有文献的研究大致集中在以下几个方向（见表 8-1）。第一，用户行为（User Behavior）。这也是社交电商领域内最主要的研究内容，这部分文献关注电子商务平台融入社交元素之后，会对消费者的行为产生的影响。研究者利用问卷调查、数据挖掘等方法验证了社交电商平台能够通过影响信任、价格、信息收集成本等因素来影响消费者的购买行为，常见的模型有技术采纳模型（TAM）、计划行为理论（TRB）、理性行为理论（TRA）、交易成本理论（TCE）以及 S-O-R 模型。第二，用户来源（User Source）。目前移动互联网第三波人口红利正处于收获期，线下交易越来越满足不了消费多样化的需求，三、四线城市的用户开始成为流量竞争的主要阵地。传统互联网竞争的核心用户是一、二线城市的青年群体，三、四线及以下城市的细分市场，尤其是中老年群体，还没有被充分开发，是容易被忽略的市场，也是创业公司实现"农村包围城市"弯道超车的机会。光大证券研究指出，社交电商的使用者多为时间成本较低的用户，而三线及以下城市的消费者多为收入偏低、追求低价、品牌意识较弱的人群，正好符合社交玩法的购物形式。据统计，三、四线城市以及非线级人口占比高达 68.4%，[②]下沉市场庞大的人口基数为社交电商的用户开发带来极强的网络效应，但已有文献只是定性描述这一现象，未对其中的原理进行定量分析。第三，商业模式（Buniess Model）。这类文献旨在通过对比传统电商与社交电商的商业特征，研究两

---

① 根据 Katz 和 Shapiro 的定义，网络效应可以分为直接网络效应和间接网络效应。这里我们关注的是直接网络效应，即消费者使用某产品或服务的效用与用户数量相关，随着使用某种产品的用户越多，消费者的效用越大。

② 数据来自易观 2019 年 4 月份发布的《下沉市场消费者网购趋势洞察 2019》的专题分析。

者的异同以及其中的作用机理。 第四，网络分析（Network Analysis）。 这部分文献聚焦于社交电商特殊的网络结构给平台、商户、用户带来的不同于传统电商的冲击。 另外，还有小部分学者研究了社交电商的网站设计、安全隐私等。

表 8-1　社交电商的研究现状

问题指向	研究内容	代表文献
用户行为	购买行为与平台收益的关系	Eder 和 Chen(2011)；Jang 和 Kim(2013)
用户来源	下沉市场的人口红利	Wang(2016)；Su(2019)
商业模式	不同电商平台商业特征的比较	Kim（2013）；Yu 和 Lang(2014)
网络分析	网络结构对平台中各方的冲击	Sashi(2012)
安全隐私	平台隐私和支付安全等问题	Sharma 和 Crossler(2014)；Park（2012）
公司绩效	对平台及商家业绩的影响	Shanmugam(2016)
理论建构	平台经济原理分析	Liang 和 Turban（2011）；Baghdadi(2013)

资料来源：作者整理。

在研究方法上，既有文献更接近于管理学，而从经济学角度进行的研究还比较稀缺。 大部分文献只是将社交电商视为一种新的营销方式，对其效率、成本优势以及用户体验等进行经验总结，而对其内在机理缺乏理论认知分析和框架分析。 社交电子商务平台具备典型双边市场的基本特征。 因此，从平台经济学、网络经济学对它进行研究应该是未来的一个可行方向。 更重要的是，社交元素的加入使对社交电商平台的研究延伸到社会网络领域。 平台虚拟交易网以及社会互动形成的社会网，交互形成的双重叠加网络对平台双边用户产生更强的直接网络效应（同边用户示范—跟随的协调和正反馈过程）和交叉网络效应（双边用户"鸡蛋相生"的跨边协调和正反馈过程），从而爆炸式地扩大平台的规模。 可见，如何借鉴社会网络分析方法，从结构和规模两个方面来量化这一过程中的网络效应是未来值得深思的问题。

第二节 社会互动理论

一、社会互动理论溯源

长期以来，强调社会因素对个人选择产生重要影响的社会互动研究一直处于经济学研究的边缘。主流经济学抽掉了个人的社会属性，假设个体是原子化的，其决策是孤立的，只需要考虑自身偏好和效用，而与周围环境无关。然而，真实世界中的个人行为都是嵌入（Embedded）社会结构中的。因此，将个人行为置于社会互动网络之中，能够对经济行为和秩序做出更好的解释。

早期制度经济学之重要学者 Veblen（1899）的炫耀性消费理论是最早研究社会互动的经济学理论。大量事实都证明：消费者的选择不仅建立在他们个人收入和偏好的基础上，还受到他人消费的影响，是否选择从特定的商贩那里购买商品要受到光顾同一家店铺消费者数量的影响。此外，攀比效应（Pindyck，2013）、羊群效应（Banerjee，1992）以及社会学中的同群效应等都说明了消费者选择的相互性，Duesenberry（1949）的研究也强调社会互动因素对人们消费行为的影响。经济学家对于社会互动尚无明确定义，先行者之一 Becker（1974）把它当作许多影响个人决策的社会因素的统称。Scheinkman（2008）①定义其为"特殊形式的外部性，其中个人的偏好会受到他的参照群体之行动的影响"。Durlauf 和 Ioannides（2010）则认为，社会互动是指个体之间的相互依赖性。一个兼具社会和经济行为特征的人，其偏好、信念以及其所面临的预算约束都受到他人的特征与选择的直接影响。

二、社会互动对个体行为的影响

Durlauf 和 Ioannides（2010）提出考虑到社会互动，理性行为人成为社

---

① 约翰·伊特韦尔：《新帕尔格雷夫经济学大辞典》，经济科学出版社1996年版。

会—经济行为人（Socioeconmoics Actor），其行为的偏好、预期以及预算约束将会受到他人行动的影响。社会互动对个体的影响主要表现为偏好以及预期（信息）两个方面。Bowles 和 Samuel（1998）认为，社会互动影响个人行为最首要的途径就是塑造行为人的偏好以内化他们所处社会的影响。Becker（1996）在他的《歧视经济学》中提到，个人效用会受到他人的影响，并将社会因素作为偏好的对象直接纳入效用函数。同时，信息的收集也是影响消费者决策的重要环节，社会互动使行为人可以从他人的行为中获得信息。因为信息是不完全的，而从与他人的交流或者观察他人的行为中获得信息是交易成本最小的方式。Banerjee（1992）的模型表明，当行为人从他人选择中得到的信息比他的私人信息多时，他就会选择模仿在他之前紧挨着的那个行为人的决策，这就是所谓的"羊群行为"。研究表明，社会互动还会影响投资选择、健康、新产品采用等各个方面。

社会互动如何强化电商平台买方一侧内部正的直接网络效应？一部分学者探索了"口碑效应""意见领袖"的作用，但大多数文献只从表面探索了口碑对消费者行为的影响，未深入解释其中的网络效应。在社交媒体时代，用户可以自己产生内容，消费者在购买某种产品之后会分享其使用体会，形成该商品的口碑，同时成为其他消费者获得信息改变偏好的重要渠道。电子口碑（E-WOM）是学习的一种媒介，不仅包括有关在线产品和供应商的建议，而且支持在交易平台与过去和潜在的未来的消费者进行社交互动。Li 等（2013）基于消费者学习理论和细化可能性模型发现，交易平台上的口碑已成为消费者对在线商店和产品印象的知识库。López，Manuela 和 Sicilia（2014）的研究表明，个人口碑效应的影响力大于企业本身对商品宣传的影响力。Elseidi（2016）证实，口碑对品牌形象、品牌态度和消费者的购买意愿产生了显著的积极影响，并超过传统的通信方式。陆晓菁和陈宏民（2012）通过双边市场理论，探讨了社区中电子口碑交叉网络效应对定价的影响，发现社区平台对消费者的最优价格随着消费者自网络外部性以及高质量商户所占比例的增加而提高，并随着消费者对商户交叉网络外部性的增加而降低。消费者出于自我展示的动机，会发起更多的口碑以拥有更多网络关系。黄敏学（2019）探索了网络结构与口碑发起之间的关系，发现网络关系与口碑数量之间存在着显著的正向关系，具有影响力的人发起的口碑会迅速在整个网络中爆炸式地传播。 左文明、王旭和樊偿（2014）发现，社会资本影响社会网络口碑，进而影响社会网购行为。

可见，口碑成为企业树立形象的关键。 在口碑的作用机制中，一些影响力大的人物就成为"意见领袖"开始引导市场的方向。 在社会互动背景下，消费者的行为受"意见领袖"影响较大，并且注重体验与沟通互动。 一般情况下，"意见领袖"拥有更多关于产品的信息，更容易引起"羊群效应"，也给需求方更大的网络效应。 因此，培养"意见领袖"成为企业新的营销策略。

哪些用户能成为"意见领袖"？ Franke 和 Shah（2003）认为，拥有关于产品深入知识和使用经验的领先用户（Lead User）会向其他用户提供帮助和信息，起到了强大的榜样作用。 Schreier 和 Prügl（2008）认为，领先用户比其他用户有更多的新产品采用行为以及更快的采用速度，并且参与到产品的开发、采用和推广环节，一旦新产品满足需求，就会成为新产品的初始采用者。 根据王楠等人（2019）的整理，领先用户是指在特定领域处于重要市场前沿地位，并期望从满足需求的解决方案中获得高收益的个人、群体或组织，其活跃于初始用户。 Urban 和 Von Hippel（1988）也表明，领先用户由于具备丰富的产品知识和使用经验，注定了其担当"意见领袖"的角色。 Thakur et al（2016）也证明，领先用户在对产品表示满意以后，为了得到更多其他消费者的追随会提供生动的证据，帮助产品扩散。 但是，现有文献对领先用户如何成为意见领袖以及其在新产品扩散中的作用机理尚未清晰。 因此，结合早期领先用户的研究以及社会网络分析工具，厘清不同结构位置的领先用户对产品扩散的影响尤为重要。

另外一部分学者对社会互动影响消费者决策的具体机理进行了研究。 周宏和张皓（2017）通过 S-O-R 模型，验证了社会互动能够对消费者行为起到推动作用，其中的机理是互动作为刺激因素显著影响消费者网络信任，进而正向影响其行为。 由此可见，互联网企业应该通过创造在线用户的沟通来实现双赢。 Kumar 等（2010）利用交易平台中的人际关系数据探讨了社会网如何对消费者的购买行为造成影响。 Hajli（2013）在研究中发现，社会互动影响信任和感知有用性，从而影响消费意愿。

综上，社交电商利用社会互动，主要以"口碑效应"的方式来改变影响行为人决策的两个关键因素，即偏好和信息；同时根据 Granovetter（1982）的强联结带来信任、弱联结带来信息，考虑社会互动的频率、信息质量等网络强度因素，社会互动还影响到使用外部性的大小。因此，社会互动从社会网和交易网两个方面同时激发消费者用户示范—跟随行为，①为平台触发规模"爆炸"的临界点，由此显现出比传统电商更大的网络效应；但要将这一理论纳入社交电商的机理分析，还需要可量化的工具概念和分析框架。

第三节　社会网络分析方法

Wellman（1988）认为，社会网络是由某些个体间的社会关系构成的相对稳定的系统。Scott（2000）则定义，社会网络为一群人联结在一起的社会网络关系。Granovetter（1982）提出将经济行动嵌入社会结构，而社会网络就是人们生活中的社会结构。总之，社会网络具有传递信息和输送利益的功能，处于社会中的人的偏好、决策和行动必将受到社会网络的影响。

根据关系的性质，社会网络研究可分为三个基本方向：结构形式内容以及渠道效应；根据网络类型，社会网络可分为个体网、局域网和整体网。社交电子商务平台的特点就是消费者之间由一个个小团体即"局域网"组成。在整个平台的范围里，消费者一侧由无数个小的社会网络集聚而成，而社交网络叠加电商平台的虚拟交易网络。因此，平台的价值和网络效应通过这两个维度来衡量。

一、社会网络分析

社会网络分析强调从结构的角度关注社会网络强度及其影响因素。作为一种结构关系，社会网络的强度取决于网络成员的异质性和社会关系的非重

---

① 传统电商由于缺少需求方内部的交流，"口碑效应"难以产生，从而只存在交易网。

复性，即联结强度理论和结构洞理论。 这为研究社交电商平台需求方一侧内部的网络结构提供了新的方向。 但是，如果仅对社会网络进行概化的描述和解释，就缺乏对其规模和结构的形成动因、强度进行深度探索。 因此，社会网络测度的关键在于如何量化网络的规模和结构，特别是反映结构密度、强度等指标的设计。 目前，社会网络分析已形成一些常用的主要理论和主要指标[1]。 但在经济学领域，既有文献对社会网络的测量大多停留在规模上，使用的方法一般有数据挖掘、问卷调查和利用微观数据库等，仅仅从规模上量化社会网络的大小无法满足研究的要求；还有少数文献采用"人口规模"来直接测量社会网络，但是常面临数据缺失的困境；对其结构维度的度量则主要从行为指标出发，但是这些指标容易发生内生性问题。 要深入分析一个平台社会网络规模与结构对行动者的影响还需要探索新的方法，充分利用UCINET、PAJEK 等软件工具分析网络结构，如结构洞分布、联结强度等对平台的影响是未来研究的重点。

Burt（1992）在《结构洞》一书中提到，在社会网络中，个人关系的强弱取决于他所占据"结构洞"[2]（Structural Holes）的多寡。 周志民等（2015）认为，结构洞是社会网络中关系形成的关键节点，拥有结构洞的人往往具有信息优势与控制优势。 但目前还鲜有文献从社交电商网络的结构出发，以联结强度和结构洞为衡量指标对其进行分析。 薛海波（2011）从结构嵌入的视角，检验了社区中网络中心性和品牌社群融入对品牌社群认同、自我品牌关联和品牌忠诚三个个体层面的主要绩效指标的影响，认为居于中心位置的意见领袖对社群中其他成员及整个社群会产生巨大影响。 周琦萍、徐迪和杨芳（2013）分析了不同结构位置的初始用户对产品扩散的影响，发现初始用户处于网络中心时，能够大幅度地提高产品扩散的速度。 可见，基于领先用户与初始用户的关系，企业有目标地去选择处于网络中心位置的初始用户，使之成为意见领袖以增加局部网络效应的大小能够有效提高其绩效

---

① 这些指标一般是反映结构维度变量的。
② 根据 Burt 的定义，"结构洞"指"社会网络中的某个或某些个体和有些个体发生直接联系,但与其他个人不发生直接联系。无直接或关系间接的现象,从网络整体看好像网络结构中的洞穴"。

水平。

二、社会网络与局部网络效应

网络经济学认为，由于网络效应的存在，一个用户从产品消费中得到的效用会随着该产品（或兼容产品）已有用户数量的增加而增加。因此，市场竞争在正反馈作用下会导致"赢家通吃"的结果。但是，不少现实案例与这一标准理论推断并不相符，电商行业中就有淘宝、京东、拼多多等共同瓜分市场份额，呈现出"一家独大、多家共存"的局面。可见，"赢者"经常难以真正"通吃"市场。苏治等（2018）从平台类企业行为的角度分析了互联网行业的市场结构，认为市场长期稳定均衡的结果是大型互联网平台类企业的主营业务居于垄断位置，中小型互联网平台类企业及其衍生业务处于竞争状态的"分层式垄断竞争"结构，解决了传统理论对现实中垄断与竞争并存现象的解释障碍问题，但是对涉及用户基础决定企业生存状态时只讨论了其规模作用，未对用户基础形成过程进行讨论。传统网络经济学认为，市场竞争的结果会是"赢家通吃"的垄断局面，是因为这些研究大都是基于全局网络效应的视角，认为一个新用户的增加将带给网络中所有在位用户同等的效用增量，未考虑这个新用户和在位用户之间是否存在特殊关联，即用户的网络结构与产品扩散的关系（赵良杰等，2010）。换言之，这种全域视角意味着，把任意两个用户间的连接频率、强度视为同质的、均匀的；而在真实世界中，由于社会网络的存在，每个人都只与部分特定人群发生较紧密、较频繁的互动。因此，一个新用户带给不同的在位用户的效用（成员外部性和使用外部性）其实是不同的。

在现实社会中，任何产品的扩散都是在人类社会中进行的，信息分布也是不均匀的，人际关联和外部性的作用也是因人而异的。在这种非完全信息市场中，所呈现出的网络效应并非全局的，而经常是局部的。在许多现实场景中，消费者效用仅仅受到全体潜在消费者的某个子集中消费者选择的影响，用户选择采纳产品时更多是受到他所处的子网络中其他用户选择的影响，而不是全体消费者的采纳比例，即局部网络效应（Local Network Effects），后者强调的是局部个体之间的交互作用（Arun Sundararajan，

2007）。 Birke 和 Swann（2006）指出，在移动通信市场中消费者对运营商的选择更多是受到家庭成员采纳行为的影响。 周琦萍、徐迪和杨芳（2013）运用微观扩散模型验证了在复杂社会网络系统中，具有局部网络效应的产品竞争受到社会网络中消费者的交互作用而不是用户基础的影响，该作用加快了信息传播以及产品扩散的速度。 赵良杰、姜晨和鲁皓（2011）研究了复杂社会网络结构、局部网络效应强度以及创新采纳个体自身偏好异质性对创新扩散的影响，发现网络结构影响创新扩散的程度和速度。 Arun Sundararajan（2007）通过博弈模型证明，用户从网络产品中得到的效用随着该用户邻居做出相同决策的数目增多而增大，并且产品整体网络效应的强度与局部网络效应的大小呈正相关。 局部网络效应仍是建立在网络效应的基础上，但它强调用户在选择时更多是关注他所处的子网络中其他用户的选择，影响的大小取决于用户间联系的强弱程度，联系的强弱程度又取决于用户网络的网络结构。 因此，研究市场的竞争结果除了考虑全局网络效应，还要重点关注人际关系网络结构的影响。

社交电商平台的特点决定了需求方一侧存在着局部网络效应，同时较为复杂的社会网络结构又影响着局部网络效应的大小，影响着平台的价值。 因此，沿着这一方向，综合社会网络分析和网络效应理论，利用建模以及实证的方式探索用户的社会网络与局部网络效应乃至平台的整体网络效应之间的关系，是弄清近年来平台在竞争中占有优势地位原因的关键。

第四节　未来展望

社交电商崛起是近年来移动互联网普及带来的流量红利和下沉市场崛起引发的新趋势，这一前沿课题极具"中国故事"属性和理论挖掘潜力。 未来研究的议程可展望如下。

第一，实证检验社交电商是否具有比传统电商更高的平台价值（绩效）。理论上，社会互动的存在使社交电商平台需求方一侧显现出更为复杂的网络结构，同时带来更强的局部网络效应。 基于局部网络效应与平台整体网络效应之间的关系，社交电子商务平台具有强于传统电子商务平台的网络效应。如何利用社会网络分析工具设计平台的结构变量，从规模与结构两个方面实证检验社交电商具有的更强网络效应，是否会给其带来比传统电商更高的平台价值（绩效）、市场地位和社会福利，是值得深思的问题。

第二，构建衡量网络效应的结构性指标是当前亟待解决的问题。衡量网络效应，目前仅仅从用户规模测量，如梅特卡夫法则（Metcalfe's Law）、植草益公式（Masu Uekusa's Formula）等，而缺少结构维度指标，这既不符合实际，也存在理论缺陷。网络效应，本质上是个体间的交互外部性，其不仅取决于互动的人数规模，更取决于个体间如何互动以及互动程度，而这些就跟网络密度、集聚度、中心度、关系强度、互动频率等结构指标有关。社会网络分析常用的主要指标，为设计网络效应的结构维度指标体系提供了工具库和进一步开发新指标的启发。

第三，对意见领袖、社交达人、领先用户[①]等结构洞节点对网络形成所起的示范—跟随作用机理做出深入的理论解释和测量，可能是未来的一个前沿方向。社群经济带来"口碑效应"，熟人社会的人际网络带来"强连接"和信任，从而带来更大的成员外部性和使用外部性，共同加强了需求方一侧的直接网络效应，间接影响了入驻商家的选择，放大版的网络效应给社交电子商务平台带来更大的竞争力，以至于传统电商平台不得不做出社交化的努力。结构洞节点作为网络联结中的层级不同、服务半径不同的枢纽节点，通过控制信息、资源和机会等，对一般节点的偏好、信息进而决策、行为和收益起到重要影响。这种影响有多大，具体通过哪些途径发挥作用，都需要构建逻辑自洽、内在一致的解释框架和因果识别策略。

---

① Eric von Hippel(1986)提出，领先用户（Lead User）指那些在一项创新的生命周期初期采用该创新的顾客，一般具有比普通用户更专业的知识以及更丰富的经验，因此能产生重要的示范作用，推动创新的扩散和普及。一旦创新产品满足需求，领先用户就会成为产品的初期采用者。

9

第九章　数字浙江：数字经济的先行示范区

浙江省作为全国唯一的"两化"深度融合示范区和信息经济示范区，2019年 10 月入选首批国家数字经济创新发展试验区，是我国数字经济发展的先行者。 从最初的发展信息化探索到 2017 年底开始的数字经济"一号工程"的深入推进，浙江推动数字经济发展的战略路径愈来愈清晰，取得的成果也日益引人瞩目。 2018 年两会期间，李克强总理在参加浙江代表团审议时表示，希望浙江进一步发挥"互联网＋"的先发优势，做大、做强数字经济，加快建设数字经济强省，为全国发挥示范和引领作用。 本章以浙江省为案例，深入剖析其数字经济的发展经验和建设路径，对全国其他地区加快数字经济发展具有参考价值和借鉴意义。

第一节　浙江数字经济政策演变

从 20 世纪 90 年代初对电子信息产业市场的敏锐性探索，到 21 世纪初抓住电子商务发展机遇，浙江的数字经济发展开始在全国大放异彩，在商业化运营以及信息技术创新上有了质的飞越，成为全国数字经济特别是电子商务领域发展的佼佼者与领跑者。 如今通过发展数字经济，浙江省率先实现了"新一代信息技术蓬勃发展，产业结构不断优化升级，新经济发展取得重大突破"的产业变革，走出了一条生机勃勃的数字化转型发展之路。在浙江的发展历程中，其数字经济政策为数字经济的发展营造了良好的外部环境，是数字经济前进的推动力和健康有序发展的保护伞。浙江数字经济政策对于数字经济的发展始终扮演着引导、推动和保护的重要角色。表 9-1 是对浙江省数字经济发展的一些重要政策规划的梳理结果。从 20 世纪 90 年代发展电子信息产业的初显成效至 2017 年底提出的数字经济"一号工程"，浙江省推动数字经济发展的政策演变大致经历了 20 世纪 90 年代初至 2003 年的起步期、2004 年至 2017 年的突破期以及 2018 年以来的深化发展期这三个阶段。

表 9-1　浙江省数字经济发展相关的主要政策规划

时间	政策名称	政策的侧重点
2003/9/4	《数字浙江建设规划纲要（2003—2007 年）》	为浙江数字经济发展提供系统性指导
2010/8/13	《浙江省信息化促进条例》	以地方法规的形式推动区域信息化的发展
2011/7/20	《浙江省电子商务产业"十二五"发展规划》	进一步巩固和发展电子商务的先发优势
2011/7/22	《关于加快推进信息化和工业化深度融合的意见》	信息化和工业化深度融合发展的原则、目标以及具体实施措施和发展方向
2012/4/17	《关于进一步加快电子商务发展的若干意见》	加大对电子商务的支持力度，营造良好的数字经济发展环境，推进全省电子商务加快发展
2014/4/29	《浙江省跨境电子商务实施方案》	全国首个省级跨境电商政策
2014/5/20	《关于加快发展信息经济的指导意见》	提出"七中心一示范区"建设，这是全国省级层面首个加快发展信息经济的政策文件
2014/12/10	《浙江省信息经济发展规划（2014—2020 年）》	为发展信息经济，打造经济升级版指明了方向
2015/10/13	《浙江省加快推进智能制造发展行动方案（2015—2017）》	大力发展智能制造产业，加快制造业转型升级，推进浙江制造强省建设

时间	政策名称	政策的侧重点
2016/1/27	《浙江省"互联网＋"行动计划》	推进浙江省"互联网＋"发展
2016/3/10	《浙江省促进大数据发展实施计划》	打造成全国大数据产业中心,大力推动大数据发展和运用
2016/6/16	《2016年浙江省深化"四张清单一张网"改革,推进简政放权放管结合优化服务工作要点》	完善"互联网＋政务服务",推动数字政务的发展
2016/11/15	《浙江省信息化发展"十三五"规划("数字浙江2.0"发展规划)》	为构建"数字浙江2.0"框架体系,推进"互联网＋"全球产业科技创新高地建设
2017/2/20	《加快推进"最多跑一次"改革实施方案》	充分运用"互联网＋政务服务"和大数据,全面推进政府自身改革
2017/4/27	《浙江省国家信息经济示范区建设实施方案》	"互联网＋"新业态、产业与互联网融合发展新模式、大数据发展计划等8项重点任务
2018/4/9	《浙江省深化推进"企业上云"三年行动计划(2018—2020年)》	加快企业数字化转型,推动"云上浙江"
2018/6/14	《浙江省工业互联网战略》	推进建立"1＋N"工业互联网平台体系和行业联盟
2018/7/20	《关于推进5G网络规模试验和应用示范的指导意见》	5G网络规模试验和应用示范
2018/9/14	《浙江省数字经济五年倍增计划》	加快实施数字经济"一号工程",建设数字经济示范省
2019/3/27	《浙江省数字经济发展　综合评价办法(试行)》	数字经济首次有了硬指标体系,将数字民生的有关指标都纳入了评价体系
2019/5/21	《关于印发浙江省"五个千亿"投资工程2019年实施计划的通知》	千亿数字经济工程
2019/12/5	《关于高质量加快推进未来社区试点建设工作的意见》	未来社区建设
2020/6/10	《浙江省数字经济促进条例(草案)》	构建数字经济发展条例,推动政府数字化转型,高质量建设数字社会、数字浙江

时间	政策名称	政策的侧重点
2020/6/17	《浙江省公共数据开放与安全管理暂行办法》	数据安全
2020/7/9	《关于印发浙江省新型基础设施建设三年行动计划（2020—2022 年）的通知》	新型基础设施建设投资规划

资料来源：根据浙江省人民政府网站整理。

一、起步期政策：构建数字浙江的顶层设计

在浙江省数字经济的起步阶段，浙江电子信息产业蓬勃发展，数字经济发展的成效初步显现。 据统计，20 世纪 90 年代至 21 世纪初，浙江省的电子信息产业以 36％左右的速度持续快速增长。 随着 1997 年电子信息产业被浙江省政府列为全省重点培育的四大主导产业之一，电子信息产业在浙江的发展进入了全新的阶段。 截至 2002 年底，浙江全省的电子信息产品制造业销售额达到惊人的 1080 亿元，其中：有 40 余种电子信息产品成为同行业龙头，60 余种产品市场占有率进入全国三甲。[①] 与此同时，浙江在国内的应用软件市场上也开始崭露头角，拥有较好的知名度和较高的市场占有率。 可见，作为数字经济早期发展阶段的数字产业化发展模式已经逐渐在浙江生根发芽。

随着发展数字经济的成效初显，浙江省推动数字经济发展的政策也应运而生。 2002 年 6 月，在浙江省第十一次党代会上，建设"数字浙江"全面推进现代化建设的重大决策被提出，浙江省发展数字经济的顶层设计逐渐清晰起来。 此后，在 2003 年 7 月 10 日的浙江省委十一届四次全会上，时任浙江省委书记习近平更是首次提出，浙江省要"发挥八个方面优势，推进八个方面举措"，其中"进一步发挥块状特色产业优势，加快先进制造业基地建设，走新型工业化道路"便是其中的重要一条。 这让浙江的数字产业化和产业数字化的发展得到了更多关注。 同年 9 月 4 日，浙江省政府正式出台了《数字浙江建设规划纲要（2003—2007）》，明确提出"数字浙江"是实现以信息化带

---

① 徐梦周、吕铁：《数字经济的浙江实践：发展历程、模式特征与经验启示》，《政策瞭望》2020 年第 2 期，第 49—53 页。

动工业化的基础工程。 推进"数字浙江"建设，是以信息化带动与提升浙江工业现代化为核心，以网络系统和数据库建设为基础，以应用系统建设为重点，以数字城市建设为支撑，通过对信息资源的全面整合、开发和利用，发挥信息技术在现代化建设中的推动作用，实现社会生产力的跨越式发展。 2003年，"数字浙江"建设政策的启动，不仅为浙江数字经济未来的发展提供了系统性指导，也标志着浙江数字经济的发展政策进入全新的阶段。

二、突破期政策：引领全国电子商务发展并成为国家唯一信息经济示范区

浙江是中国电子商务起步最早、发展最快的地区之一，也正是电子商务的发展让浙江数字经济跨入了全新阶段，同时标志着浙江数字经济政策进入了突破阶段。 随着 2006 年全国首个省级层面的电商产业政策在浙江落地，发展电子商务产业被正式提上浙江经济工作的议事日程。 2008 年 5 月 29 日，中国电子商务协会正式批复了杭州市政府的有关申请，决定授予杭州市"中国电子商务之都"的称号。 此后，2011 年出台的《浙江省电子商务产业"十二五"发展规划》则为浙江省进一步巩固和发展电子商务的先发优势做出了明确的规划。 2012 年 4 月 17 日，浙江省政府发布《关于进一步加快电子商务发展的若干意见》，以期加大对电子商务的支持力度，营造良好的数字经济发展环境，推进全省电子商务加快发展。 伴随着 2014 年全国首个省级跨境电商政策《浙江省跨境电子商务实施方案》的出台和一系列电子商务发展规划的持续推进，电子商务产业逐渐成为推动全省经济发展的新动力，电子商务政策成为浙江数字经济发展政策体系中的重要一环。

推动信息化和工业化融合发展的政策是浙江数字经济发展政策在该阶段的又一重要内容。 2010 年 8 月 13 日，浙江省出台的《浙江省信息化促进条例》以地方法规的形式推动浙江信息化的发展。 此后的一年，浙江省政府又发布了《关于加快推进信息化和工业化深度融合的意见》，明确了浙江的信息化和工业化深度融合发展的原则、目标以及具体实施措施和发展方向。 2013年，浙江省得到工信部对于建设全国唯一的"信息化和工业化深度融合国家示范区"的正式批复。 浙江省将"两化"深度融合作为促进工业经济转型升级的主要路径，加快了数字产业化和产业数字化的发展进程。 与此同时，各市、县也纷纷出台相应政策，大力推动区域的"两化"深度融合，形成了省、市、县三级联动推进的局面。在此背景下，2014 年 4 月，浙江省政府召开全省信息经济发展大会，将发展信息经济列为七大万亿产业之首。同年 5 月，浙江省制定出台全国第一个省级层面信息经济发展的指导意见——《关于加快发展信息经济的指导意见》，提出发展以互联网为核心的信息经济，明确建设"七中心一示范区"，实现国家信息经济示范区的发展目标。此后的 3 年时间里，浙江省政府接连出台了《浙江省信息经济发展规划（2014—2020 年）》《浙江省信息化发展"十三五"规划（"数字浙江 2.0"发展规划）》《浙江省国家信息经济示范区建设实施方案》等一系列政策，以期推进"数字浙江"工程的深入发展，并将浙江的信息化和工业化融合发展模式打造成为全国示范区探索信息经济带动区域工业的智能化转型的新模式。2016 年 11 月，国家正式批复浙江省为全国唯一国家信息经济示范区，并在示范的目标中明确指出，"浙江要着力探索适合信息经济创新发展的新体制、新机制和新模式，激发全省创业创新活力"。可以说，从最初的信息技术导入政策引导到信息产业发展的政策规划，再到以信息经济为第一经济形态的区域发展范式的探索实践，浙江省通过一系列的数字经济尤其是信息经济的政策，逐步形成以信息经济为主导的转型发展新路径。

浙江省在这一阶段的数字经济政策还集中于"互联网＋"、大数据、数字政府等信息经济的数字化领域。正如 2016 年国家对浙江建设国家信息经济示范区的示范目标中所提出的，希望浙江在"互联网＋"、大数据产业发展、新型智慧城市、跨境电子商务、分享经济、基础设施智能化转型、信息化和工业化深度融合、促进新型企业家成长等数字经济方面走在全国前列，创造可复制、可推广的经验。首先，在数字政府的建设方面，2014 年浙江省率先提出加快推动"四张清单一张网"来建设"互联网＋政务服务"的数字政务工程，并首创了面向社会开放公共数据资源的政务公开模式，让数字政府的进程得到快速发展。此后，浙江省政府又于 2016 年 6 月 16 日公布了《2016 年浙江省深化"四张清单一张网"改革推进简政放权放管结合优化服务工作要点》政策，进一步优化了浙江数字政府的改革。此外，2016 年，浙江还首次提出"最多跑一次"数字政务的改革，推进各项事项网上办、就近办、移动办，利用信息技术在政府政务的应用，实现群众和企业到政府办事"最多跑一次"，让群众充分享受到"数字浙江"建设带来的红利。 2017年2月20日，随着《加快推进"最多跑一次"改革实施方案》的落地，浙江的"互联网＋政务服务"改革有了更加具体的实施方案，政府数字化转型取得重要突破，浙江的数字政府建设逐渐走向成熟。

其次，在大数据、"互联网＋"、智能制造等新一代信息技术推广应用的政策方面，浙江省启动也较早。 2015年10月13日，浙江省经信委发布《浙江省加快推进智能制造发展行动方案（2015—2017）》，加快制造业转型升级，推进浙江智能制造的发展；2016年，浙江省政府先后出台《浙江省"互联网＋"行动计划》和《浙江省促进大数据发展实施计划》，以期建设"数据强省"，并将浙江打造成为"互联网＋"的世界科技创新高地。 总的来说，这一阶段浙江的数字经济政策走向了具体化的领域，不再仅仅是发展数字经济的顶层设计，还努力引导区域数字经济的深化发展，并试图探索数字经济的多领域应用。 发展数字经济的浙江经验逐步向海内外推广和输出。

三、深化发展期政策：加快实施和推进数字经济"一号工程"

2016年，G20杭州峰会通过《二十国集团数字经济发展与合作倡议》。该协议不仅对中国数字经济的发展起到了很好的推动作用，也使浙江省更加明确了发展数字经济新动能的决心。 与此同时，伴随着信息经济的深化发展，以云计算、大数据、人工智能、区块链为代表的新一代信息技术不断成熟，推动信息经济进入数字化、智能化的发展阶段。 浙江省积极融入数字化浪潮之中，2018年，浙江全省的数字经济总量就达到了2.33万亿元，占GDP的比重接近一半，数字经济的总量和增速均高居全国前5位。[①] 更是有阿里巴巴、网易、海康威视等一批数字经济的龙头骨干企业快速成长起来。 浙江省的数字经济在经过多年发展后，拥有的电子信息业、软件、互联网等全国行业百强企业数也位居全国前列。 与此同时，浙江在数字安防、电子商务、云计算等产业上的集群优势不断突显。 5G试验网和IPv6规模部署加速推进，

---

① http://www.xinhuanet.com/politics/2019-07-29/c_1124812877.htm。

网络性能等各项指标居全国前列，"两化"融合发展指数、信息化发展综合指数都居全国前列。在一系列数字经济政策的推动和保护下，浙江数字经济快速发展，推动着浙江经济保持持续健康的发展态势，形成了动力转换、结构优化、质量与效应相互推动的良好局面。

基于以上数字经济发展的良好基础和数字经济发展的未来趋势，2017年底，浙江省委经济工作会议将发展数字经济列为"一号工程"，提出要大力发展互联网、物联网、大数据、人工智能等产业，打造"云上浙江""数据强省"以深化数字浙江建设。这标志着浙江省发展数字经济的政策也全面进入了深化发展阶段。作为数字经济"一号工程"的起始年，2018年，浙江省出台了多项数字经济政策深化数字经济建设。2018年1月发布的《浙江省政府工作报告》中率先提出："今后五年，浙江将大力发展以数字经济为核心的新经济，加快构建现代化经济体系。"此后，2018年2月印发的《浙江省智能制造行动计划（2018—2020年）》，将浙江努力打造成为全国智能制造先行区；同年4月《浙江省深化推进"企业上云"三年行动计划（2018—2020年）》的发布，积极推动"云上浙江"建设；2018年6月14日发布的《浙江省工业互联网战略》，尝试在全国率先推进建立"1＋N"工业互联网平台体系和行业联盟，打造具备国际竞争力的产业联盟体系；2018年7月20日推出《关于推进5G网络规模试验和应用示范的指导意见》这一数字基建政策，2018年9月14日发布《浙江省数字经济五年倍增计划》等政策，以期加快实施数字经济"一号工程"，建设数字经济示范省。

2019年至今，浙江省接连出台数字经济相关政策，紧紧围绕数字经济"一号工程"的方方面面持续深入地推进建设。2019年3月27日《浙江省数字经济发展综合评价办法（试行）》的出台，使数字经济首次有了硬指标评价体系，并将数字民生的有关指标都纳入了评价体系中，让发展数字经济带来的居民幸福感得到更高程度的重视。同年5月发布的《关于印发浙江省"五个千亿"投资工程2019年实施计划的通知》，则为浙江数字经济发展注入了雄厚的资金。2019年12月5日推出的《关于高质量加快推进未来社区试点建设工作的意见》更是将数字社区这一未来社区建设构想逐步落实。浙江数字经济政策在积极探索和引导数字经济创新发展的同时，对数字安全、数字新基建等数字经济发展基石领域同样十分重视。 2020 年 6 月 10 日《浙江省数字经济促进条例（草案）》的出台，以地方法规的形式构建起数字经济发展条例，推动政府数字化转型，高质量建设数字社会、数字浙江。 此后，无论是有关数据安全的《浙江省公共数据开放与安全管理暂行办法》，还是针对信息高速公路建设的新型基础设施建设投资规划——《关于印发浙江省新型基础设施建设三年行动计划（2020—2022 年）的通知》等数字经济政策都体现出浙江省持续深入推进数字经济"一号工程"的决心和努力。

随着数字经济"一号工程"建设在越来越多的领域开花结果，"一号工程"越来越成为浙江经济社会高质量发展的一张"金名片"。 浙江发展数字经济的政策也将继续牢固树立新发展理念，以高水平建设国家数字经济创新发展试验区为契机，凭借着良好的产业基础以及支持数字经济发展的政策快速落地，努力在"新设施、新技术、新应用、新产业"等四个"新"方面抢占先机，再创数字经济发展新优势，打造具有浙江特色的数字经济发展新模式，探索数字时代的新产业和新业态。

第二节　浙江数字经济发展模式

一、浙江数字经济发展的总体现状

近年来，浙江省通过持续深入实施数字经济"一号工程"，着力推进数字经济"五年倍增计划"，大力发展数字经济核心产业，推进信息化应用，扩大信息消费。 浙江省在新型信息基础设施建设、网络信息技术创新突破、政府数字化转型、网络综合治理体系构建、网络安全保障、互联网区域交流与国际合作等多个数字经济领域取得了显著成效。 与此同时，浙江全省的数字经济总量在持续攀升，在 GDP 中的份额也在不断提高。 截至 2019 年底，浙江省数字经济总量达 2.7 万亿元，较 2017 年首次突破 2 万亿元大关后又有较大幅度的攀升,在经济总量中的比重也持续上升,达到了 43.3%,[1]不论是在数字经济的总量上还是在占比上都远高于全国平均水平。根据浙江省的数字经济发展规划,预计到 2022 年,浙江省的数字经济总量将达到 4 万亿元以上,所占 GDP 的比重也将达 55% 以上。[2] 可以说,国内外不仅会持续关注浙江数字经济的新动态,也将更加惊叹于数字经济在这片土地上的蓬勃发展。

(一)数字新基建,浙江步入数字经济 2.0 时代

当前以信息技术为核心的新一轮科技革命和产业变革正在全球蓬勃兴起,新一代信息基础设施的战略性、基础性和先导性作用日益突出。在众多数字新基建相关的新技术中以 5G、物联网为代表的"新联结"和以云计算、人工智能为代表的"新计算",既是数字经济 2.0 时代要率先切入的领域,也是浙江省数字新基建的重点工程。经过过去几年的持续努力,浙江省已经在新基建上取得了一系列的成果。

在数字基础设施建设上,浙江已经建成的 5G 基站达到 5.1 万个;全省累计建有各类数据中心 190 个,其中超大型、大型数据中心 20 个;积极推动 IPv 6 规模部署,覆盖用户达 9269 万户。[3] 可以说,5G 网络基站、大数据中心等新型基础设施建设为浙江数字经济的发展打开了一条升级版的"信息高速公路"。在融合基础设施建设上,浙江正在着力推进城乡治理、交通、能源等传统基础设施的数字化赋能与智能化改造,发展物联网用户达到 1.19 亿户,[4]实现乡镇和大部分行政村全覆盖,让传统基础设施重新焕发新的活力。在创新基础设施建设上,浙江则是通过人工智能、区块链等算力基础设施和之江实验室、良渚实验室、西湖实验室、湖畔实验室等创新载体建设,推进生物医药、智能制造等新一代人工智能开放创新平台建设,进一步增强了浙江数字企业的创新能力。

浙江持续推进新一代信息基础设施的建设,不断提升网络覆盖和保障能

---

① https://www.sohu.com/a/414871359_123988。

② 2019 年 1 月 14 日省政府新闻办《深化数字浙江建设新闻发布会》。

③ 浙江省十三届人大常委会第二十一次会议。

④ https://www.sohu.com/a/412268168_697216?_f=index_pagefocus_3。

力，以及融合发展数字新基建相关技术的做法都很好地为自身提供了高速畅通、覆盖城乡、服务便捷的网络基础设施和服务体系，推动了数字产业化、产业数字化和数字化治理。

(二)数字产业化,浙江数字经济核心产业成为经济增长新亮点

通过提升发展电子信息制造业、电子商务、软件信息服务业以及数字内容产业，特别是随着人工智能、虚拟现实、智能硬件、云计算、大数据等新兴产业的蓬勃发展，浙江数字经济核心产业获得较快发展。 以浙江省 2018 年的数据为例，浙江每万人拥有数字经济核心产业有效发明专利数为 7.6 件，数字经济核心产业研发经费支出相当于营业收入的比重为 2.2%，比规模以上工业高 0.6 个百分点；数字经济核心产业制造业新产品产值率达 58.9%，比规模以上工业高 24.2 个百分点；数字经济核心产业制造业亩均税收 25.5 万元，比规模以上工业高 3.8 万元；数字经济核心产业劳动生产率为 37.9 万元/人，是全社会劳动生产率的 2.6 倍。① 这一系列的数据足以说明，浙江不断壮大的数字经济核心产业规模和产能使数字经济成为引领浙江经济高质量发展的动力支撑。

2019 年，浙江全省的数字经济超百亿元企业达 25 家，14 家企业入选全国电子信息百强榜，数量居全国第 3 位。② 电子信息制造业规模跃居全国第 3 位，软件产业综合发展指数居全国第 3 位，数字经济核心产业实现增加值 6228.94 亿元，同比增长 14.5%，且增加值的 GDP 占比首次突破 10%，对 GDP 增长贡献率更是高达 19.6%，成为经济增长的重要引擎和浙江经济发展的新亮点。③

(三)产业数字化,赋能浙江经济高质量发展

数字技术的不断发展催生了电子商务、互联网、大数据、云计算等在国民

---

① 《2019 浙江省数字经济发展综合评价报告》。
② http://jxt.zj.gov.cn/art/2019/7/29/art_1657978_36179282.html。
③ 《浙江省互联网发展报告 2019》。

经济各行各业的应用。 浙江凭借数字技术领域的良好基础，积极推进互联网、大数据、人工智能和实体经济的深度融合，推动各行各业加速向数字化、网络化、智能化转型升级。

首先，将工业互联网作为推动制造业数字化转型的关键支撑。 率先在全国推进"1＋N"工业互联网平台体系，全面提升工业互联网基础性平台服务能力，培育行业级、区域级和企业级工业互联网平台65个，接入工业设备约20万台。 持续深化企业上云和深度用云，加快"云上浙江"的进程，截至2019年底，上云企业已超35万家。 实施"十百千万"智能化改造工程，累计在役机器人达8.9万台，创建数字化车间和智能工厂114家，认定数字化示范（试点）园区101个，产业数字化发展指数居全国第一。[①] 如今，不断赋能传统产业数字化转型的浙江，正在实现从"制造"到"智造"的升级。

其次，全力推动服务业的数字化转型，充分发挥在电子商务、移动支付等领域的比较优势，发展数字新业态新模式，引领浙江新经济发展。 如今，浙江的跨境电商、移动支付、共享经济等新业态新模式焕发出蓬勃生机，新型贸易中心和新兴金融中心建设取得新成效。 根据阿里研究院2019年提供的数据，全省共拥有1573个"淘宝村"和240个"淘宝镇"，分别占全国的36.5％和21.5％，位居全国第一。 2019年，浙江跨境电商综试区总数达到5个，居全国首位，网络零售额达到了19 773.0亿元，同比增长18.4％，约占全国的17％；省内居民网络消费则达到了9 984.4亿元，同比增长18.5％，远高于全国平均水平。[②] 2019年12月25日，世界电子贸易平台（eWTP）秘书处落户浙江，首个eWTP公共服务平台在杭州上线服务。 这对于杭州打造国际化都市以及浙江建设全球数字贸易中心而言都具有特殊的意义。 与此同时，2019年，浙江移动支付笔数的增长幅度达到了44.4％，加快实现移动支付在商贸旅游、交通医疗、市政公用、政务服务、校企园区等社会服务领域和经济领域的应用覆盖，深入推进"移动支付之省"的建设。

---

① https://www.sohu.com/a/412268168_697216? _f＝index_pagefocus_1&_trans_＝000014_sgss_sgnbaxw。

② 浙江省商务厅：《浙江省2019年度网络零售统计数据》。

此外，浙江省还积极促进数字技术与农业生产、乡村治理的深度融合。截至 2019 年，共建成益农信息社 23 756 个，实现行政村全覆盖，建成 9 个国家级农业农村信息化示范基地。① 无论是传统制造业的数字化转型，还是服务业的数字新业态新模式的创新，抑或是农业的智能化改造，浙江一直走在全国的前列，不断创新和发展产业数字化新模式，赋能浙江经济高质量发展。

(四)数字技术广应用,推动社会和政府数字新治理

近年来，浙江充分利用新一代信息技术与城市现代化的深度融合，着力推进"城市大脑"建设与应用，不断深入推进医疗、交通、教育、社会保障、政务服务等领域的智慧应用，加快政府数字化转型，提升数字政府治理能力，切实保障和改善民生，不断提高人民群众的获得感、幸福感、安全感。 围绕社会治理的数字化转型，初步建立起以应用场景为突破口的大数据应用体系，努力打造数据供应链，大数据应用指数居全国第一。

在"互联网＋医疗健康"的建设方面，大力推广智慧医疗结算，让"智慧"服务覆盖全流程。 与此同时，2019 年，浙江省互联网医院正式上线，服务功能从"互联网＋"诊疗逐步扩展延伸向护理、药事服务等多方面的"互联网＋"服务，已开展在线服务 983 万人次。② 而在"互联网＋便捷交通"的推进方面，借助 ETC 完善智能运输服务体系建设，减轻了路桥收费站的交通拥堵问题，提升了行车效率。 截至 2019 年 10 月，浙江全省的 ETC 用户总量达 963.66 万户，汽车安装率为 57.1％，高速公路 ETC 使用率约为 50.1％，均高于全国平均水平。③ 在完善"互联网＋政务服务"方面，深化"最多跑一次"改革，全力打造政务服务 2.0 平台。 截至 2019 年底，"浙里办"实名注册用户超过 3000 万，政务服务事项网上可办率达到 100％，掌上可办比例达到 73.5％；网上政务服务能力各项指标走在全国前列。④ 特别是在 2020 年

① https://www.sohu.com/a/412268168_697216? _f＝index_pagefocus_3。
② https://www.sohu.com/a/290958011_267106。
③ https://baijiahao.baidu.com/s? id＝1645820433078628839&wfr＝spider&for＝pc。
④ 《浙江省互联网发展报告 2019》。

的新冠肺炎防疫战中，浙江让全国乃至世界看到了浙江的数字化成果，尤其是浙江省首创"一图一码一指数"，更是树立了数字化战"疫"的新标杆。数字技术的广泛应用，不断提升着浙江的社会和政府的数字化治理能力。

二、浙江数字经济发展的模式特征

浙江在促进数字经济发展方面走在全国前列，信息化发展水平在全国处于领先地位，智慧城市建设也成为国内的发展标杆。 从全国各省数字经济的发展来看，相比于广东、江苏等省份，浙江的数字经济无论是在总量规模还是核心产业方面都不占优势，但浙江通过结合自身的经济基础和互联网消费市场的优势，走出了一条"数字浙江"的特色之路，在数字产业化、产业数字化、数字治理以及新模式新业态等多个方面形成了数字经济的浙江模式。

（一）以商业模式创新为引领，驱动数字技术突破

浙江在数字产业化上，通过自身商业模式的创新引领消费市场的升级，并培育了领先的消费市场，从而驱动数字技术不断突破和创新。 驱动数字技术的创新活动激发数字新产品、新服务、新应用的不断涌现，使得数字经济核心产业成为区域经济增长的新亮点。

作为全国互联网产业发展最活跃的区域之一，浙江着力构建基于互联网的"平台＋生态"模式，在全国形成消费领域"互联网＋"实践的显著领先优势。 截至 2019 年底，浙江省网民规模达到 4 729.8 万人，其中手机网民占全省网民总数的 99.5％；互联网普及率为 80.9％，比全国互联网普及率高 21.3 个百分点。[①] 高铁、网购、支付宝、共享单车被誉为"中国新四大发明"，其中网购和支付宝就诞生于浙江。 良好的互联网普及基础和不断创新的电子商务模式，让浙江的电子商务有着迅猛的发展势头。 以 2019 年的 1—10 月为例，浙江省就累计实现网络零售 14 563.1 亿元，同比增长 16.9％；全省居民网络消费 7 529.7 亿元，同比增长 17.3％。[②] 电子商务的发展在直接促进快

① 《浙江省互联网发展报告 2019》。
② 《浙江省 2019 年 1—10 月网络零售统计数据》。

递业务领域发展创新的同时,还推动了"云上"银行、无人超市、移动支付、互联网法院、互联网医院等新技术、新业态、新模式在浙江的先后落地。 例如,杭州首创公交、地铁、高速出行场景应用,移动支付普及率、服务广度及深度全国领先,成为公认的无现金城市和全球移动支付之城。 跨境电商、新零售、移动支付、共享经济等商业模式的创新,引领着浙江数字产业的发展。

浙江在数字产业化进程中,依托消费领域"互联网+"实践的先发优势,使浙江企业的数字技术创新形成了良好的市场效应和绩效回报,涌现出一批处于全国乃至世界前列的互联网企业和高新技术企业。 随着阿里巴巴、海康威视、大华科技等一批浙江数字龙头企业在大数据、云计算、人工智能等数字技术领域的率先突破,浙江数字产业化的发展越发地充满活力,逐渐形成了区域经济发展的新支柱。

(二)以低成本为导向,推动传统产业的智能化改造

产业的数字化转型是数字经济发展壮大的重要支撑。 浙江作为一个传统产业的大省,在产业数字化方面,很早就致力于深化对传统产业的全方位、全链条的数字技术转型升级。 通过互联网、大数据、人工智能等数字技术与实体经济的深度融合,积极推动供给侧结构性改革,走出了一条以低成本为导向,适应传统产业和中小企业智能化改造的特色道路。

相比于国有企业或大型企业,中小民营企业的产业数字化转型面临着人才、资金、市场等多方面的约束和更高的难度。 然而,历年的数据显示,浙江民营经济创造了浙江省过半的税收和区域生产总值,更是每年为浙江提供了大量的就业岗位。 因此,推动传统中小企业的智能化改造成为浙江产业数字化转型的关注重点。 2012 年底,浙江率先在全国推进"机器换人"的大胆设想;2016 年,进一步深化开展"工业互联网"的探索,推动企业从内部数字化向网络化应用拓展;2017 年,启动"十万企业上云"浙江行动,以期让企业利用云计算、大数据、ET 工业大脑等数字技术,提高生产、营销、管理等各环节的效率,推动企业降低成本且增加效益。 截至 2019 年底,浙江省创

建省级工业互联网平台 110 家,累计上云企业数超过 37.78 万家。[1] 随着主动上云和深度用云成为中小企业智能化转型升级的首要选择,大大提升了浙江产业数字化的发展进程,不仅促进了互联网、大数据、人工智能与实体经济的深度融合,也带动了浙江云计算、大数据等数字经济产业的发展壮大。 可以说,浙江走出了一条从"机器换人"到"工厂物联网"再到"企业上云""ET 工业大脑"驱动的智能制造发展之路。

(三)以高能级平台建设为基础,集聚创业创新人才

改革开放以来,一批又一批的浙江人通过"敢为人先、特别能创业"的独特精神,形成了富有激情的浙江创业生态体系与浙商精神。 通过发挥浙江市场机制优势与浙商精神,创新创业的精神与互联网基因叠加产生了倍增的效应,这就是浙江数字化和智能化的独特基因。 通过高能级平台建设,浙江吸引和培养了一大批创新创业人才,构建起自己的创新生态体系,为浙江数字经济的快速发展打下了坚实的基础。

根据《2019 浙江省数字经济发展综合评价报告》的统计数据,截至 2018 年底,全省建有省级信息经济示范区 22 个、数字经济类特色小镇 27 个,创新的一系列关键要素正不断地加速汇聚,围绕网络基础产业、互联网、物联网三大重点领域的世界级数字产业集群被着力培育起来。 以环杭州湾"三廊四区"为依托的数字大湾区正在逐渐成为浙江数字经济创新发展的主平台,在电子商务、人工智能、区块链等领域积极开展创业创新。 此外,充分发挥政府对技术创新的引导和推动作用,加大对之江实验室、阿里达摩院等创新平台的建设和科创大走廊的打造,浙江的数字经济领域逐步涌现一批数字创新成果。 而作为特色小镇发源地,浙江着力推进杭州梦想小镇、杭州云栖小镇、滨江物联网小镇、萧山信息港小镇、德清地理信息小镇等一批数字经济特色小镇建设,使各地的特色小镇成为区域创新创业的重要平台。

在浙江数字经济发展中,高能级创新平台的建设为重要着力点,利用数字新技术打造创业创新生态系统,形成了一整套"企业群—城市群—科创大走

---

[1] 浙江省数字经济发展领导小组办公室:《2019 年度"企业上云"工作情况通报》。

廊—特色小镇"的新型创新空间,形成良好的区域创新环境,集聚大量创业创新人才,助力浙江数字经济实现腾飞。

(四)以"最多跑一次"改革为契机,推动区域治理能力现代化

在数字经济的治理创新方面,浙江模式同样是被广泛关注和学习的。 通过强化"大治理"的理念,以"最多跑一次"改革为引领,依托数字技术的创新应用,驱动体制机制创新和治理能力现代化,打造最佳的营商环境。 数字经济作为一种新经济形态,在发展的过程中不可避免地将遇到技术创新、市场拓展以及政策环境等诸多不确定的因素。 但面对数字经济的发展浪潮,我们需要积极面对和抓住数字经济的发展机遇。

浙江省率先以政府自身改革为突破口,尝试用政府权力的"减法"换取市场和社会活力的"加法"。 自2014年首次提出以权力清单为基础的"四张清单一张网"到2016年深化改革的"最多跑一次"清单的公布实施,再到此后"一次都不跑"的"掌上办事、掌上办公"为突破,浙江政府的数字化转型体现了以用户为中心的服务理念,各级政府线上线下积极跟进相应的服务流程再造、数据共享和业务协同。 随着《浙江省互联网发展报告2019》的发布,截至2019年底,浙江率先完成国家一体化政务服务平台试点对接任务,政务服务事项网上可办率达到100%,掌上可办比例达到73.5%。 可以说,浙江通过不断深化政府行政体制改革,以数字化转型为突破口自加压力做"加法",带来了市场活力的"乘法"效应。

此外,围绕治理的数字化转型,浙江初步建立起以应用场景为突破口的大数据应用体系,努力打造数据供应链,并且大数据的应用指数居全国首位。政府数字化治理能力的有效提升,大大激发了互联网、大数据、人工智能等数字技术不断创新。 与此同时,政府还掌握着极其庞大的数据渠道以及数据资源,通过建设数字政府来提升现代化治理能力所带来的技术应用和数据开放,这为企业创新及市场拓展提供了巨大空间,成功助力了浙江数字经济的发展。

三、浙江数字经济发展的经验启示

(一)超前战略布局,构建详细的数字经济发展规划体系

随着数字经济时代的到来,以信息化培育新动能且用新动能推动新发展,逐渐成为全国各地区所面临的共同任务。 可以说,只有在数字机遇中早布局、细谋划,才能占得先机。 杭州之所以成为浙江互联网产业的发展高地,与其超前的战略布局以及详细的数字经济发展规划体系紧密相关。 从 21世纪初的"天堂硅谷"到"创新型城市",再到如今提出的建设全国数字经济"第一城"以成为全省乃至全国数字经济发展的领头羊,杭州努力抓住每一轮科技风潮所带来的产业变革机遇。 这充分表明,在数字经济的培育和发展过程中,要准确认识到自身发展的优势和劣势所在,尽早开始战略布局,构建起适合自身的详细数字经济发展规划体系。 此外,不仅是发达地区有机会,即使是后发地区,只要早布局早谋划,也可以实现赶超发展。 从全国层面来看,贵州发展大数据产业便是一个典型的成功案例。 作为中国首个国家大数据综合试验区,贵州数字经济增速连续 4 年居全国首位,数字经济吸纳就业增速连续 2 年排名全国第一,大数据对经济增长的贡献率超过 20%。[①] 可以说,新动能的培育需要准确的定位和具有延续性的发展规划,无论区域的发展水平如何,都能通过合理的战略布局,在早谋划早发展的过程中获得福利。

(二)创新驱动发展,构筑富有弹性和活力的数字经济创业创新生态系统

数字经济的发展需要充满活力和创造力的微观主体参与,只有激发微观主体活力,才能为数字经济发展提供有力支撑。 从浙江数字经济的发展实践来看,构筑富有弹性和活力的数字经济创业创新生态系统,可以吸引和培育大量的新型创新创业人才的集聚和创新企业的涌现。 在发展数字经济的大环境下,浙江很多企业感受到了数字转型的压力,纷纷需要大量的资本、人才等要素突破这"转型怕死、不转型等死"的两难境地。 面对这一态势,一方

[①]　http://www.chinanews.com/gn/2019/06-19/8869618.shtml。

面，浙江通过打造平台积极吸引海内外优秀人才，形成了以"海归系、浙大系、阿里系、浙商系"为代表的创新创业"新四军"，建立全球人工智能高端人才数据库，设立上亿元的人工智能人才产业发展母基金。 另一方面，浙江通过实施百家数字骨干企业扶持行动，开展针对领军企业的"雄鹰计划"、扶持企业上市的"凤凰行动"以及助力高成长性企业的"雏鹰计划"，并增强龙头企业、骨干企业、中小微企业的创新能力。 此外，为了让传统企业能够更快更好地适应新经济，成为创新发展中的关键主体，浙江还尽可能地为广大中小企业创新发展提供全链条服务。 通过布局之江实验室、西湖大学、阿里达摩院等一批重量级、高等级的新型科研机构，支持民营企业建设高水平研发机构，联合科研院所攻克关键核心技术，并在块状经济和产业集群中全面推广产业创新服务综合体等服务。

(三)数字化转型,从"数字产业化"和"产业数字化"两端协同发力

数字产业的发展不仅可以成为区域经济增长的新动能，还可以为区域数字经济的发展打下良好基础。 而推动互联网、大数据、人工智能和实体经济深度融合，是数字经济发展的实质，也是数字经济发展需要重点关注的领域。可以说，区域的数字化转型应从"数字产业化"和"产业数字化"两端协同发力。 首先，作为中国电子信息和电子商务发展的领先集团，浙江以国家战略需求和"数字产业化"为导向，加快推进阿里达摩院、国家数据智能技术创新中心等重大创新平台建设，促进量子通信、5G 商用、金融科技、区块链等产业化。 近些年，数字产业化的发展不仅成为浙江经济增长新的动力，更是为浙江产业数字化的推进保驾护航。 其次，对于数字技术而言，传统产业是应用的重要领域。 通过数字化转型从而实现产业的转型升级，是推进供给侧结构性改革的根本途径。 传统产业数字化转型虽然是浙江数字经济发展的重中之重，但仍是较为棘手的问题。 由于数字化转型的不确定性、数字化技术应用成本过高等问题，传统企业的数字化转型之路举步维艰。 浙江省希望通过数字经济"一号工程"的实施，推进全省范围内的生产力再优化，以期缩小区域和产业间的"数字鸿沟"。 一方面，发挥杭州、宁波等地在数字产业化发展方面的优势以赋能其他地区；另一方面，激励各地结合自身资源禀赋和经

济基础,积极探索适合本地区传统产业数字化转型以及数字经济发展的具体路径,推进形成全省层面协同发展的新格局。

(四)持续深化改革,政府数字化转型是经济数字化转型的先导力量

只有真正理解数字技术的价值、把握数字技术应用的相关规律,才能形成有效的数字治理机制。 浙江政府作为数字经济发展的先导力量,不断深挖数字新理念,把握数字新机遇。 通过持续的深化数字改革,把政府数字化转型作为获得良好营商发展环境的着力点和突破口,在努力为个体、企业提供便捷与个性化服务的同时,也为数字经济领域的"大众创业、万众创新"营造发展的新优势。 政府数字化转型的成果带动了浙江经济数字化转型的深化。浙江对于数字经济的发展,始终坚持着包容审慎的治理理念,在不断优化着数字治理的模式和手段的同时,用数字化和智能化所产生的高效率和低成本营造出适合数字经济发展的市场环境。 一方面,以对数字技术创新等活动的保护为立法导向,根据实际情况及时又精确地调整相关监管策略,及时清理一些不利于数字经济发展的规章制度,努力营造开放包容的数字经济创新发展环境。 另一方面,积极面对各领域在发展数字经济的过程中出现的新情况新问题,既要适应数字经济领域主体变化快、业态新、规模小等一系列特点,又要在数字技术创新与风险应对、网络开放与数据安全保障、数据挖掘与隐私保护、数据垄断与有序竞争之间寻求一个相对的平衡,为数字经济的新模式新业态留好充足的发展空间。 此外,数字经济的发展离不开消费市场的培育,在政策制定过程中充分贯彻普惠共享的发展理念,让数字消费市场与数字创新发展之间形成相互反馈的生态系统。

第三节　杭州数字第一城建设

随着数字经济发展的浪潮席卷全球,数字经济已经不仅仅被视为一种新的经济形态,更是推动产业升级、城市改造和社会变革的重要驱动力。 不难发现,任何一座城市都不甘与面前的数字机遇擦肩而过。 纵观全国各个城市

数字经济的发展脉络，曾经以风景秀丽、历史底蕴深厚而名声在外的杭州，如今已成为数字经济时代的"先行者"，为浙江省乃至全国的数字经济的发展提供了鲜活的"杭州样本"和"杭州经验"。 从电子商务第一城，到数字经济第一城，再到数字治理第一城，杭州始终在设定一个更远大的目标。

一、杭州数字第一城建设的发展历程

由于 21 世纪初电子信息产业和电子商务在浙江大地上的蓬勃发展，具有敏锐目光的杭州市政府早早就开始了发展数字经济产业的探索和规划。 2000年 4 月杭州市被列为全国电子商务试点城市，同年 8 月国家信息化推进工作办公室批准杭州市作为国家信息化的试点城市。 在 2000 年 11 月的全市技术创新大会暨市委九届十一次全体（扩大）会议上，杭州实施"一号工程"，建设"天堂硅谷"的设想被正式提出，这也正式拉开了杭州发展数字经济的序幕。

2001—2005 年是杭州数字第一城建设的早期探索阶段。 2001 年 3 月，国内运算速度最快的超大型计算机——"曙光 3000"正式落户杭州。 2002 年 2 月，国内第一所宽带运行的城市网络大学——浙大求是网上学院正式开通运行。 2003 年 1 月，杭州城市地理信息系统（UGIS）总体规划与实施方案通过专家组论证，标志着"数字杭州"战略构想开始了桩基工程；同年 12 月，杭州市不仅被世界银行列为投资环境最佳城市，还在此后的全市科技创新暨推进"一号工程"建设大会上，提出杭州将继续以"两港五区"建设为重点，打造"天堂硅谷"的战略布局。 2004 年，杭州市获得了"国家电子信息产业基地"称号，并在"中国十大最具经济活力城市"的评选中成功入围。 2005年 6 月，杭州高新技术产业开发区通信产业园、杭州经济技术开发区计算机与网络产品产业园等三个产业园被批准为首批国家电子信息产业园。 随着2006 年 6 月《杭州市建设创新型城市规划纲要》的通过，以及《关于进一步打造"天堂硅谷"推进创新型城市的决定》的发布，杭州数字经济的发展进入了下一个阶段。

2006—2013 年是杭州数字第一城建设的发展期，杭州开始将一些信息技术融入城市发展的方方面面，为城市的数字化转型做好充足的准备。 2006 年

底，国家发改委、商务部、信息产业部共同授予杭州市"国家软件创新基地"称号。 2007年9月，杭州完成了"移动信号村村通"工程，实现了杭州地区所有行政村移动信号100％覆盖，为数字经济的发展铺设信息高速公路。2008年8月，杭州市举行了"无线数字城市"试运行的启动仪式；同年9月还被中国电子商务协会命名为"中国电子商务之都"。 2009年，在首届建设创新型国家年会上，杭州市被列入全国"建设创新型国家十强市"。 2010年，杭州不仅被国务院批准成为首批"三网融合"（电信网、互联网、有线电话网）试点城市，还正式启动了杭州高新区（滨江）物联网产业园。 随着杭州数字经济的发展，对于创新型人才的需求也日益增多。 2011年8月，杭州召开第一批全球引才"521"计划座谈会；同年10月，杭州云计算产业园开园。 2012年10月，杭州市政府开始免费向市民开放室外Wi-Fi网络，杭州成为全国首个免费开放Wi-Fi的城市。 2013年7月，全国第一个跨境贸易电子商务试点在杭州落地；同年8月，杭州知识产权仲裁院成立，为杭州的技术创新发展保驾护航。 2013年底，杭州被国家发改委确定为国家下一代互联网示范城市建设工作试点城市，并且杭州市政府与阿里巴巴集团签署战略合作协议，这些都加速了杭州对于数字第一城的建设发展。

2014—2017年，随着杭州数字经济的发展越发成熟，涌现了大量数字经济的新模式和新业态，杭州数字第一城建设在此阶段进入了突破期。 2014年7月，杭州市委十一届七次全会，正式推出"发展信息经济，推动智慧应用"的"一号工程"；同年9月，杭州数字经济的龙头企业阿里巴巴集团在纽约证券交易所挂牌上市，与此同时，杭州市公共信用信息平台开通试运行。 2015年3月，国务院批准设立中国（杭州）跨境电子商务综合试验区；同年6月，国内首个"云"上银行——浙江网商银行在杭州开业。 2015年11月，杭州市政府出台《关于推进"互联网＋"行动的实施意见》，杭州开始了更加深入的数字化转型之路；与此同时，杭州的数字政府建设也在积极推进中。 2015年12月，"中国杭州"政府门户网站入选2015年度中国最具影响力政务网站，并获中国政府网站领先奖。 伴随着数字经济的发展在杭州大地上越发地活跃，逐渐涌现出一批新业态新模式，而杭州也开始在世界发出属于自己的数字化建设的声音。 2016年3月，阿里巴巴集团董事长马云呼吁全世界建立一个 eWTP 的平台；同年 10 月，杭州市政府发布城市"数据大脑"，以期提升杭州的数字化治理能力。 此后，随着浙江西湖高等研究院等科研院所在杭州的陆续落地，尤其是 2017 年的杭州人工智能小镇、之江实验室以及阿里巴巴全球研究院——达摩院的先后成立，更是让杭州形成了良好的数字创新创业生态体系，推动杭州数字技术等数字经济领域的发展。

2018 年至今是杭州打造全国数字经济第一城的冲刺期。 2018 年 3 月，杭州"市民之家"24 小时自助服务厅正式对外开放；同年 5 月，"杭州办事服务"App 投入试运行。 杭州积极地尝试用数字技术来提高城市的现代化治理能力，提升市民的城市体验感和幸福感。 随着 2018 年 10 月《杭州市全面推进"三化融合"打造全国数字经济第一城行动计划（2018—2022 年）》的发布，杭州的数字第一城建设进入全面的深化阶段。 如今杭州正在积极打造全国数字经济理念和技术策源地、全国数字经济企业和人才的集聚地、全国数字产业化发展引领地、全国产业数字化变革示范地以及全国数字治理方案输出地，为数字经济的发展营造一流的外部环境。

二、杭州数字第一城建设的发展现状

从"天堂硅谷"到"创新型城市"，再到数字经济"一号工程"的深入推进，杭州努力抓住每一轮科技风潮所带来的产业变革机遇，始终走在全省乃至全国的城市数字化发展前列。 经过多年的发展，杭州数字经济表现亮眼，数字经济占 GDP 的比值已超过 25％，①数字经济对地区生产总值的贡献更是超过一半。 2018 年 10 月，杭州市召开打造全国数字经济第一城动员大会，并发布了《杭州市全面推进"三化融合"打造全国数字经济第一城行动计划（2018—2022 年）》的通知。 随着全力打造中国数字经济第一城的正式启动，杭州正在不断思考如何让城市会思考、让生活更美好、让资源最优化、让治理更高效。 如今，无论是蓬勃发展的新产业新科技，还是数字化转型升级的传统产业，抑或是不断涌现的新业态新模式，都是杭州奋力打造"全国数字建设第一城"，努力成为新型智慧城市建设"重要窗口"的基础和底气。

---

① http://www.chinacomps.cnnews47126.html。

　　蓬勃发展的新产业和风起云涌的新科技是杭州打造数字第一城重要的成果之一。 在新产业的培育方面,近些年,杭州的云计算大数据、电子商务、数字内容、信息软件和移动互联网等数字经济产业年均增长达到了 30％,①持续推动着杭州数字经济的高速发展。 从传统电商、跨境电商到全球互联网贸易平台,杭州集聚了全国超三分之一的电商平台,实现全国 85％ 的网络零售 、70％ 的网络跨境贸易和 60％ 的 B2B 交易。 除此之外,杭州还为全国提供了 70％ 的云计算能力,阿里云已经成为全球第三大云计算服务商,服务全球 200 多个国家和地区。② 海康威视、大华技术、宇视科技是全球安防产业风向标,分列全国数字安防的前 3 强。 人工智能、区块链、机器人等新产业也在快速发展。 在数字技术的城市应用和推广方面,杭州市在全国率先建设“城市数据大脑”,并成功应用在交通领域,取得明显成效,使杭州交通拥堵率从 2016 年的全国第 5 名降至如今的第 50 名开外。③ 依托大数据积淀和人工智能、区块链技术的应用,杭州全面推进电子身份证、免押金租、信用签证等场景,建成全国社会信用体系建设示范城市。

　　传统产业的数字化转型升级是杭州数字第一城发展建设的又一重点领域。 深化工业和互联网融合发展的应用,杭州率先走出了一条从“机器换人”到“工厂物联网”再到“企业上云”“ET 工业大脑”驱动的智能制造之路,并推广至全省。 近年来,杭州累计实施“机器换人”项目达 3000 个以上,累计上云企业 8.21 万家。 2017 年,全球首个“ET 工业大脑”被阿里云推出,杭州开启大数据在制造业的深度应用。 可以说,凭借市场机制和互联网叠加产生的倍增效应,杭州市形成了良好的创新生态体系。 通过近 20 家国家创新平台和之江实验室、阿里研究所等一系列载体,杭州加快建设国家级工业互联网平台体系,赋能全国制造业转型。

　　随着杭州数字第一城建设的深入推进,杭州积极开发“城市大脑”,不断涌现数字新业态新模式。 无论是首创的扫码乘车出行、便捷泊车系统,还是

① 《2019 杭州市政府工作报告》。
② http://news.sina.com.cn/c/2018-10-13/doc-ihmhafir2646804.shtml。
③ https://www.sohu.com/a/305028798_114930。

移动支付在生活消费、公益活动等领域的广泛应用，杭州已然成为全球领先的移动支付之城。 从"最多跑一次"到"掌上办事"的一次都不跑，杭州努力成为移动办事之城。 数字化、智能化在生活中的全面升级与应用，让杭州百姓早已习惯通过移动端办理包括社保、交通、民政等十二大类的公共事务，享受超百种的便民公共服务。 值得一提的是，在"战疫情、促发展"中，杭州依托"城市大脑"率先开发和应用"杭州健康码""亲清在线"等数字平台，实现了决策科学化、治理高效化、服务精准化，得到了全国一致的好评。此外，诸如以盒马鲜生为代表的新零售，实现线上服务、线下体验和现代物流的深度融合，改变了消费模式，重塑零售业态圈；以"淘工厂"为代表的新型销售与生产连接方式，为淘宝卖家和制造企业搭建了一座快速灵活、高效响应的供需桥梁；以及众创、众包、众筹等共享经济不断涌现；等等。 杭州数字经济发展的新模式新业态正在引领全国数字化模式的不断创新发展。

根据最新发布的《中国城市数字治理报告（2020）》，杭州的数字治理水平实现了"二线城市弯道超车"，其数字化治理水平全国领先。 其中，杭州不仅在数字行政服务水平上显著高于国内其他城市，数字生活服务水平亦十分突出。 从"数字治堵"到"数字治城""数字治疫"，杭州的数字服务建设一直走在全国前列，并显示出较强的辐射能力，建设经验也在逐渐向全国推广。

三、杭州数字第一城建设的经验与启示

营造最优的发展环境，推动数字经济发展要素的集聚创新。 可以说，杭州有着最优的数字经济发展环境，正如浙江省常委、杭州市委书记周江勇在杭州打造全国数字经济第一城的动员大会上所做出的承诺："只要是有利于数字经济创业者成就梦想的做法和机制，杭州都要积极鼓励；只要是有利于降低数字经济企业运营成本的手段和方法，杭州都要大胆探索。"正是得益于全市积极营造最优发展环境的各项举措，这些年，杭州吸引了大量的创新资本和人才，互联网工程师人才净流入率连续多年高居全国首位，这让杭州的数字技术变革与数字产业变革高度契合，涌现了众多数字经济知名企业。 与此同时，杭州不仅孕育且扶持了享誉世界的知名公司，还积极打造了引领产业发展的特色小镇，集聚起一批批充满创新创业精神的创客，落地了众多的改革试点，串起了驱动发展的创新走廊。最优的发展环境是杭州数字经济发展的一把重要钥匙，是开启杭州数字第一城建设的关键之门。

深挖数字理念，把握数字发展的机遇。"数字"已悄然成为杭州新时代背景下最鲜明的标志。可以说，"数字"之于杭州是生活方式，是治理能力，是制度创新，更是发展的强大引擎。在杭州，一部手机可以走遍全城，实现吃、住、行、游、购、娱。疫情下，在线教育、在线医疗等一大批新模式新业态在杭州涌现，而直播带货、生鲜电商、门店到家等线上新型消费更是逆势大涨。在杭州，"城市大脑"引领全国城市智能化治理的改革，实现了由数字治堵的局部探索向数字治城的重大跨越，并在数字治疫上取得明显成效，初步探索出一条以数字技术支撑城市治理精细化、现代化的新路。在杭州，数字治理创新不再是政府管理在网络上的简单映射，而是以技术手段的创新为支点，撬动体制机制的全方位变革。杭州政府坚持"最多跑一次"改革的理念，通过应用新技术、推出新场景，从制度设计源头出发，在更大范围、更宽领域、更深层次倒逼政府自身改革，推动管理服务模式的重塑。在杭州，数字驱动产业发展，数字产业化和产业数字化一起为杭州高质量发展提供最强劲的新动能。"数字"之于杭州，既是一个个不懈追求、不断续写的创新故事，也是一段段敢为人先、勇立潮头的创业传奇；既是推动高质量发展的强大引擎，也是创造高品质生活的重要源泉。

健全城市大脑平台架构，强化新型智慧城市建设的系统集成，走出一条从数字经济到数字治理的智慧融合发展之路。通过区块链、人工智能、大数据、云计算、物联网、5G等前沿技术在城市数字化治理的中枢系统中的融合应用，打造一个更加强大的"城市大脑"，使城市大脑成为数字新技术的集成创新平台，为新型智慧城市方方面面的建设提供强有力的帮助。与此同时，健全城市大脑平台架构，推动各级各部门业务信息实时在线、数据实时流动，破解政策、工作碎片化等政府内部的效率问题，提高政府的工作效率和效果。杭州的经验说明，运用新一代数字技术，既可让市民享受更优质、更贴心、更便捷的城市服务，也可为城市管理者配置公共资源、提升治理效能提供科学依据。

第十章 产业数字化和数字产业化：
从浙江制造到浙江智造

2012 年 6 月 6 日—10 日，浙江省第十三次党代会胜利召开。 会议提出"要把做强工业放在更加突出位置，大力发展战略性新兴产业、装备制造业，择优发展重化工业，积极改造提升传统优势工业和建筑业"。

四年多来，浙江省委、省政府充分认识到经济新常态下的内外部环境条件的趋势性变化，把加快"浙江制造"向"浙江智造"转型作为"两化深度融合"升级的主攻方向，把"两化深度融合"升级作为智能制造发展的战略主线，积极推进浙江工业经济转型升级。 截至 2016 年底，虽然"浙江智造"尚处于萌芽阶段，但"浙江制造"向"浙江智造"转型已初见成效，取得初步经验。

智能制造，融合了信息技术、先进制造技术、自动化技术和人工智能技术，是实现整个制造业的数字化、智能化、网络化和服务化，是信息化与工业化深度融合的进一步提升。 "浙江智造"是中国制造 2025 的子战略，要基于浙江省总体上还处于工业 2.0 向工业 3.0 转型的实际条件来确定发展思路。

在国家强化"两化深度融合"的战略背景下，从"浙江制造"迈向"浙江智造"成为浙江走新型工业化道路的关键一步。 未来，浙江省将继续遵照我国创新驱动发展和制造业转型升级的总体要求，积极参与和贯彻"互联网＋"行动、中国制造 2025、智能制造发展规划 2016—2020、智能制造重大工程 2030 等国家战略，力争使"浙江智造"成为"中国制造 2025"的先行者和国家标杆。

第一节　"浙江制造"向"浙江智造"转型发展经验

"浙江智造"的发展经验是：抓牢"两化深度融合"的战略主线，锚定智能的制造主攻方向，瞄准"创牌、定标、创新、智造"的重点突破。

一、顶层设计先行，政策法规引导

2014 年时任浙江省委书记夏宝龙高屋建瓴地提出，要加快推动传统工业向现代工业迈进，加快实现从浙江制造到浙江创造的跨越。 2015 年 9 月 30 日，时任李强省长在全省信息化与工业化深度融合国家示范区建设领导小组会议上强调，"两化深度融合"是"浙江制造"升级的关键，必须明确目标，丰富内涵，突出重点，主攻智能制造，以"两化深度融合"十大专项行动为抓手，助推"浙江制造"抢占未来产业制高点。 要使"两化深度融合"真正成为浙江省工业增长的"倍增器"、发展方式的"转换器"和产业升级的"助推器"，使浙江成为国内领先、有国际影响力的制造强省，并为全国"两化深度融合"和制造强国建设探索规律提供示范。 对标"中国制造 2025"，示范区建设要赋予"浙江制造"三个新内涵：一是"浙江制造"要体现互联集成。通过生产线、工厂、供应商、产品、客户的互联互通，实现企业间的横向集成、企业内部的纵向集成、端到端的集成。 二是"浙江制造"要体现大数据应用。 产品数据、运营数据、价值链数据的开发、共享和应用，将成为浙江制造的基石、创业创新的源泉和企业利润的增长点。 三是"浙江制造"要体现创新引领。 通过互联集成和大数据应用，技术创新、产业创新、业态创新和商业模式创新将全面推进，大规模定制、云制造等新模式将涌现，产品质量和附加值大幅提升。 以做强、做特为导向，扎实推进装备和产品智能化；以"机器换人"为切入点，扎实推进生产的智能化；以提质增效为目标，不断实现管理和服务的智能化；以制度供给为保障，不断优化示范区发展环境，推动"两化深度融合"。

四年多来，浙江省各级政府出台了一系列相关政策法规：《关于"浙江制造精品"认定推广和应用的实施意见》（浙经信技术〔2013〕573 号）、《关于建设信息化和工业化深度融合国家示范区的实施意见》（浙江省政府 2014年 4 月）、《关于加快发展信息经济的指导意见》（浙江省政府 2014 年 5月）、《浙江省加快推进智能制造发展行动方案（2015—2017）》（浙经信技术〔2015〕413 号）、《中国制造 2025 浙江行动纲要智能制造标准化建设三年行动计划（2016—2018）》（省经信委和省质量技术监督局 2016 年 3月）、《浙江省智能标准化体系》、《智能制造评价办法（2016 年版）》、《浙江省制造业发展"十三五"规划》（浙发改规划〔2016〕507 号）等；《杭州市智能制造产业发展"十三五"规划》（杭政办函〔2015〕95 号）、《温州市智能制造三年行动计划》、《台州市加快推进智能制造发展实施方案（2016—2018 年）》（台经信〔2016〕69 号）等。

2015 年 10 月，浙江省经信委发布的《加快推进智能制造发展行动方案（2015—2017 年）》中提出，贯彻落实"中国制造 2025"和"互联网＋"战略，大力发展智能制造产业，重点推动智能制造核心技术攻关和产品装备研发，加快制造业转型升级，推进制造强省建设；到 2017 年，全省规模以上智能装备产业总产值达到 2000 亿元，年均增长 18％左右；建成一批具有国内先进水平的智能制造平台，培育 50 个智能制造特色小镇和 10 个在全国具有较大影响力的智能制造示范基地。

二、抓牢"两化深度融合"战略主线

2013 年 10 月，浙江被批准为全国首个"信息化和工业化深度融合国家示范区"，承担起先行先试重任。全省以装备制造、轻工、纺织、化工、医药、电力、建材、冶金、汽车、船舶等十大传统行业为着力点，实施"两化深度融合"行动计划；总投资 426 亿元，重点抓 10 个工业强县"两化深度融合"综合性示范区、5 个绿色安全制造信息化示范区和 10 个"两化深度融合"试点区域建设；开展国家"两化"融合管理体系贯标试点企业 39 家，发布首批"两化深度融合"第三方服务机构 16 家。

2015 年，重点开展"六个换"工程：产品换代，实现产品和装备网络化、智能化升级；机器换人，用智能化的机器、工业机器人、自动化生产线等取代人工;制造换法,构建智能生产线、车间级机器互联的无人车间、企业级机器互联的智能工厂,推广绿色安全制造技术;电商换市,运用基于互联网的电子商务、智慧物流等技术拓展新市场;商务换型,推进云服务、云制造、服务型制造等新模式应用;管理换脑,发挥云计算、大数据在智慧化服务、精细化管理、一体化管控和科学化决策等方面的作用。

截至 2015 年,全省"两化"融合发展水平总指数达 95,从 2012 年的全国第 7 位跃居全国第 2 位,其中,工业应用指数以 94.04 居全国第 1;实施"两化"融合示范试点项目 1000 多项,特别是 ERP(企业资源计划系统)、MES(制造执行系统)、装备数控化率等反映企业"两化"融合水平的指标得到显著改善;电子信息产业增加值占全省地区生产总值的比重达 6.9%,比 2010 年提高 1 个百分点;大中型企业关键工序数控化率 43.7%,比 2012 年提高 9.6 个百分点。"两化深度融合"国家示范区建设初见成效。

三、锚定智能制造主攻方向

浙江结合自身"制造大省"的特点和优势,以智能制造为两化融合、转型升级的主攻方向。智能制造应用总体水平位居全国前列。近年来,浙江围绕"两化深度融合"国家示范区建设目标,重点实施"机器换人"战略,截至 2015 年,全省以"机器换人"为重点的技术改造投资达 6 701 亿元,增长 23.6%;全省在役工业机器人达 3.2 万台,总量占全国的 15%左右,居全国第 1 位;工业机器人密度达到 52 台/万人,远高于全国 30 台/万人的平均水平。2015 年,浙江省下发 2 500 万元省级扶持资金,鼓励企业通过物联网、云计算和自动控制等开展网络化、智能化技术改造,逐步建设数字化车间、智能化工厂。杭州全面推广工厂物联网,重点在机械、冶金、轻纺等传统行业实施 30 个工厂物联网示范项目;实施"机器换人"项目 450 个,力争每个行业至少打造 1 个智能工厂/车间样本。

软件及信息技术服务是数字化的技术基础设施。2015 年,软件和信息服务业整体规模达到 4 251 亿元,其中,软件和信息技术服务业规模达到 3 037.4 亿元,占全国 7%,居全国第 6 位,实现利润 791.3 亿元,占全国 13.7%,居全国第 3 位。世界互联网大会会址永久落户浙江。

　　智能装备制造是"浙江智造"的基础骨架。 根据 2012—2014 年《中国
（全口径）装备制造业区域竞争力评价报告》，截至 2014 年，浙江智能制造
装备产量同比增长 36.3％，产业规模居全国第 4 位，列江苏、广东和山东之
后，位于我国装备制造业第一阵营。 浙江装备制造业重点集中在杭—绍—甬
区块和温—台区块，现已建成乐清工业电气、杭州装备制造、新昌轴承、舟山
船舶修造 4 个国家新型工业化产业示范基地，以及嘉兴光伏装备、湖州现代
物流装备、诸暨现代环保装备、柯桥和新昌智能纺织印染装备等一批具有明
确产业方向的省级现代装备产业高新园区。 2015 年 1 月—10 月，浙江智能制
造装备产量同比增长 20.6％，工业自动化仪器仪表与控制系统、轴承数字
化、智能无菌包装数字化、工业焊接机器人生产线等智能成套装备不仅畅销
国内，还远销美、意、法、日。 此外，浙江大力发展与装备制造业紧密相关
的新兴产业，使新能源汽车、增材制造、航空零部件等新兴产业快速增长。

　　目前，浙江省已初步形成了以物联网、自动化和仪器仪表、工业机器人、
增材制造、智能成套装备为代表的智能装备产业亮点——物联网。 浙江是国
内物联网技术研发和产业化应用的先行地区之一，尤其是在视频监控领域特
色优势明显。 2015 年，杭州市物联网产业增加值为 307.21 亿元，"规上企
业"主营业务收入达到 891.96 亿元，约占全国物联网产业规模总量的 10％，
杭州成为国内物联网产业发展的领军城市。 全省已有机器人制造企业 150 多
家，拥有国家级技术中心、研发中心、实验室 2 个，省级技术中心、研发中心
5 个，拥有一支 2000 余人的机器人研发队伍，获得发明专利授权 150 余项，
形成杭州、宁波等产业集聚地，初步建成融机器人研发设计、生产制造、系统
集成、终端应用等于一体的全产业链。 2015 年，机器人产值突破 150 亿元，
成为全国机器人产业与技术的重要基地之一。 2015 年 7 月 21 日，工信部公
布 2015 年首批智能制造试点示范项目名单，娃哈哈集团的"食品饮料生产智
能工厂"和东方通信股份有限公司的"通信设备智能制造试点示范"入选。
正泰电器、华立仪表集团、利欧集团和双环传动 4 家企业的项目入选国家智
能制造专项，获得 5 800 万元国家财政资金扶持。

四、争夺产业链两端控制权

"浙江智造"的未来高级形态应该是"浙江创造"。技术标准是产业链研发设计环节的核心，而品牌是营销环节的关键。

关于标准体系建设，《浙江省加快智能制造发展行动方案（2015—2017）》指出，要加快智能制造标准体系建设，建立智能制造标准化与科技创新、产业化协同发展的工作机制。编制浙江省智能制造标准体系，组织修订引领产业发展的国际和国家、行业标准，制定满足市场和创新需要的团体标准。从 2015 年起，浙江大力实施标准创新工程，以数控机床、电器机械、机电器件等先进制造业和纺织、服装、皮革、家具等传统优势产业为重点，每年发布标准 30 项以上，形成国际先进水平的"浙江制造"标准体系。

关于品牌培育，2013 年，浙江省实施《关于"浙江制造精品"认定推广和应用的实施意见》（浙经信技术〔2013〕573 号），每年认定一批标杆产品；2014 年底，浙江在全国率先推出以"区域品牌、先进标准、市场认证、国际认同"为核心的"浙江制造"品牌建设制度体系，让"浙江制造"四个字成为浙江先进制造业的标志和标杆。经第三方权威认证，方太厨具、雅戈尔集团、杭州汽轮机股份公司和浙江菲达环保公司等 4 家企业成为首批通过"浙江制造"认证的企业。2015 年 6 月，省质监、发改、经信等部门联合印发《关于支持"浙江制造"品牌发展的意见》，明确了金融支持、采购优先、品牌推广等 8 条支持政策。至此，浙江逐步构建起"省政府质量奖—'浙江制造'品牌—省著名商标、浙江名牌、省出口名牌"的梯度品牌建设体系。2015 年，省政府按照产品水平达到"国际先进、国内一流"的目标，在湖州市南浔区、平湖、桐乡、温岭等地开展"浙江制造"品牌培育试点。

五、培育人才队伍和平台载体

关于人才培育，自 2009 年 1 月开始，浙江实施海外高层次人才引进计划，这些引进的人才成为信息技术、高端制造、生物医药等高精尖领域"浙江智造"的生力军。浙江实施"千企千师"高技能人才培养工程，到 2018 年，将打造由 1 000 家企业、1 000 名技能大师组成的高技能人才领军队伍。

关于平台载体建设，杭州临江国家高新区、海创园、未来科技城，临安青山湖科技城异军突起；宁波新材料科技城、嘉兴科技城以及 100 个特色小镇，正成为创业者推动产业创新的新舞台。 部分典型案例见表 10-1。

表 10-1 部分典型案例简介

典型案例	主要成果	应用成效
娃哈哈集团	娃哈哈研究院智能装备系统集成事业部自主研发机器人	"食品饮料生产智能工厂"入选工信部公布的 2015 年首批智能制造试点示范项目；娃哈哈下沙工厂 20 多道工序全部由机器人完成
中控集团	以并联机器人为核心的动力电池流水线组合装箱机	为杭州弹簧有限公司设计弹簧自动识别刷漆工作站，为临安铅酸蓄电池生产企业"量身定制"铅粉输送自动流水线
春风摩托	智能制造指挥中心对零配件供应、车辆组装生产和售后信息进行智能化整合	实现低库存和个性化定制，2016 年 4 月 10 日《新闻联播》以"信息技术助推传统制造业转身'智'造"为题报道
海康威视、大华技术、宇视科技	机器人智能仓储系统、企业/家居可视化	全国安防产业前三强，产品约占国内市场份额七成以上；以视频为核心的物联网解决方案和数据运营服务提供商，向智慧城市、智慧家居等软硬件一体整体方案提供商转型
杭州叉车集团	主要零部件实行自由配置，由 ERP 系统组织生产	通过互联网定制平台实现了 70% 的个性化定制，客户可在平台上根据既定标准定制叉车
慈星集团	国内智能针织鞋面机首批研制企业，慈星 CF 智能鞋面机	性能高速高效，运行稳定可靠，得到广大针织鞋厂赞誉；针织品智能柔性定制平台试点示范项目入选 2016 年工信部智能制造试点示范项目
杭州萧山区临江国家高新区	浙大机器人研究院、安川电机华东研究院、ABB 智能系统研究院、智珀机器人研究院、凯尔达安川工业机器人等入驻	浙江省机器人产业先行区，已实现产业化

续　表

典型案例	主要成果	应用成效
宁波余姚机器人小镇	"国家千人计划"专家甘中学、孙云权领衔智能云控制器、非标工业机器人、家用机器人等 21 个项目	打造以机器人核心部件制造、集成及应用为主的智能制造全产业链
德清地理信息小镇	地理—空间信息企业近百家；武大技术转移中心、浙大遥感与 GIS 研究中心、中欧感知城市创新实验室、中科院微波特性测量实验室等创新载体入驻	初步形成了涵盖数据获取、处理、应用、服务等完整产业链，包括 GIS 产业、卫星定位与导航产业、航空航天遥感产业、LBS（基于位置服务）、地理信息服务等；代表性产品有超长时间续航无人机、移动三维激光点云扫描车、体积最小质量最轻的测量仪、管道机器人等
宁波新材料科技城	世界第一条 300 吨级石墨烯生产线、世界第一款量产超级电容、国内第一条百吨级碳纤维织造生产线	基础材料，应用范围广泛

资料来源：作者整理。

第二节　"浙江智造"的问题和障碍

目前，浙江智能制造产业总体上仍处于发展初期阶段，需要深入分析其存在的问题和障碍因素。

一、点状分散无法形成产业协同

第一，区域发展水平参差不齐。根据《2015 年中国信息化与工业化融合发展水平评估报告》，各设区市的两化融合发展水平总体可以分为三个梯队：第一梯队——杭州和宁波，两化融合发展水平总指数已突破 80，分别比上年提升 6.78 和 4.79；第二梯队——嘉兴、湖州、温州、绍兴、金华和台州 6 个地区，其中增长幅度最大的是金华地区 6.61，且第二梯队中各设区、市之间差距很小；第三梯队——衢州、丽水和舟山 3 个地区，其中衢州突破明显，达到 60。从 2015 年工业应用细分指标情况来看，杭州在工业应用指数各类分级指标中均保持较高的得分，综合实力领跑全省；宁波凭借在装备制造业的优势基础，在 ERP、MES、PLM 及装备数控化率方面均处于全省前列；绍兴、嘉兴、湖州、温州、台州等地区结合自身产业特色，分别在制造过程、销售环节、电子商务、数字化设计工具等环节保持全省领先地位。

第二，行业应用水平步调不一。 在智能应用方面，浙江形成了"以龙头企业为引领，智能制作项目零星呈现"的点状发展格局；且以企业内部改造为主，鲜有企业开展整体化的智能制造应用项目，集成化水平较低。 根据两化融合指数，在研发数字化建设方面，处于领先地位的是装备制造、轻工等行业；在管理信息化建设方面，处于领先地位的是电力电子、装备制造、纺织服装、化工医药等行业；在生产管控自动化建设方面，处于领先地位的是化工医药、食品饮料等行业；在电子商务建设方面，处于领先地位的是轻工、纺织服装等行业。 但总体上量大面广的传统企业智能化改造提升仍显不足。

二、综合智能制造技术基础不强

目前，浙江省缺乏自主研发的国产智能制造技术标准，难以掌控产业全球价值网络的控制权；产业组织结构"小、散、弱"问题依然存在；产业创新联盟协同能力不足，主攻方向不清；检测认证服务体系亟待充实。 "现在浙江制造是高端低端并存，从整体来看，制造业核心的质量、标准问题依然缺失，导致我省制造业增加值率较低，不到德国、日本等发达国家的一半。"

当前比较紧急的问题是，产业链关键环节缺失，如机器人零部件中的高精度减速器、伺服电机和控制器等依赖进口；核心技术创新能力薄弱，高端产品质量可靠性低；大量中小型企业难以找到适用性技术，大型国际供应商更多提供成套技术解决方案，改造成本甚至超过企业平均年产值，而中小型技术供应商则难以提供匹配度高的智能制造技术和管理模块；政府主导的智能制造共性技术研发及技术服务平台等服务落后于企业实际需求，一些公共实验室、技术平台只承担技术检测等简单服务功能。

三、对智能制造的革命性本质认识不深

智能制造实际上是第四次工业革命的一部分，以信息物理融合系统

（CPS）为基础，以生产高度数字化、网络化、机器自组织为标志，其本质是产业泛网络化，智能制造必然是跨界融合的综合智能制造体系。当前，新一代信息技术与制造业深度融合，"产业经济活动发生了三个根本性的重大转换：一是以物质流为主导向信息流为主导转变；二是以工业技术为核心向以信息技术为核心转变；三是以物流运输平台为基础向以信息运行平台为基础转变"。以 ICT 为代表的新兴技术不断外扩、渗透，不仅新兴的网络性产业出现了，而且传统产业的技术复杂性、密集性及创新速度也在迅猛提高，呈现出更多的网络性特征，产业跨界联结、深度融合，"泛网络化"的条件和趋势业已形成，并催生出"经济新形态"。

"泛网络化"的核心本质是"主体交互依赖/纠缠"，扩大产业链网参与者的依赖范围、提升其依赖程度，是第四次产业革命的关键指向。不仅机器人、3D 打印等数字化制造技术正在重构生产系统，而且云计算、大数据分析、电子商务、移动应用、物联网和企业社交网络、工业/产业互联网等技术也成为智能制造的实现手段，云制造、网络众包、异地协同设计、大规模个性化定制、精准供应链等网络协同制造模式正在形成，软件技术和互联网大数据驱动新硬件制造，"智能制造"本身已蕴含了"互联网＋制造业"的全新商业模式。

目前，"浙江智造"的"智能"还处于前期准备阶段，即主要取决于软件技术的智能制造系统的数字化阶段；力争 3—5 年内向 Smart 层次转型，即能够实现闭环反馈；最终趋势则是真正实现"Intelligent"，即硬件人工智能（AI）化，能够实现自主学习（机器学习乃至神经网络学习）、自主决策，并不断优化。

第三节　对策思路：战略路径和政策重点

一、战略路径：以网络协同制造为目标模式

智能制造方式不是简单地用智能设备替代传统设备和产业工人，实现

"人机实时协同"和柔性定制化生产才是智能制造的根本目的,这就需要对传统产业模式进行根本性改造。 国务院发布的《关于积极推进"互联网＋"行动的指导意见》,将"互联网＋"协同制造列为重点行动之一,旨在推动互联网与制造业融合,提升制造业数字化、网络化、智能化水平,加强产业链协作,发展基于互联网的协同制造新模式。 在重点领域推进智能制造、大规模个性化定制、网络化协同制造和服务型制造,打造一批网络化协同制造公共服务平台,加快形成制造业网络化产业生态体系。 结合智能制造本质和未来趋势、依托浙江集群经济和互联网经济特色优势,着眼于"浙江智造"未来进一步向"浙江创造"转型,"浙江智造"主选技术路线是网络平台模式,如图10-1所示。

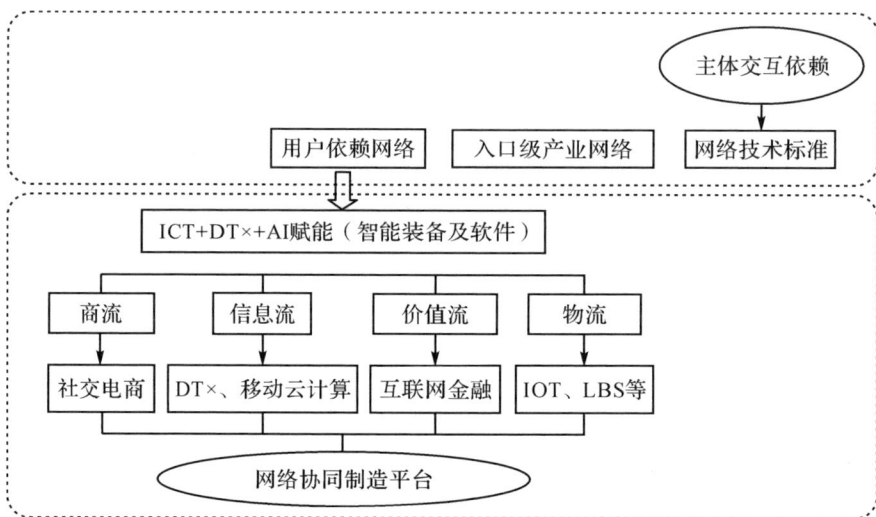

图 10-1　网络协同制造概念模型

该模式的基本思路是:首先,用互联网集成制造产业链,塑造智能制造产业生态;然后,通过生态系统倒逼企业数字化、智能化改造,同时也为其提供智能应用的客观需求环境和供给侧淘汰机制。

这就需要用 ICT 技术连接实现全产业链系统集成,企业内部不仅要实现四大元素"智慧人、智能产品、智能物料、智能工厂"的数字化组合,更要实现"客户集成、纵向集成、横向集成、价值链集成、智力集成"五大系统。

具体地说,客户集成指客户作为智能制造的中心,移动网络用户就是一个智能元素。 客户集成主要分为两类:一是大量分散的个性化需求集成;二是个性化需求中的共性需求集成。 纵向集成是指智能传感器 IS、PLM、ERP、CRM、SCM、MES 乃至 AR/VR 等核心系统连接为智能产线、智能车间、智能工厂和智能管理,整个工厂内部联结形成基于 CPS(物理信息系统)的模块化制造网络,生产方式从资源驱动变成信息驱动。 横向集成是指整合产业链各环节资源和系统,构建智能工厂间网络,即智能物流与供应链。 智力集成是指以"零工经济"和"异地协同设计"集成全球智力资源,即智能研发。价值链集成是指把企业内和企业间的数据从需求分析开始,直到销售服务端到端地"云化",即基于云服务移动 BI(业务智能)的智能决策。

价值链集成是客户价值的实现途径,横向集成和纵向集成则保障了价值最大化实现,这五大集成把分布在各个环节上的智能元素节点连接起来,形成智能制造网络体系。 未来随着 AI(人工智能)技术的逐渐成熟,将进一步优化各层次的微观智能级别。

二、政策重点之一:强化公共技术基础

智能制造是一个系统工程,给传统制造型企业带来众多不熟悉的新兴技术领域,需要相关产业、人才、技术等外部条件的支撑、配合,这些因素往往具有公共基础设施的性质,需要政府通过重点扶持和激励相关企业来提供。省、市政府不仅要加强支持龙头企业对通用技术、核心共性技术的研发和产业化,共性长抓,急用先抓,还应关注中小企业智能化应用过程中技术和管理的双向脱节问题,完善第三方评价和认证体系,开展智能装备整机及关键功能部件的检测与认证工作,为企业提供人工智能、数字制造、工业机器人等关键技术领域技术服务渠道,力争 3—5 年内在先进制造关键技术上取得重大突破,提升智能装备制造水平,在一些重点领域掌握一批具有自主知识产权的核心技术和关键技术,强化制造业核心基础技术能力、创新能力和集成能力。

当前,"浙江智造"的"智能"还处于向 Smart 层次转型的初级阶段,重点是发展数字化制造所需的软件技术,建设数字化工厂,即用 IC 芯片、RFID、机器视觉、MES 软件、WMS 软件(仓储管理系统)等实现实时数据采集和分析，基于数字化软件和自动化系统运作，实现工控产品混流生产。
要大力发展 4D 打印、工业机器人、数字化制造仿真软件等基础软件、智能终
端操作系统、云计算操作系统、大型数据库、大数据处理、中间件；加快发展
高端工业平台软件、高端领域应用软件和云计算、大数据等解决方案及行业
应用软件技术；专用集成电路设计、制造和产业应用，扩大国产嵌入式 CPU
市场份额；信息系统集成、信息技术咨询和应用等信息技术增值服务。 提升
新型传感器件、光电子器件、存储器件、储能器件等高端电子元器件及新型材
料通信网络与智能终端，重点发展新一代光通信宽带、IPv 6 下一代互联网、
5G 移动通信、宽带无线接入、应急通信、量子通信、高端服务器及云存储等
系统设备、终端及关键配套件；纳米材料、记忆金属等。

　　未来还要向 Intelligent 层次转型，则需要物联网 IOT 和车联网无线智能
传感芯片、DT×、移动云、智能电网、地理信息系统（GIS 和基于位置/场景
服务 LBS）和 AR/VR、AI 等人机交互技术；特别是综合计算、网络和物理环
境，实现资源、信息、物品、设备和人的互通互联的多维复杂系统 CPS；还要
构建智慧物流、网络金融、智慧城市、智能政务等智能制造生态环境。 要探
索发展系统集成、导航控制、自主控制、视觉定位、人机交互等核心技术。
加快发展伺服电机、精密减速器、伺服驱动器、末端执行器、传感器等关键零
部件，重点发展特殊机器人等新一代机器人产业；加快研制新型传感器、智能
控制器、智能仪器仪表等关键部件，大力开发嵌入式软件芯片、无线传感器、
工业控制、故障自动诊断和人工智能等技术，重点发展高档数控机床、增材制
造装备、智能传感与控制装备、智能监测与装配装备等智能制造装备；加快开
发自动识别、信息快速处理、人工智能等关键技术，重点发展智能物流机械、
智能电梯、智能家电、智能包装机械、掘进装备、空气动力、食品加工等成套
装备。

三、政策重点之二：研发自主技术标准

　　国外发达国家如德国工业 4.0 的发展经验显示，工业标准化应领先于智
能制造应用，特别是智能制造生产设备的工业基础元器件规格标准化、智能
生产流程标准化、智能控制管理标准化等，应先于智能制造应用工作完成。

尽管浙江省已出台《浙江省智能标准化体系》《智能制造评价办法（2016 年版）》等文件，但目前国内各地政府普遍对标准化的认识不足。智能制造所涉及的标准，不同于以往传统产业的标准，如果说后者是一种政府"研究制定"的公共技术规范，前者则是市场中企业"研发"并与市场"互动"形成的主流技术规范，一旦国外企业率先主导形成主流技术标准，则国产产品必须购买其专利并使用这一标准，否则将被主流市场边缘化。这种所谓的"网络技术标准"绝非政府一纸文件所能决定和解决的，而是需要组建技术标准联盟，以龙头企业为核心主导，通过联合自主研发，并迅速产业化推广才能形成。

组建技术标准联盟离不开省市政府的支持和协调。首先，组建以争夺国际技术标准为宗旨的创新中心，打造政、产、学、研、用紧密结合的协同创新平台，重点聚焦前沿、关键的基础共性技术研究；其次，开展标准体系研发前瞻规划，通过政府采购、国产化率考核、研用一体化示范等办法支持网络技术标准的研发和市场推广，运用政治策略和外交手段支持企业参与国际标准组织的方案制定和采纳认证；最后，继续完善和强化知识产权保护措施。

11

第十一章　跨境电商：迈向世界的数字贸易

　　自 2012 年以来，互联网经济进入一个全新的发展空间，电子商务在全球范围内迅速发展，作为电子商务与海外市场相连接的跨境电商也在突飞猛进地发展。浙江省作为东部沿海经济发展较快的省份，跨境电商的发展在国内首屈一指。随着全球经济贸易的深入发展，我国也在积极探索与之相适应的法律法规。我国颁布的《互联网信息服务管理办法》对电商的交易方式和消费者保护等做了规定；2014 年，海关总署增列了跨境电商的海关监管代码，这些都为跨境电商在国内的发展提供了制度保障。与传统外贸相比，跨境电商具有很强的竞争优势，其交易过程成本低，能降低损失和消耗，更加方便快捷，能增加就业机会等，具有广阔的市场和强大的发展潜力。但是，跨境电商在我国的发展时间较短，国内法律机制和自身的管理模式还不成熟，大部分跨境电商仍然在摸索中前进，一方面要寻求适应中国居民的电商经营模式，满足消费者的需求；另一方面也在积极与国际接轨，遵守交易方国家的经济制度。2016 年，我国的跨境电商交易额飞速增长，浙江省在新形势下如何进一步提高自身优势，激发企业潜力，顺应时代发展，抓住新的机遇，总结以往经验，探寻适合本省的跨境电商发展之路，成为研究的新课题。

　　目前，数字贸易时代已然来临。数字贸易，即信息通信技术发挥重要作用的贸易形式，不仅包括基于信息通信技术开展的线上宣传、交易、结算等促成的实物商品贸易，还包括通过信息通信网络（语音和数据网络等）传输的数字服务贸易，如数据、数字产品、数字化服务等贸易。 浙江省作为全国电子商务发展的领头羊，具有地理位置好、发展历史久、创新意识强等先天优势，但是面对互联网经济的新形势，我们应该思考怎样将"走出去"与"引进来"相协调，怎样在与国际接轨的同时，走出一条符合自身具体情况的电商发展之路。 本章通过对浙江省跨境电商的现状研究，分析目前存在的问题，总结各种经验教训，结合国外发展实例和国内大的消费环境，提出可行的解决意见，以加快浙江跨境电商向数字贸易时代转型。

第一节 何为跨境电商

一、跨境电商的基本概念

跨境电子商务是指分属不同环境的交易主体，通过电子商务平台达成交易、进行支付结算，并通过跨境物流送达商品、完成交易的一种国际商业活动。 跨境电商具有全球性、无形性、即时性、匿名性以及开放性的特征，跨境电商贸易给各国的中小企业提供了更多的贸易机会，也给各国经济发展带来了更多可能和潜力。

跨境电子商务分为广义的跨境电子商务和狭义的跨境电子商务，如图11-1所示。 广义的跨境电子商务是指分属不同关境的交易主体通过电子商务手段达成交易的跨境进出口贸易活动。 狭义的跨境电子商务概念特指跨境网络零售，指分属不同关境的交易主体通过电子商务平台达成交易，进行跨境支付结算、通过跨境物流送达商品、完成交易的一种国际贸易新业态。

二、跨境电商平台类型

跨境电子商务模式主要分为企业对企业（Business to Business）和企业对消费者（Business to Consumer）两种，即 B2B 和 B2C。 跨境电商又可以分为出口跨境电子商务和进口跨境电子商务。

在运营模式的选择上，跨境电商的企业选择具有多元化的特征。 企业对

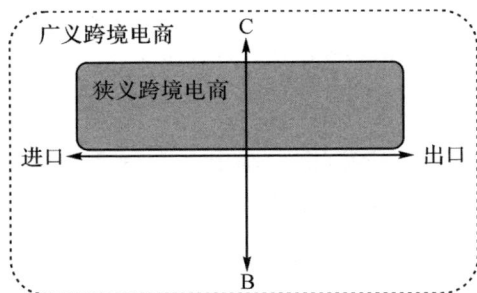

图 11-1　跨境电子商务概念

个人（B2C）的贸易模式是大多数中小型企业的选择，速卖通、亚马逊等都是企业选择 B2C 贸易模式时可以选择的平台。 另外，阿里国际站、中国制造网、敦煌网、环球资源网等则是企业选择 B2B 的贸易模式时可以选择的平台。 B2B 由于具有小额批发的性质，成交单数比 B2C 平台模式要少，但是单笔成交的数量要远超 B2B 的贸易平台。 在 B2C 的贸易模式下，即跨境电商平台给企业提供了一个获得更多询盘的机会。 因此，企业在前期产品发布、宣传投入的金额和心血会比较大。 对于一些舍不得在前期投入过多的微小型企业来说，B2B 贸易模式之中前期见效不显著，更由于微小型企业实力不够，很难把握商机而容易丢失客户；客户的跟踪期限较长，小型以及微小型企业的人力资源会比较缺乏，潜在客户可能会丢失。 因此，选择一个正确的贸易模式和选择一个适合自己企业发展的跨境电商平台就显得尤为重要。

随着科技的进步与互联网的蓬勃发展，跨境电子商务得以兴起并壮大。跨境电商是经济全球化和"互联网＋"时代的一种国际贸易新形式。 "一带一路"和供给侧结构性改革战略的推出，促进了经贸合作，优化库存和淘汰落后产能；同时，跨境电商也促进了"一带一路"倡议和供给侧结构性改革战略的实施。 国务院出台了一系列有助于发展外贸的方针政策，鼓励跨境电商发展，展现了国家对于发展跨境电子商务贸易的决心和行动力。 然而，中小企业的跨境电商发展还不完善，对影响电子商务绩效的因素认识不够充分。 浙江作为东部沿海地区国际贸易发达的省份，发展好中小企业跨境电商对于浙江省经济发展有着重大的现实意义。 从发展趋势来看，中小企业参与跨境电商的企业数目会越来越大，这是由信息技术、网络技术以及企业开拓市场的需要所共同决定的。 能否正确、高效地引导新进入跨境电商领域的中小企业认识市场和熟悉规则就成为决定经济发展速度的一个重要因素。

冯俏彬（2017）分析了 2016 年财务部与海关总署共同发布的被称为"跨境电商新政"的《关于跨境电子商务零售进口税收政策的通知》，提出要创新政府监管与财税治理，贯彻"大道至简""底线监管"的原则来应对跨境电商这种"新经济"，更要从治理到管理，积极引入"平台治理""行业协会治理"并应用大数据治理，创新政府监管与财税治理的技术手段，最后做到柔性转型，平衡好传统经济与新经济之间的冲突。 穆沙江·努热吉、何伦志（2017）分析了跨境电商在"一带一路"倡议下所能得到的红利，认为"一带一路"倡议的实施对跨境电商的影响是显著且积极的。 张夏恒、刘梦恒、马述忠（2017）重点指出"一带一路"倡议对跨境电商的带动作用。

韦斐琼（2017）分析了"一带一路"倡议为跨境电商提供的政策支持、制约因素并展开了定量分析。 作者针对"一带一路"方向提出了以下建议：（1）充分利用推进"一带一路"倡议实施的优惠政策；（2）以跨境电商为着力点缩小区域发展差距；（3）强化以个性化和多样化需求为主导的消费理念；（4）积极推进"一带一路"区域的多式联运工程建设。

Giovanni Acampora, Daniyal Alghazzawi 和 Hani Hagras（2016）等则是注重于 P2P，即客户之间买卖商品。 但是，由于未知商业实体之间相互作用的不确定性以及模糊性，更可能造成欺诈行为的发生。

第二节　浙江省跨境电商发展现状及特点

一、浙江省跨境电商发展现状

（一）国内跨境电商的发展现状

目前国内的经济形势处于平缓发展阶段，全球经济的不景气给传统的外贸销量造成冲击，但是作为新兴势力的跨境电商却存在巨大潜力，这与国家的宏观支持和国际环境的变化密不可分。 2012 年，我国颁布的《互联网信息服务管理办法》对电商的交易方式和消费者保护等做了规定。 2015 年，在互联网大会中，习近平总书记大力支持发展跨境电商。 2016 年在深圳市举办的第一届跨境电商峰会，标志着我国跨境电商时代发展高潮的到来。 从国际形势来看，全球互联网使用率的持续增长为我国跨境电商的快速发展提供了国际环境的保障。

2015 年，虽然全球贸易增长速度逐渐放慢，中国跨境电商增长速度也有放缓的趋势，然而货物贸易进出口总额的增长速度依旧位于中国跨境电商增长速度之上，其中电商渗透率也不减增势。 如图 11-2 所示，2015 年，中国跨境电商交易规模为 4.8 万亿元，同比增长 30％左右，交易额占中国进出口总额的 19.5％。 预计到 2020 年，中国跨境电商交易规模将达到 11.9 万亿元，占中国进出口总额的 37.6％。 从目前的中国跨境电商市场交易规模来看，大部分学者认为市场较为乐观。

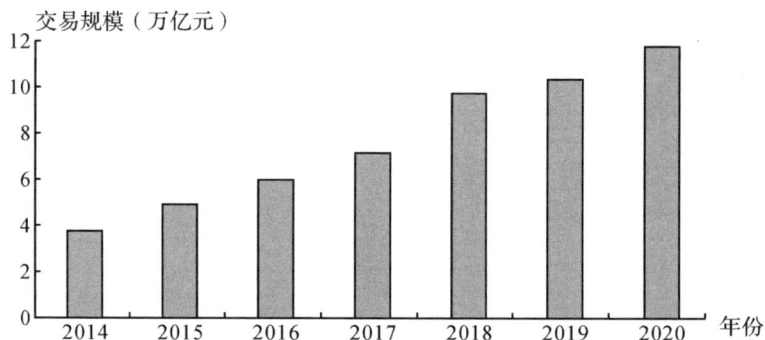

图 11-2　2014—2020 年中国跨境电商交易规模预计图

数据来源：依据阿里研究院、阿里电商研究中心发布的《2016 中国跨境电商发展报告》数据整理而得。

(二)浙江省跨境电商的发展现状

浙江省作为对外经济交流的小窗口，跨境电商的发展势头良好，在规模方面形成了产业群，作为外贸强省的浙江已经形成了以杭州为中心、以金华、义乌等为依托的产业聚集区。 2015 年，浙江省成为全国第一个跨境电商的试点城市，国家"一带一路"倡议的提出也为浙江省的跨境电商发展提供新的契机。

从表 11-1 可知，2015 年，浙江省外贸企业跨境电商市场交易额度已占总进出口额度的 13.65％，相比于 2008 年的 4.56％有较大幅度的提高。

表 11-1　2008—2015 年浙江省跨境电商市场交易规模

年份	2008	2009	2010	2011	2012	2013	2014	2015
交易规模(万亿元)	0.8	0.9	1.3	1.8	2.2	3.1	3.6	4.2
增长率(％)	9.2	41.05	39.5	31.5	32.1	34.7	16.1	8.3
占进出口比例(％)	4.56	6.05	6.31	7.49	8.55	12.36	12.05	13.65

数据来源：依据 WWW.100EC.CN 发布的《2015 年度中国电子商务市场数据监测报告》的数据整理而得。

在产业链方面不断精细化。与传统的贸易相比，跨境电商对于物流行业的要求更高，对线上线下的服务要求更具体，浙江省也在不断适应新的发展趋势，争取和跨境电商的发展速度实现相互之间的协调，不断培养具有专业技能的人才，打造完备的物流服务水平，通过创新贸易理念抓住消费者，了解消费者心理，培养消费环境，从而提高我国电商平台在国际上的知名度和认可度。但是，跨境电商在我国的发展毕竟还只是处于起步阶段，很多制度还存在漏洞，需要不断从实践中总结经验。浙江的人口流动大，进口电商主要针对年轻消费者，而出口电商主要集中在轻工业、电子产品等方面。这些问题都还值得我们关注研究。

（三）浙江省跨境电商企业数及企业类型

浙江省从事跨境电商的外贸企业的数量目前还没有具体的统计数额，但2015 年，在阿里平台上的电商已达 4000 家（见图 11-3），跨境电商的数量随着跨境电商的发展也不断增加。2016 年，在阿里平台上的电商已近 5000家，然而这些企业多以小微企业为主。虽然目前跨境电商在浙江省的发展尤为顺利，带动了当地不少企业，也为浙江省的经济发展跨出了很大一步，但整体来看，在国际上竞争力仍然不高，原因在于这些跨境电商以"小微企业"为主,出口产品主要为传统的制造业,包括纺织服装类、木制品类、粮油类以及茶叶类等,出口公司如浙江丝绸进出口公司、浙江茶叶进出口公司、中大公司以及东方粮油公司等。 浙江省外贸企业跨境电商出口产品以传统制造业为主,是由以下三种原因造成的:第一,浙江省外贸企业多为小微企业,创造力有限;第二,传统的制造业价值相对比较低,所以生产成本相对较低,模仿性较强,市场进入比较容易;第三,这些商品在国外有较大的销售市场,客户群体广泛,利于销售。

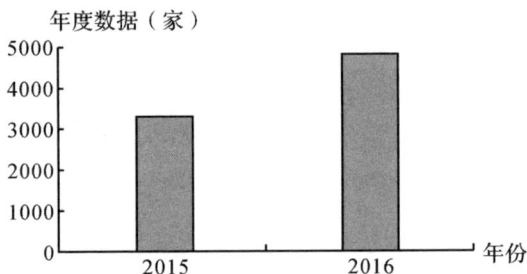

图 11-3　浙江省跨境电商在阿里平台上的年度数据图

数据来源:依据浙江省电子商务大数据平台发布的《2016 年度浙江省电子商务
大数据分析报告》的数据整理而得。

(四)浙江省跨境电商企业进出口额逆势增长

浙江外贸企业分布较为广泛,相对来说,江干区与滨江区的跨境电商较为集中。 得益于政策的支持,这两个区域内有线下园区 14 个。 2015 年,浙江省政府出台《关于支持外贸稳定增长调结构的实施意见》,以对浙江省外贸企业结构进行宏观调整,并建立示范园区等鼓励其发展,使外贸企业的分布更加合理。 在全国进出口贸易出现双降的背景下,浙江省的成绩仍然乐观。据杭州海关统计,2015 年,全国累计进出口额下降 7%,其中出口下降1.8%,进口下降 13.2%。 而同年浙江省累计进出口总额达 21 566.2 亿元,同比下降 1.1%,其中出口 17 174.2 亿元,增长了 2.3%;进口 4 392 亿元,下降 12.5%,下降的幅度连续 3 个月持续变窄,但进出口的增加速度都高于全国平均水平。 2015 年浙江省进出口额占比分布见图 11-4。

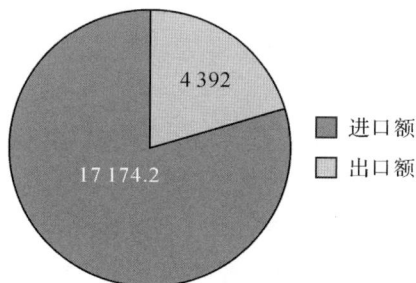

图 11-4　2015 年浙江省进出口额占比分布图（单位：亿元）

数据来源：依据中华人民共和国杭州海关发布的《2015 年浙江省外贸出口

逆势增长 2.3％ 出口增速"领跑"沿海外贸大省》的数据整理而得。

（五）浙江省跨境电商平台发展现状

浙江省跨境电商的发展势必需要相关人员的加入，这就有助于提高当地的就业率。据统计，2008 年，浙江省直接从事跨境电商的人员仅为 8000 余人；2015 年，这一数据已飙升至 15 万余人，间接带动了 166 万余人的就业。

随着跨境电商的发展，不少为跨境电商服务的平台开始出现，如"eBay""亚马逊"以及 "全球速卖通"等平台，并且在这些优秀平台的带动之下，B2B、B2C 平台相继出现，并呈增长趋势，如图 11-5 所示。

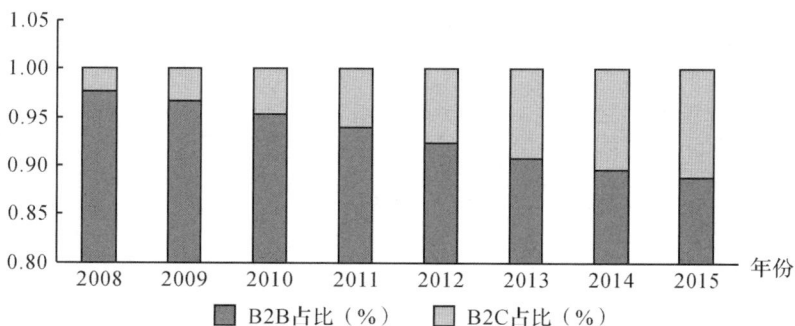

图 11-5　2008—2015 年跨境电商业务结构图

数据来源：依据中国产业信息网发布的《2015 年中国跨境电商交易规模 B2C 与 B2B 结构分析》。

二、浙江省中小企业跨境电商发展现状

(一)浙江省第三方跨境电子商务平台发展状况分析

浙江省在 2016 年的跨境网络零售出口数额为 319.26 亿元,与 2015 年相比增长了 41.69%,增幅较大,发展态势良好。 金华市、杭州市和宁波市的出口额在浙江省中占据了前 3 名,占比分别为 58.62%、18.24%、8.56%,这 3 个市占据了浙江省跨境网络零售出口的 85.42%。 由此可见,浙江省内的跨境电商发展还是存在很大的不平衡,其他市区的跨境电商发展较为落后。 尤其是丽水、衢州、湖州、舟山等地的占比尤为轻微,这与当地的经济发展、主营行业也有一定的关联。 如表 11-2 所示。

表 11-2　浙江省 2016 年各地市跨境网络零售出口基本情况

全省及地市	跨境网络零售出口额(亿元)	占比(%)	同比增长(%)	活跃出口网店数(家)
全省	319.26	100.00	41.69	64 368
杭州	58.24	18.24	/	9 902
宁波	27.32	8.56	/	5 725
温州	25.68	8.04	/	5 418
湖州	1.38	0.43	/	443
嘉兴	4.78	1.50	/	1 512
绍兴	4.88	1.53	/	1 106
金华	187.16	58.62	/	37 956
衢州	1.99	0.62	/	407
舟山	0.33	0.10	/	67
台州	5.22	1.63	/	1 308
丽水	2.29	0.72	/	524

第三方跨境电商平台是浙江省跨境电商选择的主要销售渠道,通过第三方跨境平台成交的金额占了浙江省全部销售额的 95%,速卖通、eBay、亚马逊、wish 和敦煌网是排名前 5 的第三方跨境电商平台。

(二)中小企业经营信心状况分析

根据阿里巴巴中小企业商学院调研结果，创业的主流年龄是 26—35 岁，年轻人成为创业主体。年轻人接受新事物的能力强，对网络的运用更为熟练，这就使跨境电商平台更容易成为年轻人的中小企业"走出去"的敲门砖。

对中小企业发展有 54％的人持"乐观态度"，这部分人认为自身的创造力和判断力强，相信自己企业的技术优势，认为中国的宏观经济发展态势良好，相信政府对中小企业发展跨境电子商务将长时间持支持态度以及其他原因。对企业的认可和对国家的认可使得这部分中小企业的"掌舵人"对自己企业的未来经营充满信心。另外，有 34％的人持有"不确定态度"，这部分企业家认为自身企业发展还不够到位；鉴于国家 GDP 增速下降，他们也没有信心相信国家会一直秉持支持中小企业发展的态度。最后，有 12％的人持有"悲观态度"，这部分企业家觉得政策对于支持中小企业发展的态度不够坚定，甚至对中国未来宏观经济的发展也抱着悲观的态度。

(三)浙江省中小企业跨境电商发展的横向比较分析

根据"阿里巴巴电子商务发展指数"（aEDI）的排名，在"电商百佳城市榜"的排名中，2016 年，杭州占据了榜首地位，深圳第二，广州第三。其中，江苏省有 13 个城市上榜，广东省有 12 个城市上榜，浙江省占据了 11 个席位，山东省有 10 个，安徽省和福建省各有 8 个城市，河北省有 6 个城市上榜，其余的省市不多于 3 个城市上榜。

广东的外贸网商密度为 9，浙江的外贸网商密度为 8，江苏的外贸网商密度则为 3，其他省份的外贸网商密度都低于 3。与之前的电商百佳排行榜结合来看，浙江与其他省份相比，在"电商百佳城市榜"中的城市较多，且外贸网商密度较大。由此可见，与国内其他省市相比，浙江省中小企业的跨境电商发展水平远高于国内平均发展水平，且处于领先地位。

(四)浙江省中小企业跨境电商纵向发展分析

浙江中小企业跨境电商现在的发展态势处于良好并上升状态，但是在开始推广跨境电商平台之时，中小企业尤其是小微企业的接受能力不够高，认为跨境电商平台不会给自己带来利益。尤其是 B2B 贸易模式的，如阿里国际站，需要每年交会员费用（每个阶段有所不同，现在阿里国际站的基础会员费为 29 800 元一年），在不知道这个平台能否给自己带来利益之时，更多的中小企业会选择观望状态。

第一批进入跨境电商领域的中小企业，很可能因为缺乏经营管理经验或者缺乏专门的管理人员而得不到客户订单，甚至无法得到几个有效的询盘。在这种状态下，这些中小企业很可能在第二年或者过几年就退出跨境电商的竞争市场，甚至还会打击周边的中小企业参与跨境电商的积极性。

当前面几批进入跨境电商领域的中小企业成功打开市场后，配上各个跨境电商平台的大力宣传，就会有越来越多的中小企业进入跨境电商领域，以前人的成功经验带动后面企业的快速进入。

(五)对不同经营状况的中小企业跨境电商对比分析

1. 对运营状况良好的中小企业的分析：经营状况良好的企业舍得投入大量的人力资源和财物资产。企业的决策者有积极扩大企业规模、拓展市场的需求，拥有良好的接受新事物的能力。企业舍得在前期拍摄图片、打造店铺、上传产品时花更多的精力，努力给消费者塑造一个良好的企业形象。通过阿里国际站同种产品的不同产品效果图的对比，可以明显地看出图片精美的企业得到的流量更大。由于外贸行业人员流动性较大，客户被之前的业务员带走的可能性也较大，小微企业的决策者自身若具有一定的外贸知识往往能较好地把握住客源。

2. 对运营状况差劲的中小企业的分析：有些中小企业进入跨境电商属于一种跟风行为。在这种情况下，企业没有考虑自身的产品是否适于出口贸易。部分企业只是招收了一两个外贸方面的职员，而自身对外贸行业了解甚少，这就很可能会发生职员消极怠工，呈现一种应付工作的状态或者一些经验老到的职员利用企业创办的平台，自己去找其他的供应商。这两种情况对企业运营跨境电商来说都是很危险的。

3. 对退出跨境电商领域的中小企业的分析：前几年的跨境电商平台发展

还很不完善，通过跨境电商平台进行诈骗的事件频有发生，很多发展不理想的中小企业遇到诈骗事件之后，很有可能选择退出跨境电商领域。 一部分企业由于前期工作不到位，得到的询盘数量少，且询盘中的有效询盘比率较低，垃圾询盘也占据了一定比率，自然使企业在一年内的成交额很少甚至没有成交额。 外贸订单额越来越倾向于小额化，数量过少的订单达不到一些企业的基础生产数量，致使订单无法达成。 订单无法达成，人力资本又增加，一些企业就会觉得跨境电商平台不能给它带来太多的利益而选择退出跨境电商领域。

三、浙江省跨境电商的发展特点

自 2015 年以来，浙江跨境电子商务的发展呈现出"规模稳步扩大，发展逐渐聚集，配套日渐完善，氛围日益良好"的特征。

(一)市场规模稳步扩大

浙江省因其优越的地理优势和浓厚的文化底蕴，被国家视为跨境电子商务重点发展省份。 政府在最近几年也陆续出台了一系列政策来支持浙江省跨境电商的发展。 浙江省跨境电商不断拓宽国际市场，在对外贸易上保持快速增长态势，产业水平显著提高。 浙江省跨境电商发展最活跃的实数杭州，交易规模近几年急速增长，有关数据显示在杭州的跨境电商企业有 3 500 余家，其中新进的企业有 1 500 多家。 一些跨境电商巨头也渐渐在杭州落户，如敦煌网、大龙网等，宁波市也引进了中兴通讯、京东全球购等跨境电商企业，湖州市引进香港普泰集团、唯品会等跨境电商企业。

(二)发展呈现集聚化趋势

各地跨境电商和当地产业相互融通共同发展，并且出现了聚集化的特征，在政府的各种利好政策支持下自发形成了一批跨境电商产业园等集聚化平台。 截至 2015 年底，浙江省共有 20 家省级跨境电商园区，分布在杭州、宁波、金华、台州等地。 此外，跨境电商集聚发展平台的配套完善也在逐步增强，如杭州跨境电商综试区在 2015 年新引进跨境电商产业链企业 366 家，完成年度目标的 183％，其中龙头企业 99 家。

(三)配套支撑体系日渐完善

与跨境电子商务息息相关的物流、专业服务商等配套支撑体系也随着跨境电商的发展日趋完善，并对跨境电商的发展提供正向助力，形成了"互相促进，共同发展"的良好态势。 在物流方面，以海外仓、物流专线等为代表的新型物流业正在出现。 根据浙江省商务厅 2015 年底的调查，浙江开展海外仓建设的企业共有 63 家，建成（包括已达成建设意向）海外仓 114 个。 义乌实行市场采购贸易方式，从营销、支付、物流到服务等整个贸易流程都完整衔接起来，为我国跨境电子商务的发展提供了可供借鉴的模式。

(四)跨境电商发展氛围良好

浙江各地各部门积极探索适应跨境电商发展的新型监管服务体系，特别是海关、检疫、国税、外汇等部门积极推进监管流程再造，实现了跨境电商业务模式新的突破。 目前，杭州市已经初步完成了"单一窗口"综合服务平台的建设和运行，宁波市实现了"保税备货""保税集货"和"一般业务"3 种跨境进口模式的全覆盖。 杭州跨境电商综试区 50 多条创新举措落地，得到国务院的肯定，全省加快跨境电商发展的氛围日益浓厚。

第三节　浙江省跨境电商发展面临的难题

一、市场监管难度大

(一)海关工作量大

对于跨境电商而言，最重要的环节就是商品的进出口。 跨境商品种类多、数量大，对海关的监管是一个考验，而浙江省的海关口岸数量有限，再加上海关检测工作烦琐，人力资源远远满足不了商品的交易需求。 如何确保海关服务质量，防止逃税漏税，又能保障海关工作人员的正常休息是我们应该深思的问题。 目前，我国的海关主要集中在白天工作，夜间的管理相对较松，海关工作量集中，有时甚至出现大量货物积压的情况，给物流周转期限带来不确定的因素，不仅给消费者带来麻烦，也会对商家的信誉造成影响。

(二)消费者售后问题多

跨境消费不同于传统的面对面消费模式。 跨境货物本来就是进出口货物，如果选择的物流较慢或是因天气等原因耽误，货物到达消费者手中的时间被耽搁，这时候就会出现消费者在收到商品后不满意的现象。 如果再花时间与经营者协商，那么消费者自然会叫苦连连，维修或者退换货也会变得困难重重。 跨境电商在快速发展的同时，其配套的售后服务问题没有完善到位。 消费者在虚拟的网络中不能完全感受到商品的真实，加之跨境电商本身时间长、跨度大等问题，使得消费者的售后问题越来越棘手。 配送、支付、售后这三个方面是消费者投诉的主要对象。 浙江省消费者保护协会通报 2015 年浙江省消保委受理的跨境电商投诉事件多达 1 059 件，其中以美妆护肤、婴儿用品及箱包这 3 类商品为主，投诉量占比分别为 38%、22%、21%。

我国跨境电商目前来看仍然存在一些问题：第一，消费者结构单一，选购商品过于集中。 目前我国跨境电商的消费者年龄呈现年轻化趋势，主要集中在"80 后"和"90 后"，很多年龄较大的消费者对新事物接受能力较差，对跨境电商还不太熟悉。 在选择商品方面，消费者更倾向于婴幼儿产品、化妆品和国外营养品。 第二，我国出口跨境电商产业链发展不完善。 整体来说，我国的跨境电商出口额要大于进口额，这是一个调整经济结构很好的机会，但是我国出口产业链发展还不完善，上、中、下游的管理模式不连贯，售后的消费者服务平台建设还有待提高。 第三，物流服务费用过高。 对于网购产品，消费者在看重商品质量的同时，物流质量也是至关重要的。 我国跨境电商的发展还处在探索期，跨境电商的物流存在速度慢、运输费用高、时间长、保存易损坏等缺点，从而制约了跨境电商的发展。

(三)市场准入门槛低

上文中我们已经提到,目前我国的跨境电商市场准入门槛较低,从事相关行业的经营主体数量较多,管理问题成为市场的一大难题。很多经营者的管理方式存在问题,对跨境贸易不了解,在物流服务方面缺乏经验。小企业往往没有经过专门的管理和培训,很多都是通过境内电商转化为跨境电商,技术掌握不牢固,对国外市场不了解,很容易造成市场的鱼龙混杂,给消费者带来不好的体验。市场准入的低门槛导致跨境电商的经营者数量庞大,不仅使海关监管的难度加大,也给国内消费者市场的监管和评估造成困难。

二、出口品类单一,人才缺乏

浙江跨境电商近几年发展突飞猛进,虽然每年的出口额均有较大增长,但是出口产品多以低产值的传统加工业为主,出口品类单一。从长远来看,这不利于跨境电商在海外占据市场,从而影响电商发展。另外,人才缺乏也是浙江外贸企业从事跨境电商面临的一个问题,当下全面高素质的跨境电商人才还较为缺乏。浙江很多开展跨境电商业务的外贸企业聘用的员工多缺乏全面的电商培训,很多只要懂英语或会计算机的便被聘用为员工,还有一些是传统的外贸人员转型的,本身对外贸了解但对电商不了解,专业技能较为单一。整体来看,浙江外贸企业跨境电商仍面临着人才缺乏的困境。如表11-3所示,近几年电子商务从业人员比例始终停滞不前。

表 11-3　2010—2015 年浙江电子商务从业人员数量及其占比

年份	2010	2011	2012	2013	2014	2015
浙江就业规模(万人)	247	258	261	264	267	269
浙江电子商务直接从业人员(万人)	1.4	4.1	6.3	7.3	8.1	11.1
浙江电子商务从业人员(万人)	18	33	48	55	61	80
浙江电子商务直接从业人员占浙江从业人员比例(%)	0.06	0.12	0.21	0.24	0.26	0.31
浙江电子商务从业人员占浙江从业人员比例(%)	0.74	1.06	1.58	1.77	1.96	2.18

年份	2010	2011	2012	2013	2014	2015
浙江电子商务直接从业人员占浙江电子商务总从业人员的比例(%)	7.89	12.5	13.33	13.36	13.37	13.39

数据来源：依据中国电子商务研究中心发布的《2015 年度中国电子商务市场数据监测报告》的数据整理而得。

三、支付方式问题

浙江外贸企业跨境支付已有良好的发展势头，浙江各外贸企业采取的支付渠道也多有不同，如第三方支付平台、商业银行、专业汇款公司或其他渠道。 从《中国跨境支付市场调研报告》可知，在浙江外贸企业跨境支付渠道中，第三方支付平台已逐渐超过商业银行占据主要位置，其中主要渠道（多选）以及最主要渠道（三选）的数据如图 11-6 所示。

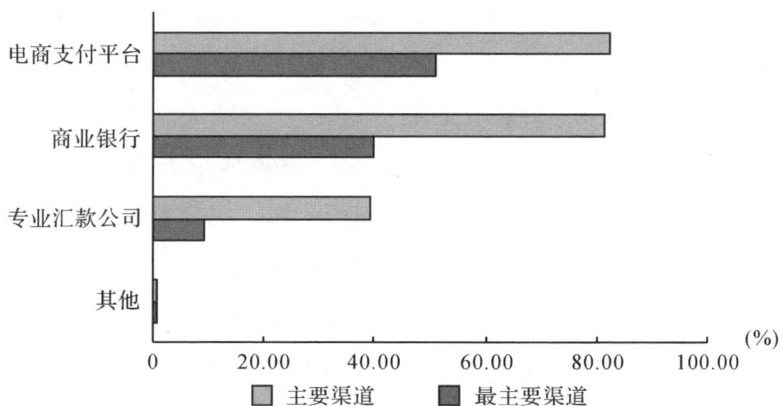

图 11-6　2015 年浙江跨境电商支付渠道分布

数据来源：依据华泰证券研究所发布的《我国第三方支付行业发展研究，
移动互联网支付是生力军，跨境支付是蓝海市场》整理而得。

由图 11-6 可知，通过第三方支付平台进行支付已成为浙江多数外贸企业进行支付的最主要渠道，因而第三方支付平台的安全性以及信用度需要加强，以促进外贸企业的发展。

但是跨境购物支付因其国际性的特征，各国地域文化、政策环境、消费习惯大相径庭，支付方式也会存在各种限制。 如，国际社会应用比较普及的

paypal 支付形式，申请程序复杂烦琐，手续费用高，不支持人民币支付，等等。 我国的支付宝这一支付平台逐渐走向国际舞台，其支持使用人民币结算，并且提现免手续费，但毕竟不及 paypal 普及，存在地域限制和商家限制，在国际上公信力和普及程度有待提高。 越来越多的人开始选择使用信用卡支付，信用卡虽然支持人民币支付，但存在人民币汇率风险。 跨境支付时，安全问题应该是政府部门监管的重中之重。 我国尚未建立自己的支付结算体系，对各类支付方式缺乏监管。 因此，跨境支付存在网络安全问题和客户信息泄露问题等隐患。

四、国内物流体系不完善

首先，跨境物流实施海铁联运模式的运输成本最低。 然而，国内海铁联运基础设施不够完善，基本需要通过公路运输的方式来完成铁运和海运的连接，没有形成便捷、高效、顺畅的物流交通网络。 这使得国内物流运输成本高、效率低。 其次，物流公司仓储现代化、信息化建设程度不高，没有形成布局合理、全自动无人操作的物流园区。 再次，我国物流地域限制严重，地方保护主义依然存在，地域发展不平衡，分区发展导致难以形成统一的物流体系。 最后，物流市场没有得到很好的规范，地方政府重监管、轻保护，乱收费、乱罚款现象成为物流企业发展的一大障碍。 相关物流行业管理规范没有得到进一步落实。 从业人员素质、诚信水平有待提高。

缺乏高效、便捷的国际物流配套设施，是制约跨境电商发展的又一大瓶颈。 相对于跨境电商的发展，我国国际物流体系发展严重滞后，目前依然依靠国外物流公司来完成跨境物流的运输。 这不仅加大了物流成本，而且物流周转次数过多，迂回运输，造成资源浪费，安全性和时效性得不到保证，严重影响用户体验，进而造成客户的黏性降低。 提升物流配送服务水平，对中小外贸企业的发展尤为重要。 国际物流范围广，往往涉及多个国家，这就对物流的标准化、信息化的要求很高。 然而，我国能够建立现代化标准物流设施、能够充分利用高科技建立物流信息流的大型国际化物流公司相对较少。这就需要国家完善物流基础设施，完善物流体制机制，建立集约化的全国物流体系。

第四节 关于浙江省跨境电商发展对策的探讨

一、企业层面

第一，企业切忌盲目跟风地参与到跨境电商贸易中去。 企业应当根据自身产业特点，对本产业是否适合参与跨境电商进行详尽分析，并非所有的中小企业都适于进行跨境电商贸易。 如果有相同产业的其他企业已经参与跨境电商贸易，可以观察那些企业的情况，再对自己企业是否进入跨境电商领域做出决策。

第二，跨境电商将中小企业带去了一个更为广阔的市场，因此竞争也就更为激烈。 在这种情况下，产品质量对企业能否成功开拓市场显得至关重要。 优质的产品能增强客户的忠诚度，使客户发展成为长期客户，给企业带来持续的利益。 即使后期企业退出跨境电商平台，也依旧持有这些老客源。因此，企业要提高产品质量管理水平和监督力度，以保证产品质量。 在条件允许的情况下，要尽力打造产品的品牌化，有目标地提升企业的品牌影响力。

第三，企业需要加强人才的引进与培养。 很多中小型企业运营跨境电商平台不佳的原因就在于缺乏足够的人才，有心无力的状态难以运营好需要耗费巨大心力的跨境电商平台。 企业可以与高校建立合作，保证有足够的人才资源可以引入；加大员工招收的宣传力度，建设好自身的企业文化，让人员不那么容易流失和变动。 人才的缺乏不仅会影响企业的运营，也会影响跨境电商平台的扩张。 很多中小企业即使自身产业适合发展跨境电商，也有充分的意向进行跨境电商贸易，但是人才的缺乏使得该企业难以开展跨境电商贸易。

第四，做好企业的验厂工作和产品质量检验报告。 由于跨境电商的无形性，买家与卖家之间互不了解，互相之间难以产生信任感。 这两项工作可以增加国外客户的信任程度，提高交易达成的概率。

第五，企业要充分利用网络搜索工具，加强自身的辨识能力。 在交易合同签订之前，充分了解客户的资信情况，降低受骗的概率。

二、平台层面

第一，要加强自身平台建设，做好跨境电商平台的一些基本要求和规范。这既是对外国客户成功收到货物的保障，也是对国内供应商企业能成功收到货款的保障。跨境电商种类繁多的交易平台，严重的同质化，频频出现的恶性竞争，让尚未发展完善的一些交易平台"出师未捷身先死"，也让一些成熟企业深陷车轮混战，不堪重负，造成社会资源和资本的巨大浪费。因此，创建跨境电商平台的良性环境，对平台自身、买家和企业乃至社会都是有益的。

第二，加强信用体系建设。这主要是针对前几年跨境电商平台上频频发生的诈骗事件而提出并加以改进。信用体系建设既包括中国企业的信用保证，也包括外国买家的信用资格认证，从而加强中国中小企业参与跨境电商贸易的信心。

第三，加强跨境电子商务平台的推广。既包括针对从未进入跨境电商领域的企业，通过一些成功企业的案例增强它们的发展信心；也包括对之前参加过跨境电商领域而后因各种原因退出的企业，着重介绍平台本身这几年来的建设，包括信用体系的建设，可以让它们更好地知道国外客户的资信情况、可以保证企业及时收回款项等，来使这部分的企业重拾跨境电商贸易的信心。

第四，降低企业入驻跨境电商平台的费用。可以针对新进驻的企业推出优惠政策，通过较低成本的实际操作体验让企业更清楚地了解跨境电商。

第五，帮助企业人才的培训。由于中小企业自身的资源能力有限，第三方跨境电商平台可以通过讲座、网上授课等方式，提升外贸人员素质，帮助他们把握好每个询盘的机会，从而帮助企业得到订单、增强实力。

三、政府层面

(一)不断完善跨境电商监管政策

浙江省作为沿海地区，海关设立口岸相对较多，海关总署直属海关有杭州海关和宁波海关，并且设立了多个隶属海关和驻外办事处。 然而，由于浙江省跨境电商的飞速发展，以往的海关口岸设置和人员配备已不能满足市场的需要。 尤其是遇到旺季，爆仓现象严重，海关没有相应的应对措施和管理措施，就会出现物流不顺畅、货物积压或丢失等各种问题。 因此，为了满足跨境电商市场发展的需要，浙江省政府应出台相应的海关政策，增加海关检验人员的配备，增加驻外办事机构，并且尽量简化海关检验程序，利用互联网及信息技术，提供更加简化、便捷的输清关手续的方式，提高海关工作效率，建立合理高效的海关工作制度，尽力缓解物流爆仓的压力。 政策往往滞后于经济发展的现状，政府应有预见的眼光，对现状有透彻的分析，对将来会出现的问题要有准确的预见，让政策跟上市场发展的速度，让政策真正起到规范市场和服务市场的作用。

企业也应在售后服务上不断总结经验，在做好产品开发的同时，用心做好用户体验。 严格遵守互联网信息服务相关的法规政策，做好售后服务，站在消费者角度考虑问题，保护消费者合法权益。 相关部门应做好监管工作，对市场准入门槛设置不能过低，也不能过高。 过低不利于监管，不利于行业的有序发展；过高会打击企业的积极性，遏制市场的自由发展。 政府应在市场准入上设置合理的门槛，比如食品、化妆品的销售，必须有相关机构的产品检验合格证明。 政府要制定相应政策，规范市场环境，改善现有的混乱的监管环境。 在做好监管的同时，也为跨境电商的发展扫除障碍，使其有序发展。

（二）大力培养新型复合人才

目前，浙江省内大多高职高专院校都开设了电子商务专业，也有以校企合作、定向培养的模式来满足市场对电商专业人才的需要。 但是，专门培养跨境电商人才的却较为少见。 跨境电商要求的是复合型人才，需集多种技能于一身。 首先，在企业方面，应重点培养现有在职电商专业人才，遴选优秀人才，给予他们深造、培训学习的机会；也可以通过一定的激励措施，比如给予升职加薪的机会，鼓励现有电商职员积极参与培训，提升自己的专业技能。其次，在高校方面，根据市场需要来设立人才培养制度。 努力培养专业的复合型跨境电商人才，培养企业真正需要的人才，不仅要注重知识的传播，增加课程设计的丰富性，更要多建立实训基地，加强实践教育。 最后，在学校和企业方面，应加强深度合作。 任何人才都需要在社会上得到检验。 教育从来不应教条化。 学校应积极寻求与企业的合作，改革创新人才培养机制，与企业共同研究人才培养模式，从课程的设计到实践的操作，都需要双方结合实际，深入探讨，制订出可行有效的培养方案。 只有这样，才能让学校培养的学生真正成为企业的人才储备力量。

(三)打造属于自己的民族品牌

我国企业的模仿能力是世人有目共睹的。 浙江省最近几年跨境电商的发展，同样离不开复制和模仿。 从产品的外观设计、制作流程到质量水平无一不异曲同工。 产品的同质化导致市场竞争单一化，为争夺市场以获取最后一点利润，竞争的焦点都落在了价格上。 持续的价格战使企业利润一再被压缩，价格过低使得企业为寻求利润，不得不在质量上做文章，形成恶性循环。可见，价格战只能是短期内赢得市场的一种手段；企业要想在竞争中立于不败之地，获得稳固的市场，必须有建立自己品牌的意识，以质量为核心，加大科技投入，研发具有自主知识产权的产品。 改变传统经营理念，增强创新意识，生产出在市场上具有优势的产品，生产出值得消费者信赖的品牌产品。如今消费者对产品品牌、质量的关注度也越来越高于对产品价格的关注度。随着信息的透明化，消费者对假冒伪劣产品的辨别能力也在提高。 因此，浙江省的跨境电商企业应跳出偏重价格的思维，增强知识产权意识，努力培养自主的民族品牌。

(四)建立健全支付结算体系

跨境贸易要想在国际市场中占有一席之地，有高质量的创新产品是基础，有安全便捷的支付体系更是必不可少的桥梁。 我国的支付结算产品支付宝，虽在亚洲一些地区得到支持，但与在欧洲地区得到普遍认可的 PayPal 相比，缺乏国际公信力。 建立高效便捷的支付结算体系是跨境电商全面发展的重要组成部分。 首先，越来越多的人选择信用卡进行跨境支付。 我国中央银行要提高人民币的国际地位，减少汇率风险。 其次，安全问题是消费者最关心的问题。 互联网金融企业要加强安全防范技术研究，不断修复程序漏洞，并且在出现问题时有滴水不漏的一套应对措施。 中央银行以及相关监管机构应该加强监管，为消费者的资金和信息安全提供安全可靠的跨境网络支付环境。 再次，利用高科技和创新技术，建立高效便捷的支付结算体系。 网络支付的优势之一就是时效性，应在保证安全的前提下，减少烦琐的支付申请程序，尽量降低手续费，为消费者提供更加便捷的支付环境。 最后，政府应扶持支付宝在国际上的发展。 随着国内消费者对支付宝的使用更加熟悉、更加拥护，政府应放宽对支付宝国际支付功能的限制。 允许支付宝进行汇率转换和货币转换，提升支付宝在国际贸易上的地位，使支付宝在国际上获得普遍认可和使用。

（五）大力发展国内外物流供应链

我国跨境物流存在的首要问题就是高成本和低效率。 降低物流价格，是物流体系要解决的重中之重。 降低物流成本，不仅能让公司有更多的资金用来开发高质量高创新的产品，更能拥有价格优势来面对市场的竞争。 要想降低成本、提高效率，必须首先完善海铁联运基础设施建设，建立高效的交通运输网络，减少货物的中转时间和次数。 物流运输的高效离不开信息的整合，要充分利用高科技建立现代化、智能化的仓储体系。 打破地区垄断，加强资源整合。 各个外贸企业也可以根据自身的不同情况，实施不同的措施，完善物流体系。 首先，对于在国际市场发展良好的企业，可以建立海外仓。 从海外仓直接发货，不仅可以减少物流成本，提高效率，而且可以规避汇率风险和当地的海关政策风险，同时还有利于售后处理退换货问题，提高售后服务质量，增加客户黏性。 其次，对于在海外市场发展一般的企业，投资建设海外仓成本可能太高，可以与优秀的海外代运营公司合作，由其负责客户开发和物流服务，因为它们通常提供专业的销售和便捷的物流服务。

目前跨境电商物流的最后一站基本需要国外的物流公司来完成。 浙江省也应在建立国际物流体系上做出努力，鼓励大型物流企业开拓海外市场，建立自有的现代化物流体系，这样能够大大减少物流成本，提高物流效率。

参考文献

[1] BANERJEE A. V. A Simple Model of Herd Behavior [J]. The Quarterly Journal of Economics, 1992, 107:797-817.

[2] BERTRAND, V. Q., Tamym, A., Bonardi, J-P, et al. Standardisation of Network Technologies: Market Processes or the Result of Inter-Firm Co-Operation? [J]. Journal of Economic Surveys, 2001, 15: 543-568.

[3] BIRKE D, SWANN G. M. P. Network effects and the choice of mobile phone operator [J]. Journal of Evolutionary Economics, 2006, 16: 65-84.

[4] BOWLES, SAMUEL. ENDOGENOUS PREFERENCES: The Cultural Consequences of Markets and Other Economic Institutions [J]. Journal of Economic Literature, 1998, 36:75-111.

[5] DURLAUF STEVEN N., YANNIS M. Ioannides. Social Interactions [J]. Annual Review of Economics, 2010, 2:451-478.

[6] F. MODIGLIANI, MERTON H. MILLER. The cost of capital, corporation finance and theory of investment [J]. The American Economic Review, 1958, 48:261-297.

[7] FARRELL, KATZ. Innovation, rent extraction, and integration in systems markets [J]. The Journal of Industrial economics, 2000 (12):413-432.

[8] ARRELL J., SALONER G. Standardization, Compatibility and Innovation [J]. RAND Journal of Economics, 1985, 16: 70-83.

[9] JEFFREY L. FUNK. The co-evolution of technology and methods of standard setting: the case of the mobile phone industry [J]. Journal of Evolutionary Economics, 2009, 19: 73-93.

[10] JORGENSON D W. Accounting for growth in the information age [J]. Handbook of economic growth, 2005, 1: 743-815.

[11] KATZ M L., SHAPIRO C. Network Externalities, Competition and compatibility [J]. American Economic Review, 1985, 75: 424-440.

[12] KATZ, SHAPIRO. Network externalities, competition and compatibility [J]. American Economic Review, 1985, 75: 424-440.

[13] KRACKHARDT D., HANSON J. R. Informal networks: The company behind the charts [J]. Harvard Business Review, 1993, 71:104-111.

[14] LANGLOIS R. N., ROBERTSON P. Networks and innovation in a modular system: lessons from microcomputer and stereo components industries [J]. Research Policies, 1992, 21: 297-313.

[15] LEE, H., SANGJO. O. The political economy of standards setting by newcomers: China's WAPI and South Korea's WIPI [J]. Telecommunications Policy, 2008, (10):135-138.

[16] RONALD S. Burt Structural Holes: The Social Structural of Competition [M]. Cambridge MA: Harvard University Press, 1992.

[17] SHY, O. Technology Revolutions in the Presence of Network Externalities [J]. International Journal of Industrial Organization, 2013, 14 (1): 785-800.

[18] URBAN G. L, VON HIPPEL E. Lead user analyses for the

development of new industrial products [J]. Management Science, 1988, 34: 569-582.

[19] WANG J. H, ANG. W. L. A fuzzy set approach for R&D portfolio selection using a real options valuation model [J]. Omega, 2007, 35:247-257.

[20] WITTU. "LOCK-IN" VS. "critical masses" -Industrial change under network externalities [J]. International Journal of Industrial Organization, 1997, 15:753-773.

[21] 蔡跃洲, 陈楠.新技术革命下人工智能与高质量增长、高质量就业 [J].数量经济技术经济研究, 2019, 36 (5) :3-22.

[22] 蔡跃洲, 张钧南.信息通信技术对中国经济增长的替代效应与渗透效应 [J].经济研究, 2015, 50 (12) :100-114.

[23] 丁波涛, 王世伟.信息学理论前沿——信息社会引论 [M].上海:上海社会科学院出版社, 2016.

[24] 方兴东.中国互联网激荡 20 年 [J].互联网经济, 2016 (12) :68-75.

[25] 冯根福, 李再扬, 姚树洁.信息产业标准的形成机制及其效率研究 [J].中国工业经济, 2006 (1) :16-24.

[26] 傅平.信息论、控制论、系统论在认识论上提出的一些问题 [J].哲学研究, 1981 (7) :75-78.

[27] 荆文君, 孙宝文.数字经济促进经济高质量发展:一个理论分析框架 [J].经济学家, 2019 (2) : 66-73.

[28] 李纪珍.数字电视产业技术标准与政府作用比较 [J].科学学研究, 2003 (1) :47-50.

[29] 娄朝晖, 陈艳雯, 俞春晓.社交电子商务平台的网络扩张机制概述 [J].绍兴文理学院学报 (自然科学), 2020, 40 (4) :82-89.

[30] 娄朝晖, 江利君, 俞春晓.互联网企业估值方法:一个综述 [J].中共杭州市委党校学报, 2020 (2) :88-96.

[31] 娄朝晖.网络产业技术标准:研究进程及拓展空间 [J].财经问题研究, 2011 (6) :44-50.

［32］罗珉，李亮宇.互联网时代的商业模式创新：价值创造视角［J］.中国
工业经济，2015，（1）：95-107.

［33］罗纳德·伯特.结构洞：竞争的社会结构［M］.上海：格致出版
社，2008.

［34］马克卢普.美国的知识生产与分配［M］.北京：中国人民大学出版
社，2007.

［35］毛丰付，张明之.ICT产业标准竞争与国家利益［J］.世界经济与政治
论坛，2005（2）：16-19.

［36］毛丰付.标准竞争与竞争政策：以ICT产业为例［M］.上海：上海三
联书店，2007：157.

［37］毛丰付.界面标准的形成机制与演进途径研究［J］.商业经济与管理，
2009（9）：44-51.

［38］毛丰付.中国参与国际标准竞争：问题、原因与对策［J］.世界经济与
政治论坛，2007（2）：109-113.

［39］尼古拉斯·尼葛洛庞帝.数字化生存［M］.北京：电子工业出版
社，2017.

［40］聂长飞，简新华.中国高质量发展的测度及省际现状的分析比较［J］.
数量经济技术经济研究，2020，37（2）：26-47.

［41］裴长洪，倪江飞，李越.数字经济的政治经济学分析［J］.财贸经济，
2018，39（9）：5-22.

［42］钱德勒，科塔达.信息改变了美国——驱动国家转型的力量［M］.上
海：上海远东出版社，2008.

［43］青木昌彦.模块化与产业结构的自然演进［M］//鲍德温，克拉克.设计
规则：模块化的力量.北京：中信出版社，2006.

［44］上海社会科学院信息研究所.全球数字经济竞争力发展报告［M］.北
京：社会科学文献出版社，2017.

［45］苏治，荆文君，孙宝文.分层式垄断竞争：互联网行业市场结构特征研
究——基于互联网平台类企业的分析［J］.管理世界，2018，34
（4）：80-100.

[46] 谭劲松，林润辉.TD-SCDMA 与电信行业标准竞争的战略选择 [J].
管理世界，2006（6）：71-84,173.

[47] 唐·泰普斯科特.数据时代的经济学：对网络智能时代机遇和风险的再
思考 [M].北京:机械工业出版社，2016.

[48] 唐晓华，杨灵.全球化背景下的电信产业标准竞争 [J].中国工业经
济，2009（2）:46-54.

[49] 熊红星.网络效应、标准竞争与公共政策 [M].上海：上海财经大学出
版社，2006：5-7.

[50] 薛卫，雷家骕.标准竞争——闪联的案例研究 [J].科学学研究，
2008，26（6）:1231-1237.

[51] 易宪容，陈颖颖，位玉双.数字经济中的几个重大理论问题研究——基
于现代经济学的一般性分析 [J].经济学家，2019（7）:23-31.

[52] 袁富华.长期增长过程的"结构性加速"与"结构性减速"：一种解释
[J].经济研究，2012，47（3）:127-140.

[53] 约翰·米尔斯海默.大国政治的悲剧 [M].上海：上海人民出版
社，2003.

[54] 张米尔，游洋.标准创立中的大国效应及其作用机制研究 [J].中国软
科学，2009（4）:16-23.

[55] 张鹏.数字经济的本质及其发展逻辑 [J].经济学家，2019（2）：
25-33.

[56] 张雪玲，焦月霞.中国数字经济发展指数及其应用初探 [J].浙江社会
科学，2017（4）:32-40.

[57] 朱彤.网络效应经济理论——ICT 产业的市场结构、企业行为与公共政
策 [M].北京：中国人民大学出版社，2004.

[58] 左鹏飞，姜奇平，陈静.互联网发展、城镇化与我国产业结构转型升级
[J].数量经济技术经济研究，2020，37（7）：71-91.

后　记

与农业经济和工业经济一样，数字经济从后工业时代、第三次浪潮、知识经济、信息经济和网络经济等各类名称变幻中浮现，渐渐清晰可辨。 数字化的浪潮席卷而过，迫使我们去正视，去思考，去应对。

本书可以看作团队对数字经济基本认识的一个总结。 由我拟定大纲和细目，经过团队的通力合作形成初稿，最后由博士生高雨晨、魏亚飞协助我对全书进行整理统稿。 初稿具体撰写参与人是：前言（毛丰付、高雨晨）；第一章数字经济的演进脉络（魏亚飞）；第二章数字经济政策的演变（高雨晨）；第三章数字经济指数的评价与分析（魏亚飞）；第四章中国地区数字经济企业的演变（李言、张帆）；第五章技术标准：数字经济的隐形基础设施（娄朝晖）；第六章ICT产业标准竞争：国家利益的维护（毛丰付）；第七章互联网企业估值方法：数字经济投融资焦点（娄朝晖、江利君、俞春晓）；第八章电商前沿模式：社交电商的网络扩张（娄朝晖、陈艳雯、俞春晓）；第九章数字浙江：数字经济的先行示范区（高雨晨）；第十章产业数字化和数字产业化：从浙江制造到浙江智造（娄朝晖）；第十一章跨境电商：迈向世界的数字贸易（娄朝晖）。 此外，硕士生徐畅、于晓文、黄鹰和徐燕舞等也为前期材料整理做了大量的工作。 本书的部分内容先后发表在《经济管理》《财经问题研究》《世界经济与政治》《中共杭州市委党校学报》等期刊上，也被《新华文摘》等转载过，在此一并致谢！

本书中的研究资料和数据处理等活动先后获得国家自然科学基金项目

（71974174）、浙江省自然科学基金项目（LY19G 030005）以及浙江工商大学现代商贸中心项目（2020SMYJ01ZC）的支持。 本书得以完成，还得益于许多老师、领导、同事的指导和帮助。 特别感谢浙江工商大学人文社科处处长高燕和邱毅的关照。 感谢经济学院领导和同事的支持和鼓励，特别是马淑琴教授的及时帮助，为本书提供了便利的研究环境。 感谢浙江工商大学出版社的领导，特别是郑建副总编辑，为本书倾注了大量的心血！

感谢团队成员的家人对研究工作的支持。 同时借此机会，向支持和帮助本书研究的有关个人、单位以及写作过程中参阅研究成果的专家、学者表示诚挚的感谢。

数字经济研究刚刚起步，本书涉及内容比较广泛，一定存在诸多不足之处，希望大家提出宝贵意见。

毛丰付

2020 年 10 月